张居正

中国古代智慧人物

陶红亮 主编

中国出版集团　现代出版社

图书在版编目（CIP）数据

中国古代智慧人物 / 陶红亮主编 . -- 北京：现代
出版社，2022.2
　　ISBN 978-7-5143-9733-8

　　Ⅰ．①中… Ⅱ．①陶… Ⅲ．①历史人物－生平事迹－
中国－古代 Ⅳ．① K820.2

　　中国版本图书馆 CIP 数据核字 (2022) 第 029270 号

中国古代智慧人物

主　　编	陶红亮	
责任编辑	裴　郁	
制　　版	冰河文化	
出版发行	现代出版社	
地　　址	北京市安定门外安华里 504 号	
邮政编码	100011	
电　　话	010-64267325　　64245264（传真）	
网　　址	www.1980xd.com	
电子邮件	xiandai@vip.sina.com	
印　　刷	三河市元兴印务有限公司	
开　　本	880mm×1230mm　　1/32	
印　　张	15	
字　　数	554 千字	
版　　次	2022 年 5 月第 1 版　　2022 年 5 月第 1 次印刷	
书　　号	ISBN 978-7-5143-9733-8	
定　　价	99.80 元（全 2 册）	

前言

　　张居正（1525 年 5 月 26 日—1582 年 7 月 9 日），汉族，字叔大，号太岳，幼名张白圭，湖广荆州卫（今湖北省荆州市）军籍。生于江陵县（今湖北省荆州市），故又称"张江陵"。明朝政治家、改革家、内阁首辅，辅佐明万历皇帝朱翊钧进行"万历新政"，史称"张居正改革"。

　　嘉靖二十六年（1547）进士。隆庆元年（1567）任吏部左侍郎兼东阁大学士，后迁任内阁次辅，为吏部尚书、建极殿大学士。隆庆六年（1572）代高拱为内阁首辅，晋中极殿大学士，一切军政大事均由张居正主持裁决，任内阁首辅十年，实行一系列改革措施。财政上，清丈田地、推行"一

1

条鞭法"，总括赋、役，皆以银缴，"太仓粟可支十年，周寺积金，至四百余万"；军事上，任用戚继光、李成梁等名将镇北边，用凌云翼、殷正茂等平定西南叛乱；吏治上，实行综核名实，采取"考成法"考核各级官吏，"虽万里外，朝下而夕奉行"，政体为之肃然。

万历十年（1582）六月病逝，享年五十八岁，赠上柱国，谥文忠（后均被褫夺）。明代唯一生前被授予太傅、太师的大臣。死后被明神宗抄家，至明熹宗天启二年（1622年）恢复名誉。

目录

1

第五章　以民为本铁腕治国

第六章　攘外需要先安内

第七章　厉行法治与整治漕运

第一章　第一首辅的处世技巧

藏智存身，必要时远离是非

　　只要有人的地方就有利益纷争，作为职场小白，刚进入职场首先要学会保护自己，不要轻易地卷入争斗，站队也要慎之又慎，不能说三道四，在对立双方制造事端。这时，如何远离是非、明哲保身就显得尤为重要了。

　　张居正刚刚进入仕途时，就感受到官场上的危机。一边是极为欣赏自己的徐阶，另一边是独断专权的严嵩。一不小心处理不好的话，就会成为官场斗争的"牺牲品"，或者是严嵩父子的"眼中钉"。虽然无限郁闷，但张居正依然毫不作声，只是偶尔写写诗，发泄一下。最后，当官场的黑暗到了实在无法忍耐的地步，张居正选择离开，于是借病离开了北京，这一走就是三年。

　　张居正的离开，并不代表他对官场的厌倦，只是他当时所处的环境是最为激烈、最为复杂的晚明官场，稍有不慎就会一落千丈，会面对牢狱

之灾，甚至有生命之忧。张居正的这次离开，不仅是远离官场黑暗，还给了他一个走进民间了解百姓疾苦的机会，这为后来的改革奠定了基础。

综观张居正的一生，他之所以能成功，最大的秘诀就是他知道锋芒毕露的弊端。早在初次科举失败时，他就从恩人顾璘那里学到了如何藏之存身，在人心险恶的官场保存自己的实力。

面对徐阶和严嵩的斗争，张居正只是私下表达了他对徐阶的支持，获得了徐阶的信任。同时，对严嵩父子，张居正偶尔也会写一些诗词来拍一拍马屁。严嵩过寿的时候，他为严嵩写的祝寿诗肉麻至极，把严嵩比作管仲。严嵩受宠得力于他擅长写青词。张居正也抓住这一特点，虽然在他心中文学很崇高，但也不失时机地写几首青词送给严嵩，让他敬献世宗。这样做，不仅减轻了严嵩的猜疑，使他对张居正倍加称赞，而且也获得了世宗的欣赏。

可是时间长了，张居正发现严嵩父子实在是腐败至极，到了人人唾弃的程度，他也不愿再去

奉承。这时，朝中大臣都在观望，等着有人出来弹劾严嵩，而张居正却借病请假回家了。三十六计，走为上策。面对权臣们的恶斗，张居正在没有把握的时候，他选择了不轻易表态，不随意拉帮结派，更没有站在对立面指责对方的过错。他选择的是退让，远离是非之地。有人认为他是一个胆小怕事的人，其实，历史证明，张居正的选择是正确的，他通过这样的以退为进来保全自己，从而让晚明的江山向后延续了几十年。张居正的离开，说明他对未来的走向以及整体形势有了清晰的把握。他知道严嵩父子总会有倒下的时候，但是一时半会儿又没有谁能撼动他们的牢固地位。在反对严嵩势力的人中，张居正发现徐阶是最有潜力的，于是，他私下对徐阶表示支持，并向徐阶倾诉自己的痛苦，这使得徐阶更加欣赏张居正，等严嵩父子一倒下，就着急请张居正出山，帮助他处理朝政。张居正也是在徐阶的支持下，修订了世宗家乡湖北钟祥的地方志，也就是《承天大志》。

　　在徐阶和高拱的斗争中，张居正又一次选择

了"潜水"，表现得默默无闻，毫无见解，最后渔翁得利，走向了首辅之位。在第二轮权力争斗中，张居正虽然在徐阶的提携下进入内阁，但他依然没有资格当权。徐阶被罢官之后，面对傲慢的高拱，张居正还是用谦虚的态度应对，从来不发表自己的看法，尤其是在对待徐阶儿子的问题上。

徐阶有三个儿子，他们依靠父亲的提拔得到官职，但是都没有通过科举入仕。在父亲当政时，他们仗势欺人，作威作福。虽然徐阶治政有方，但是对自己的儿子却没有办法，也知道儿子们的行为迟早会给自己带来麻烦。为此，在离职之时，徐阶就找到张居正，嘱托他，看在提拔的份上，让张居正对自己的儿子照顾一点。

果然，在徐阶下台不久，应天巡抚海瑞就开始对徐阶的儿子下手了。不过，他只是为了削减徐家兼并过多的土地，并没有找徐阶后代太多的麻烦。但是徐阶的儿子们害怕了，写信求助张居正。张居正立即回信，让他们一定要遵纪守法，不要给别人留下什么把柄。张居正其实在推脱责任，

因为他知道高拱对徐阶恨之入骨，肯定会再次报复。

果然，当高拱复出时，就把徐阶的儿子们关进了大牢，准备杀头。张居正虽然没有出面求情，但是通过一个江湖人士侧面周旋，将徐阶儿子们的死刑改判为充军，免于一死。面对自己的恩师，张居正不能为了帮助他的后代而将自己暴露在敌人面前，这种隐忍的能力非一般人所能达到。但是，张居正忍住了这口气，直到自己当权，张居正才出面为徐阶平反，并将他的儿子们再次改判。

张居正在官场上的行为，值得我们借鉴。不要因为屡受挫折而一蹶不振，否则会使自己逐渐被磨去棱角，不仅难以锋芒毕露，反而可能变得碌碌无为。

圣人智慧：

不管是为了站稳脚跟还是获得发展空间，过于锋芒毕露反而会带来不必要的麻烦，多管闲事，误入是非之地，那就真的会大祸临头。不懂得藏智，在为人处世上，就会遭到他人的讨厌和疏远，工作中

不注意讲究策略和方式，不能处理好各种关系，都会招来嫉妒、猜疑和排挤。只有懂得露拙藏智，把才华隐藏起来发挥到位的人，才能取得最终的成就。

夹缝中生存，太极手是第一妙招

如何在夹缝中生存，找到在危机中的出路，具体的策略大不相同，但最成功的不外乎就是借力打力，推太极手这一妙招。

徐阶和高拱斗争时正逢北部边疆吃紧，张居正请求高拱派他去北边负责边疆事务，忙于和徐阶争斗的高拱欣然应允。张居正从此远离官场斗争，在边疆事务中充分发挥自己的才智，通过修建防台加强对北京周边的防卫能力，同时调整了整体的军事战略，从以攻为守转为以守待攻，大大降低了边防支出，把剩余下来的钱用在提高士兵的待遇上，获得边防官兵的一致好评。然后，又支持王崇古，妥善处理了把汉那吉来降事件，

有力地促成了封贡互市，使得边疆初步稳定。他所做的一切不但缓解了明朝的边防压力，而且使其大获人心，朝廷上下的官员对他十分敬佩。

张居正的这次远赴边疆，成功地避开了正面冲突，通过开辟新战场展现自己的才能，最终以实力巩固了自己的地位，最终后来居上，达到了他的权力目标，完成了治国安邦的伟大理想。

在夹缝中必须选择，而一旦做了选择就会得罪人。与其表面得罪小人，遭人嫉恨，不如表面应付，得过且过，不要太固执地坚持原则。张居正处理夹缝危机的秘诀就是，表面讨好小人，私下结交、团结君子。这样区别对待，虚实分明。对君子不说假话，对小人不说真话。学会内圆外方，做到坚持原则和随机应变的有效统一。暂时放弃立场，违心地应付一些不能得罪的人，然后，用自己的诚意，在私下与另一方达成共识，并对自己的行为做出解释，表明自己的立场，使对方将自己看成盟友。张居正的行为与"墙头草"不同，所谓的"墙头草"是在两方摇摆，希望可以从两

方都得到利益，不是真心投靠哪一方，因此才会遭到两方的厌恶和排挤。张居正的行为正是运用了太极中的"四两拨千斤"的技巧，虚虚实实、真真假假，因此才能在官场中站稳脚跟，谋求最大的利润。

在夹缝中生存，最重要的一点就是不要以鸡蛋碰石头。当初毛泽东同志在土地革命时期，看到的是以蒋介石为主的国民党在大中城市的牢固地位。因此，他没有按照共产国际提出的城市暴动策略，而是结合中国国情，提出了农村包围城市的伟大战略构想。在之后的保卫红色根据地的过程中，面对国民党军队的多次"围剿"，毛泽东同志提出了游击战加运动战的策略，要求避开敌人主力，在运动中消灭其有生力量。

作为一代救世重臣，张居正在进入官场初期，一直都是在严嵩与徐阶、徐阶与高拱之间的争斗中寻找属于自己的位置，在夹缝中获得生存，最终走向权力核心，完成改革。

张居正的官场经历很适合现在的职场法则，

在你刚进入一家公司，对其毫不熟悉的时候，即便你再有才华，也要低调做人。有句话叫"是龙你要盘着，是虎你要卧着"，就很能说明这一点。只有熟悉了工作环境和人际关系后，把握住机会，你才能做到一飞冲天。

张居正面临的权臣倾轧的斗争格局，对他来说就是一种复杂的夹缝危机，而要处理这样的危机，既能保存实力又不断壮大的方法就是避实就虚，借力打力。"太极手"是一种手段，也是一种智谋，讲究的就是在躲避风险的同时寻找生存之道。在这样的环境当中，要坚定自己心中的立场，坚定心中的目标，坚定一种"熬下去"的信念。坐山观虎斗要做得悄无声息，做一个站在旋涡边上的人，等到旋涡停止的时候，找好直达旋涡中心的方向，不顾一切地奔向中心，这样才能突出重围，取得成功。

夹缝中生存，这不是一般人可以做到的，你要拥有敏捷的观察力，灵活的人际关系，随机应变的口才，冷静的处事态度。在底层经历过重重

磨炼，积攒力量，等待时机。在夹缝中生存，最重要的就是要有耐心，把前面的敌人全部"熬"掉，这样就能施展自己的才华，创造属于自己的人生价值了。夹缝中生存，比的是耐心、隐忍、暗中积蓄力量。在职场中要多看少说，多做少打听，最忌讳的就是乱说话，这样不仅让人孤立你，同时也会让你失去晋升的机会。夹缝中生存，不要害怕，而是要当成一种人生的磨炼，虽然艰苦，但是也会更好地造就一个人，只要能坚持住，除了给你带来荣誉外，更是你人生中的一笔无形的财富。要正确、客观地面对夹缝中生存的情况，在日益竞争激烈的现今社会，能力不仅包括才华，更重要的是适应环境的能力。

圣人智慧：

张居正的官场经历，给我们讲述的就是一种"夹缝求存"的方法，有的时候，原则也要适当地改变，这样才能更好地适应环境。张居正的处事经验，为现今的年轻人指出了一条立足社会的捷径，虽然张居正晚景凄惨，但是我们更应该看到他正能量的一

面。正是因为他的出现，才导致明朝的国运向后延续了几十年。

没有永远的朋友和敌人

综观张居正的一生，在成为万历首辅之前，经历过几次重大的官场争斗，他都笑到了最后。其中和高拱之间的关系可以说是很迷惑，很多人不知道二人是敌是友。其实，从张居正的生平中，我们可以了解到，张居正和高拱都是世间大才，所谓"英雄惜英雄"，两个人在一开始就成了志同道合的朋友。

有一次，高拱想到郊外去散心，第一个想到的就是让张居正作陪，于是邀请张居正一同前往。在郊游中，高拱和张居正各抒己见，因为双方都有相同的改革纲领和基本相同的学术思想，可以说两个人在政见上是一拍即合的，在工作中配合得十分默契，取得了卓越的功绩。但是两个人都

是喜欢掌握全局的人，不愿意屈就对方，这就导致在错综复杂的内阁争斗中，两个人因为权力的争斗，走上了一条"不幸而以相倾之才，处相轧之势"的道路。

随着竞争的激烈，张居正和高拱之间的裂痕越来越大，最终，两个人的友谊破裂。此后，二人为了争夺内阁第一把交椅开始了一场新的争斗。张居正更是联合冯保一起对付高拱，昔日好友成了劲敌。

当高拱上疏要求扩大内阁权力、削弱司礼监作用的时候，张居正为了保全盟友，压制高拱，当面夸赞高拱，转身就和冯保商量怎么对付他。后来，在高拱利用言官攻击冯保的时候，张居正又为冯保出谋划策。他还利用高拱的"口出狂言"，让冯保离间皇帝和高拱之间的关系，最后导致高拱罢相。张居正坐上了首辅的位置。

虽然两个人经历了你死我活的争斗，但是在张居正取胜之后，并没有对高拱落井下石，在交接工作时，还主动为其请求"驰驿行"，也就是

乘坐官方的车辆回家，表示尊重，可以说二人之间的争斗归争斗，友情并没有消失。从这点可以看出，张居正的人品是多么的高尚，不会因为争斗而影响对一个人的感情，争斗是争斗，友谊是友谊，张居正分得很清楚。后来"王大臣案"，高拱遭到冯保千方百计的政治迫害，还是张居正力劝冯保罢手才保住了高拱。高拱回乡后，郁郁寡欢，有一次派人来京城原住地取些日用器皿，张居正知道后，详细询问了高拱的近况，得知高拱晚年之凄惨而动情落泪，并赠送银两和大量的日用品。在高拱去世后，张居正很是难过，他不由得感叹道："三十年生死之交，一旦遂成永隔，刺心裂肝，痛何可言。"

张居正和高拱之间的关系始终是这样的矛盾又统一。借用一句俗语来讲"没有永远的朋友和敌人"，两个人之间的关系好与坏，重要的是看利益是否冲突。利益不冲突则为友，反之为敌。张居正和高拱开始不就是这样吗？两个人都有才华，有着共同的理念，所以才成为志同道合的朋

友，但是两个人又都不甘于落后于对方，同在内阁，为了"一把手"的职位，两个人成了敌人，虽然一个有才，但是很狂妄；另一个却低调有内涵。可以想象，张居正成为首辅，志在必得。首辅的位置，就是破坏两个人之间感情的原因所在。

官场无情的政治斗争就像现今的职场争斗一样，今天和你在一起的同事，明天有可能因为某种利益就会把你出卖。如果你败在职场中的"友谊"，请你不要哭泣和惊讶，你只需要默默地总结经验，找到一条属于自己的路就行。过多地抱怨不会让人对你产生怜惜，只会让人觉得你更加的可悲。在职场中，不要相信任何人。职场中，只有利益和利用，这就是现实。职场没有永远的朋友和敌人，只有永远的利益。这就是人性。在利益的驱使下，今天的朋友有可能就会成为明天的敌人，今天的敌人也会成为朋友。所以说，职场人际关系首先是利益关系，其次才是朋友关系。

如何才能在职场如鱼得水，这就要从张居正的官场经历中多加体会了。把关于张居正的传记

多读几遍，细细品味，你就会学到很多处理职场关系的技巧。职场法则就是优胜劣汰，利益为底线。职场就是利益最大化的地方，想要赢得胜利或者保全自己，我们就要站在更加理性的角度去看待问题，同时也需要我们做出明确的取舍和选择。

著名心理学家韩三奇说，在职场中，朋友关系主要是以利益为主。当两人发生冲突，一定是妨碍了彼此的利益。利益沟通的关键点是：双赢。只有在相互妥协中达到双赢，才能和谐相处。所以，在与同事交流中，我们要懂得察言观色，要具有敏锐的洞察力，不要和同事交心，一旦交心，就要保持高度警觉，小心"祸从口出"。当涉及工作利益时，最好不要轻易地告诉同事你自己的真实想法，否则"后果自负"。

圣人智慧：

张居正的官场经验给我们带来了很多启示和处理技巧，可以想象，现今社会到处都充满着利益，在利益面前，昔日的朋友变成了敌人，也有可能以往的敌人因为利益变成了朋友。在利益面前，唯一的

解决办法就是如何去平衡，达到一种双赢的局面，这样才能让双方达到一种和谐的局面。

做一个细心的明智者

　　做大事的人一般都很细心，他们不仅会把握大的方向，也会关注细节。所以，做大事的人，在用人方面都是一把好手。做一个细心的明智者，既让下属没有被监视的约束感，同时也让下属对领导产生由衷的敬畏感。适当地了解关键信息，而表面上不闻不问。关键时刻，给出合理的建议，这样会让下属感受到上级的洞察力和威慑力。在以后的工作中，下属就不会有太多的小动作，而是会积极主动地和你沟通。用这样的方式与下属相处，会达到事半功倍的效果。

　　张居正在负责边疆事务时很注重用人策略，提倡奖罚分明。根据体制，在外的官员都要安排监察者来监督，但是张居正却不一样，不会太在

意正常的体制措施，而是很重视和下属建立私人关系。他经常和下属说，所谓的监察措施只不过是例行公事而已，并不是自己的意愿，以此拉近上下级之间的关系。他这样做，不仅让监察工作正常进行，还不会引起下属的抵触情绪。

张居正将监督机制当作自己了解下属工作的一个通道，通过这个通道，张居正了解了具体工作的最新动向，但是他不会过多地干涉下属的行为。张居正对自己信任的下属，都是只要结果不问过程。

王崇古因为在抗倭行动中表现得不错，张居正就把他提拔到宣大总督的位置，负责鞑靼最前沿的边疆事务。在王崇古任职期间，发生了一件事情，就是俺答的孙子把汉那吉投诚。王崇古面对这样的情况，一下子不知道该怎么处理，根据部下的建议，将把汉那吉好吃好喝地供起来，并限制了他的自由，然后，赶紧向张居正请示下一步的处理意见。

张居正通过派往边疆的监察人员了解到当地

最新的动态后，一边提前做好了几个预案，一边等着王崇古的报告。在了解了王崇古的具体做法后，张居正表示了赞同，并把自己的处理意见告诉了王崇古。张居正命令王崇古给俺答去信，告诉他，我们可以让把汉那吉回去，但是要指定几个人做交换。而这几个人不仅是汉奸，还是俺答的智囊团。不管俺答怎样选择，只要让他们这些汉奸离开俺答，都会让俺答的力量被削减。

王崇古按照张居正的命令去做，并及时和张居正沟通，又根据出现的新情况提出新的策略，全身心地投入这项工作中。张居正也全部同意他的建议，然后上报皇帝，最后促成了封贡开市、和平共处的边疆局面。在这个过程中，王崇古起到了重要作用，而这样的边疆局面，不仅展示了王崇古的个人工作能力，同时也离不开张居正合理的领导策略。如果此时二人没有形成紧密配合的交流机制，事态有可能出现不同的结果。俺答如果先一步在他们之间制造矛盾，并传递给皇帝，必然引起皇帝的猜疑，到那时，整个事件的主动

权就会落在俺答的手中，事态就有可能出现很大的偏差。幸好，张居正及时出手，适当地放权，没有给俺答插手的机会。

张居正的这种不把监察制度正常使用的方式，使监察机制变成了交流机制，从而化解了上下级之间的猜疑，顺利完成任务。作为一个细心的人，张居正深知官场上的人际关系，尤其是上下级之间沟通的重要性，如果还是按照平常的方式处理，效果不会太好，于是他才有这样的行为，根据监察部门的反馈，有选择性地了解自己想要知道的消息，从而分析出比较真实的情况，并与下属做好及时的沟通，比较重视下属提出的合理意见，综合各种因素做出正确的判断，完成一件事情。

张居正作为一个明智的细心人，非常重视与下属之间的交流。因为他知道，领导的决策是依据下属提供的相关信息做出的，而信息只有和下属良性沟通了才能获得。同时，在实施过程中，张居正也很重视与下属的沟通，在他看来，只有和下属有很好的沟通，才能更好地完成一项工作，

因为上下级统一了思想。

从张居正对待下属的态度上，就可以知道他是一个怎样的智者了。

首先，张居正通过监察机制知道了边疆的最新动态，做好了相应的准备工作，等着王崇古的报告，而不是等到王崇古提供相关报告后才做预案。这样做，一是让王崇古知道，张居正很了解边疆的事情；二是告诉王崇古，你的报告有哪些值得肯定和不足的地方，与此相对的意见都是有合理根据的。这样可以更好地指导和建议王崇古的正确做法，不会和张居正出现意见上的偏差。

其次，张居正在对待不同下属会说不同的语言。这里的不同语言不是说的是外语，是一种态度，或者说是根据不同下属的理解方式来传达张居正自己的想法。比如，对待自己的好友，吏部尚书王国光，张居正基本上就是起一个开头，王国光就会把所有的细节考虑周到，说出来的解决方法都是简单有效的，不会让张居正

费太多的口舌。可以说，张居正在对待文官，用的是一种比较文雅的语言；对待好友，是一种轻快交心的语言；对待武官，则是用比较直接的语言。张居正明白，对于一件事，每个人的理解方式不同，要做到统一，就必须统一他们的思想，而要做到统一，就要用不同的语言与不同的人沟通，让不同的人通过各自能理解的语言明白一件事。说起来很绕口，做起来却很简单，那就是"见人说人话，见鬼说鬼话"。

圣人智慧：

成大事者，要有自己处理事务的原则，运用合理有效的方法完成与下属之间的沟通交流，不要把上下级的观念看得太过重要，相互之间要多沟通了解，对于一项任务，要做到统一思想，统一方向，作为领导要适当放权，给予下属一定的信任和自由，这样才能更好地激励下属去完成任务。

成大事需要一颗坚强的心

人往往都安于现状，习惯一时难以改变，尤其是处于优越的生活环境中的人。但是往往太过优越的环境会让人腐化。想要改变他们的生活，对他们来说是很难接受的。当有人想改变这些人的生活时，就会被这些人群起而攻之，因此给改革者增加了无形的阻力。面对强大的阻力，自古成大事者无不拥有一颗坚强的心。也只有这样，才能抵抗所有的反对和非议，从而获得成功。

张居正自从当上了内阁首辅，大权在手，想要通过改革来拯救当时的朝廷和社会。不管是在政治上，还是在经济上，他的改革都遇到了很大的阻力，因为他的改革，触犯的是有钱有权的官僚权贵的利益，比如，在全国范围内展开了一场为期三年的清丈田亩的工作，当时的情况是大部分田地都控制在官员手中，百姓反而很少，这就导致本来属于国家的财政来源都到了官僚权贵的

手中，这些人为了少捐钱，就隐瞒田产，这样，这些权贵富了，国家却穷了。张居正正是看到了这一点，所以才要清丈田亩，重新将天下的田地都统计出来，这样才能更好地根据田亩数量来增加朝廷税收。可是，这一改革严重损害了权贵们的利益，这就相当于从他们的身上"剜肉"一样。从张居正想要整治所谓的"子粒田"遇到的困难就可以看出他的阻力有多大。

张居正上任不久的三月份，皇上对全国各地公侯贵戚的子粒田每亩征收三分税银的圣旨公布，立刻就引起轩然大波。第一个跳出来反对的是驸马都尉许从成，他是嘉靖皇帝的女婿，当今小皇上的嫡亲姑父。在宛平、大兴等京畿县份，他名下的子粒田有四百多顷。此项加征，他每年须得拿出一万二千两银子，与他拥有的巨大财富相比，这个数字算是九牛一毛。但为富者多不仁，让他放这一点点血，却如同剜了他的心头肉。他逢人就发牢骚："对皇上的赏赐也得抽分拿彩头，这是哪门子王法？照这样下去，早晚得打嗝认

捐，放屁缴税。"不单是说，他还写了揭帖送进内宫，要求觐见皇上与圣母，面陈"苦处"。李太后与许从成的夫人嘉阳公主本是姑嫂关系，隆庆皇帝在时，两人过从甚密。这两年虽然疏淡一些，但逢年过节，李太后仍不忘给嘉阳公主家中送去一些礼品，春节时也会宣召她进宫住上一天两天，说说体己话。小皇上的至亲没有几个，所以对嘉阳公主一家格外眷顾。许从成正是倚仗这一点，所以聚敛钱财有恃无恐。前一年秋上为胡椒苏木折俸事，他曾到昭宁寺找到正在那里敬香的李太后告刁状，逼使李太后下旨，免去公侯勋贵的胡椒苏木折俸。他从这件事上尝到了甜头，认为只要闹一闹，李太后还会松口，谁知这一次反而不灵，李太后收到揭帖后并不宣旨见他，也没有只言片语传出来予以安慰。他感到拳头打在棉花上——劲儿都白使了。但他并不甘心，又到处联络公侯戚畹，一起具名上奏，希望皇上能够收回征收子粒田税银的圣旨。他这边折子还没上去，一部由刑部制定的《万

历问刑条例》，又由皇上批准布告天下，其中《户律》第四十七条第一款写道：

凡宗室置买田产，恃强不纳差粮者，有司查实，将管庄人等问罪。仍计算应纳差粮多寡，抵扣禄米。若有司阿纵不举者，听抚、按官参奏重治。

紧接着的第二款，对不法权贵的惩治更加清楚：

凡功臣之家，除拨赐子粒田需征薄税之外，但有私买之田土，从管庄人尽数报官，入籍纳粮当差。违者，一亩至三亩，杖六十。每三亩，加一等。罪只杖一百，徒三年。罪坐管庄之人，其田入官。所隐税粮，依数复纳。若里长及有司官吏，踏勘不实，及知而不举者，与同罪。

各处势豪大户，无故恃顽，不纳本户秋粮，五十石以上，问罪。监追完日，发附近；二百石以上，发边工，俱充军。如三月之内，能完纳者，照常发落。

各处势豪大户，敢有不行运赴官仓，逼军私兑者，比照不纳秋粮事例，问拟充军。如各府州县掌印，不即按时催收田赋，纵容迟误，一百石

以上者，提问，住俸一年。二百石以上者，提问，降二级。三百石以上者，一律罢黜，不得开恩。

除了开国皇帝朱元璋对勋贵大户多有抑制之外，此后的皇帝特别是正统年间以来，几乎所有制定颁行的法律，都没有对豪强势力真正做出有效的限制和惩罚的措施。张居正为天下理财，首先向这些勋贵巨室挑战，对那些敢于偷漏国赋，与官府勾结纵庇以分肥的不法大户，进行严厉制裁并将他们绳之以法。如此行事，已是一百五十年来所仅见。因此，这部《万历问刑条例》一颁布，立刻博得丁民小户的一致赞扬。但是，在全国的势豪大户特别是两京的勋贵巨室中，却引起了极度的恐慌与不满，这真是一波未平一波又起。

作为一个拯救危难的政治家、改革家，张居正具备的是一种勇于抗争，坚持不懈，始终站在政治斗争旋涡的中心，用坚强和勇气直面敌人凶猛的攻击的品质。历史上有一句张居正的名言："当大过之时，为大过之事，未免有刚过之病，然不如是，不足以定倾而安国。"大概意思就是：在国家处于

危难之际，特殊事情要特殊处理，这虽然不免有矫枉过正的嫌疑，但不这样做不能扶危定国。

圣人智慧：

可以看得出来，张居正在面对困境时，心中那股为国为民，拯救社稷的满腔热血在过人的勇气下一直坚持到底。也正是因为他拥有一颗坚强的心，最后才成就了盖世功绩。张居正的这种不服输坚强的品格，正是眼下年轻人欠缺的，"以史为鉴"，想要成事者，一定要在选择好目标后，义无反顾地去执行。

锦上添花，不如雪中送炭

有句话说得好："智者雪中送炭，愚者锦上添花。"此二者都可以落个人情，但二者的价值相差很大。人与人之间的关系，有句话叫"患难见真情"。当别人需要帮助的时候，我们尽力而为，这才算是雪中送炭、收买人心。张居正对昔日的对手兼好友高拱来说，就是"雪中送炭"，在高拱下台后，被赶出京城时，有这样的场景：

皇极门宣旨后，锦衣卫缇骑兵就上前把跪在地上的高拱押送回家，随即就把高府所居的那条胡同戒严了。一应闲杂人等都不准进去，这也是李贵妃听信冯保之言采取的防范措施。考虑到高拱培植的党羽众多，已具备了一呼百应的影响力。如今既已使出雷霆手段，褫了他的官职，就再也不能给他喘息的机会任其寻衅生事，于是拨了一队缇骑兵把高拱当作"罪臣"看管起来。

缇骑兵隶受锦衣卫管辖，专司捉拿押送犯人之责，平常就飞扬跋扈气焰嚣张。如今奉了圣旨，更是吹胡子瞪眼睛不可一世。高府上上下下的人，平日里也都是昂头三尺，颐指气使惯了的，如今突然遭人白眼受人呵斥，一时间都成了雪天的麻雀瑟作一团。天一亮，缇骑兵就把大门擂得山响，要高拱急速起程回河南新郑老家。高福仓促之间雇了一辆牛车，胡乱装了一些行李，把主子高拱老两口搀上车，就这么仓皇上路了。

一出正阳门，便都是凸凹不平的土路，一连多日未曾下雨，路面比铜还硬，牛车走在上面颠

簸得厉害，高拱老两口前倾后仰东倒西歪骨头像要散了架，加之热辣辣的日头没遮拦地直射下来，路边地里的玉米叶子都晒得发白。高拱觉得浑身上下如同着了火一般。他虽然感到撑不住，但为了维护尊严，仍坚持一声不吭。只是苦了他的夫人，一辈子锦衣玉食住在深宅大院，几曾受过这样的折腾？出了正阳门不远，就差不多要晕过去了。

　　大约午牌时分，牛车来到宣武门外五里多地一处名叫真空寺的地方，这是一座小集镇，夹路一条街上有二三十家店铺，也真的有一座真空寺。从这里再往前走就算离开京畿踏上了直通河南的官道。走了这半日的路，大家已是口干舌燥饥肠辘辘，高福正想上前和这拨催逼甚紧的缇骑兵的头目，一个态度蛮横极尽刁难的小校打个商量，想在这小镇上吃顿午饭稍做休息，等日头偏西后再上路，却发现街上已站了一个人，仔细一看，原来是高拱的姻亲，刑部侍郎曹金。高拱只有一个独女，嫁给了曹金的第二个儿子。

　　若在平常，这样一个没有品级的小军官见了

朝中三品大员，早就避让路旁垂手侍立，但现在情形不同，小校是领了皇命押送高拱回籍的，官阶虽卑，钦差事大。因此小校不但不避道，反而迎上去，拱手一揖问道：

"请问大人是哪个衙门的？"

"来，我们借一步说话。"曹金说着就把小校领到避人处，往他手心里拍了一个银锭，说道，"这二十两银子，算是我曹某慰劳兄弟们的。"

小校高兴之余又颇为惊诧，问道："曹大人为何要这样？"

曹金瞧了瞧歇在日头底下的牛车，以及疲惫不堪的高拱夫妇，说道："实不相瞒，牛车上的高拱是我的姻亲。"

"曹大人想要怎样？"

"你看，日头这么毒，让牛车歇下来，在这儿吃顿午饭再上路，如何？"

小校听到这儿，不由得想趁机敲诈曹金一把，便故意卖关子说道："曹大人，这个恐怕不成啊，出京师时，俺的上司一再叮嘱，要尽快把

高拱押出京师地面，更不许他同任何官员接触。怕吃午饭误事，出发前俺已安排弟兄们都随身带了煎饼。"

曹金心想这是虎落平阳被犬欺，心里头直觉晦气，却又不得不赔笑说道："校爷，你好歹通融通融。"

小校答道："不是我不肯通融。只是一停下来，出任何一丁点事情，干系都得俺担着。俺总不能为了区区二十两银子，赔搭上身家性命。"

曹金一听，知道小校是嫌银子太少借机敲竹杠，尽管恨得牙痒痒的，他仍喊过家人，又取了二十两一锭的纹银递到小校手中，说道："就吃一顿午饭，若出任何一点事情，我曹某负责担待，校爷你看如何？"

忽听得一阵急促的马蹄声从宣武门方向急速驰来。须臾间，一名侍卫校官来到牛车跟前滚鞭下马，大声问道：

"谁在这里负责？"

"俺，"小校迎过去，一看这校官衣着光鲜，

官阶虽然相同，但腰牌却不一样，这是午门内当差的穿戴，便堆下笑脸来问，"请问有何事？"

校官答道："在下是新任首辅张居正大人的护卫班头，名叫李可，张大人要在这里为高老先生送行，怕你们一行走过了，故先差小的赶来报信。"

张居正为高拱摆下的饯行宴，就在与真空寺只有一墙之隔的京南驿里备下。这消息也让高拱感到意外，张居正此举是他万万没有想到的。

圣人智慧：

张居正在对待政敌的态度上，可以说很是友善了，虽然为了实现自己的政治抱负不得不排挤掉政敌兼好友。但是从个人情感上，张居正对高拱还是很友善的，为此才会出现送别这一幕。简单的举动可以看出，张居正为人正大光明，同时也是一个善良之辈。他的这次"雪中送炭"仅仅是出于私人情感。

隐忍不发，韬光养晦

张居正，从一个出身寒门的庶吉士到成为"一

人之下，万人之上"的内阁首辅，之所以能完成一番改革大业，最重要的是他懂得忍耐。俗话说"小不忍则乱大谋"。没有忍耐，他做不到这一步。张居正自己曾经说过"吾别无他长，但性耐烦耳"。可以说，他的成功离不开隐忍和韬晦之术。

张居正刚进入官场时，朝廷的情况可谓一片狼藉，世宗常年不上朝，严嵩父子把持朝政，一手遮天，时局岌岌可危。年轻的张居正目睹政治上的黑暗和严嵩父子误国卖友等行为，虽然气愤，但是他一个七品编修又能怎样！虽有一腔热血和匡济时势的才能，但那时的他没有任何话语权。即便是他向皇帝上了《论时政疏》，提出一些好的意见，但是并没有引起皇帝的重视，为此还担心被严嵩父子嫉恨，不得不对他们进行一定的"表忠心"。严峻的政局，使张居正越来越清晰地认识到，不在其位不谋其政，名不正而言不顺。也让他知道，只有自己有了真正的权力，才能实现自己的抱负。因此，他必须一忍再忍。

张居正知道，现在的忍耐是为了明天能更好

地实现自己的政治抱负。所以，在严嵩专权时期，除了例行的奏章和必须的应酬，张居正大部分时间都保持沉默。有时候为了保身，他不得不违背良心为严嵩写一些歌功颂德的诗篇。在那个时期，张居正虽无作为，但他冷眼观政局，不断为自己积蓄力量。

嘉靖三十三年（1554），张居正选择适时而退，这是他的以退为进之策。以养病为借口，离开京师来到故乡江陵，休假三年。在家的三年中，张居正没事就是读读书，修身养性。虽然远离朝政，但心怀国事，心系朝政。经过休整、反思和对农民疾苦的考察，张居正对解除社会弊端有了比较成熟的想法。

回到朝中担任了一个没有实权职位的张居正仍然没有得到重用。面对严嵩肆无忌惮的摄政擅权，张居正依然默不作声，等待时机。

终于，专权了15年的严嵩下台了，张居正的恩师徐阶成了首辅，这个时候张居正才得到重用。然而，张居正刚一进入内阁就碰到了对他来说亦友亦敌的高拱。张居正和高拱，同样精明强干、

头脑敏锐、有自己的政治观点，可以算是志同道合的朋友。在高拱成为首辅的那些年中，张居正再次选择了隐忍，他深深感受到，在官场，人前一套人后一套的本事尤为重要，没有这样的本事，很难在政治复杂的环境下生存和发展。所以，面对高拱的傲慢无礼，他依旧保持着谦恭与沉默。通过高拱和张居正争夺首辅位置的结果来看，面对盛气凌人的高拱，张居正的隐忍使他最后取胜。

有一段记载着高拱和下属因为一件事而发出的感叹中，说明了张居正的隐忍：

高拱道："此一时也，彼一时也，皇上十八岁时封了裕王，我就是他的老师，君臣间的情分，自不是一般人能够窥测揣度得到的。但皇上那天在皇极门金台一怒，居然也骂了老夫一句'不是忠臣'的话，这就叫天意难测。后来太医在东暖阁陈述皇上病情，吞吞吐吐，老夫心里头就升起不祥之兆。万一皇上春秋不豫，鼎祚有变，就会有人浑水摸鱼，来抢这首辅之位了……"

"你是说张居正？"魏学曾插话问道。

　　"不是他还能有谁？"高拱咕噜咕噜一口气喝干一盅茶水，伸手抹去嘴角的余滴，又滔滔而言道，"嘉靖三十七年，我任国子监祭酒时，张居正由翰林院编修升任国子监司业，当我的助手，开始与我共事。当时的首辅是严嵩，我俩都对他极为不满，也都怀有论道经邦燮理阴阳的宰辅之志，很快我俩就成为莫逆之交，互相以相业期许。后来又先后入阁。任辅臣之初，他与我还能心心相印，在筹边、治漕与侯王爵禄裁正等诸多国家大政上，与我互相策应，配合默契，办成了一些大事。但我早已看出，张居正并非甘心久居人下之人。自去年内阁中陈以勤、殷士儋等人相继致仕，只剩下他和我两人时，他的夺位之心就已日见端倪。他对我表面承应如初，暗中却在摩拳擦掌，与我较劲。最显著的表现，就是国家凡有用人之机，他就尽量推荐自己的同乡、同年和门生，这一点，从他入阁之初就开始做了，只不过不像近两年如此明显。举荐殷正茂，正是出自他培植朋党的私心。"

从这段话中就可以看出张居正的隐忍功夫如何了得，在不知不觉中成了高拱的对手，因为首辅的位置对二人来说都是至关重要的，虽然二人都是为了国家而争首辅的位置，但是张居正的手段，让人不得不佩服。

综观大明王朝的历史，在嘉靖、隆庆年间，内阁大学士们之间的明争暗斗，短短几年，严嵩被徐阶铲除，徐阶又被高拱推倒，高拱最后被政敌轰跑，最后，张居正成了赢家。主要就在于张居正懂得隐忍，知道"隐忍不发，韬光养晦"，懂得想要保全其身，就要委曲求全的道理。

圣人智慧：

古今中外，凡成大事者，皆备隐忍的品质，后来居上者往往会笑到最后，做出一番大事业。然而，作为普通人的我们，要记住，有人的地方就会有明争暗斗，面对这样的情况，我们要学会隐忍，学会韬光养晦的本事，只有这样，才能避免锋芒毕露，及无端招来的排挤和嫉妒，让平凡的一生走得顺利一些。

伟大的管理是管理自己

　　张居正明白一个道理，"桃李不言，下自成蹊"，意思是桃树、梨树虽然不会说话，但是它们开出来的花朵，结出来的果实，同样会招来人们聚集在其身边，因此踩出路来。张居正明白，想要有突出的政绩和良好的人际关系，就要处处身先士卒，以身作则才可以。

　　大明朝的驿站，遍布各大交通要线。时常会有各种官老爷通过各种名目从驿站拿到好处。驿站可不是普普通通的官营小旅馆，它是为各级官老爷服务的特权单位。另外，驿站的经费也不全是来自国家财政，而是靠地方人民的赋税承担。

　　张居正对驿站制度的处理方式就很有针对性。他并没有削减驿站的经费，而是从限制官员特权的角度来解决驿站问题。他还将驿站的管理划入省一级单位的管理核查中，从而使驿站的行政方式更加规范。

自此以后，公款吃喝的官老爷们明显减少了，当地的老百姓也不用再承担高昂的赋税了。成功把全国驿政花费缩减了30%以上，节省了近百万两白银，为民众减少了巨大的经济负担。

在改革中，张居正严格要求自己和自己的家人，从自己的身边做起。他的儿子回原籍参加科举考试，不用官府邮驿，而是出钱自己雇车。张居正的父亲过生日，他也不动用驿车驿马，而是让仆人背着行李，自己骑毛驴回乡祝寿。这正印证了张居正所说的"仆忝在执政，欲为朝廷行法，不敢不以身先之"。也正是因为张居正的这种率先垂范的行为，让整顿驿站收到了很好的效果。

还有一件事可以看出张居正以身作则，从身边人做起，比如管家游七讨二房这件事：

"游七！"张居正喊了一声。

"小的在。"

游七从人堆里走了出来，打从张居正一下轿，他就看出势头不好。往常要教训哪位仆役，张居正事先都会让他知道，今儿个连他也不知会，游

七便揣度这事儿与自己有干系，心里头已是十二分的紧张。

张居正审视着他一向倚重的这位大管家，口气严厉地问道："你近来做了些什么？"

游七尽量掩饰内心的慌乱，佯笑着答："小的所做之事，每日都向老爷禀告了。"

"没有瞒我的事？"

"没……有。"

见一连两问游七都不肯如实招来，张居正已是盛怒，于是一下子吊起嗓子，大声斥道："你什么时候讨了个二房？"

"快四个月了，八月十五过的门，"见老爷问的是这个，游七大大松了一口气，他觑了张夫人一眼，似有委屈，言道，"讨这个二房，小的禀告过表嫂。"

游七尽管称张居正为老爷，但对他的夫人却仍按亲戚辈分相称。久沿成习，彼此也不觉得奇怪。张夫人这时点点头，对张居正说道："游七是同我讲过，我记得那时你在积香庐，所以没吃上喜酒，

你回来后，我曾对你说过。"

张居正约略记起这件事来，但仍生气地回道："可是你没有说这个二房的来历。"

"来历？我只知道她姓孟，叫孟芳，老籍陕西，住在京城，剩下我就不晓得了。"张夫人回答。

"游七，你说，你隐瞒了什么？"张居正也不顾及夫人对游七有袒护之意，犹自追问。

游七从张居正的话缝儿里听出他已知晓此事，情知瞒不住，只得禀告实情："孟芳是官家小姐出身，她的父亲当过州同，早已致仕，她的哥哥叫孟无忧，现在户科给事中任上。"

"夫人，你听见了吗？"

张夫人一听这家谱，也吃了一惊，说道："没想到游七这么有福气，娶了个官家小姐做二房，这真该恭喜你了。"

张居正怒气冲冲回道："恭喜什么，你以为这是天作地合的姻缘？呸，这是龌龊的交易！"

"交易？"张夫人茫然不解。

"你想想，游七一无功名，二无资产，一个

官家小姐，凭什么要嫁给他？若是正室，也还说得过去，却是个二房，人家凭什么？"

张夫人先前没想到这一层，于是顺着丈夫的话问游七："对呀，游七，你说，人家凭什么？"

游七愣愣怔怔，红着脸答道："这本是媒人撮合，我与孟芳见面，两情相悦，就订下这门亲事。"

"真是这么简单？"张居正冷笑一声，"你知道孟无忧今天下午在值房里如何对我说？他说于公于私，都对我这位首辅大人唯马首是瞻，这不明摆着要同我攀亲戚吗？就这一句话，就将他把妹妹嫁给你的意图彻底暴露。"

游七这才知道是孟无忧说漏了嘴，赶紧扑通跪下，哀求道："老爷，小的知错了，小的在娶回孟芳之前，应向老爷讲明她的身世。"

张居正斥道："错既犯下，断不可轻饶，来人，家法侍候！"

先前就在右厢房候着的李可带了四名兵士闻声走了进来。见他们手上都拿了棍子，游七吓得面如土色，连忙磕头求道："老爷，原谅小的这一回。"

张居正本来就有杀鸡儆猴的意思。他瞪了李可一眼，喝道："还傻愣什么？褪掉他的外衣，给我重重地打二十大棍，一定要重打。"

李可再也不敢怠慢，命士兵扒下游七的棉袍，只剩下一条衬裤，游七本是瘦人，干巴巴的屁股上肉少得可怜。尽管士兵们并不真的上劲儿抡棍子，但打完二十大棍，游七瘫在地上周身疼挛呻吟不住。张居正瞧着他痛苦不堪的样子，心里头也不是滋味，但他仍恶狠狠地斥道："明日，你可派人去告诉你那位大舅子，今天下午，我已通知吏部尚书张大人，将孟无忧调任云南湾甸州，降两级使用。李可，将他扶回家中歇息。"

圣人智慧：

伟大的管理就是管理自己，这告诉我们，想管理他人，首先要管好自己。往往都是以身作则的人才会让他人服气，人们才会跟着你的脚步，向着你手指的方向前进。榜样的力量是无穷的，领导如果能给下属起到一个很好的榜样作用，那么不仅受益的是公司管理，同时，员工个人素质也能很好地提高。

有圆无方则不立，有方无圆则拘泥

"有圆无方则不立，有方无圆则拘泥"就是"无规矩不成方圆"。而"没有规矩不成方圆"，这句话出自《孟子·离娄章句上》，其原文为"孟子曰：'离娄之明，公输子之巧，不以规矩，不能成方员。'"意思是孟子说，即使有离娄那样好的视力，鲁班那样好的技巧，如果不用圆规和曲尺，也不能准确地画出方形和圆形，引申义就是告诉世人，做任何事都应该遵守一定的规矩、规则，否则便无法成功。作为一个想成就一番事业的人，有一套相应的做人原则，那就是外圆内方，方圆自如。相反，一根筋的处事方法只能处处碰壁，最终一事无成。

在封建改革中，改革是带有矛盾的集中性、突破性和体制性的。因为改革是将现有的、人们习以为常的章程和法令进行变更，这会导致很多人不适应，从而会导致一些既得利益者的反对。

这些都是不可避免的，历史上的重大改革，没有一次是顺顺利利完成的，有很多都半路夭折了。就是因为阻力太大，可以说，每次改革都是在与整个社会抗争。反对者一般会利用祖制、祖训来抵制改革，维持现状，即"法祖"。而古代产生的这种"法祖"意识中带有很强的惰性力量。因此，要想改革成功，不仅要有实际利益的推动，还要在思想上引导人们对改革认同，化惰性为力量，这是简单的发号施令所无法达到的。所以，如何建立足以动员民众的改革理论，才是改革成败的关键。这一点，张居正很敏锐地抓住了，在改革初期，他就竖起了"法祖"的旗号。

张居正执政后，他向神宗提出："方今国家要务，唯在遵守祖制，不必纷纷更改。"虽然打起了"恪守祖制"的旗号，但张居正并没有循规蹈矩、无所作为，而是运用人们熟知的历史常识，重新解释了商、周、秦、汉兴亡盛衰的历史教训，提出了因时顺势的变法思想。他认为前朝，即夏商周以来，秦、汉、隋、唐、宋、元，皆由兴盛

至衰亡，倘若前朝治国无方，无力挽救衰败，必会被新的朝代所代替。在张居正看来，朝代以兴亡交替不可逆转之势，说明后代必须克服前代的弊端，发展前代的优势，才得以一代胜过一代，即"天下之事，极则必变，变则返始"。张居正想要强调的是以发展的观念报效祖先。他的论点，既打着祖先的旗号，又反击了保守者的攻击，这很好地证明了他的犀利和机敏。表面上，张居正按部就班，在不引起统治阶层的不安的前提下使改革能够较为平稳地发展深入。

张居正聪明之处就在于，他没有直接提出自己的改革理论，而是用"托古"的方式，以古代的权威对抗现实的权威，用古人的理论说服和压制反对者，让自己说的话在道德或者法律上有一个依据。这样的想法在当时保守势力统治的社会条件下，是非常明智的。

综观历史，但凡能成就伟业的人，没有不了解做人之道的，知道做人何时进退，何时应该"方圆"。张居正的一生都在为了实现大明王朝的复

兴而努力，他精于治国，让改革获得了巨大的成功，他的改革，为的是更好地巩固皇权，在一定的程度上推动了明朝的发展。

往大了说，一个朝代的发展必经兴盛到衰败的一个过程，就好像一条曲线一样，有最高点，也有最低点，张居正的改革正好让这条曲线出现了一次新的高度，延缓了明朝的灭亡时间，这是一种造化的自然之理，也是一种天地规则的变化，张居正的成功顺应了自然界的变化规律；往小了说，张居正在改革的过程中，严格律己，以身作则的态度，也是一种规则，一种引导改革的规则，他定下的规则，首先要自己遵守，这样才能让下属去遵守，从而引导改革的进程。"无规矩不成方员"，这里面包含的道理，张居正可以说是深有体会，因此，不管是在官场中的行为，还是他做人的原则，都包含着某种"规则"。

圣人智慧：

规矩，有明文规定的，比如法律法规、规章制度等；也有一些道德上的规矩，比如，尊老爱幼、孝

敬父母等，这些都是教我们如何去更好地为人处世，如何更好地去培养正确的人生观、价值观，有哪些能做，哪些不能做；哪些是对的，哪些又是错误的。人与人之间相处，就是按照其中某一条规矩来执行的。所以，规矩不能不遵守。

第二章 不一样的待人之道

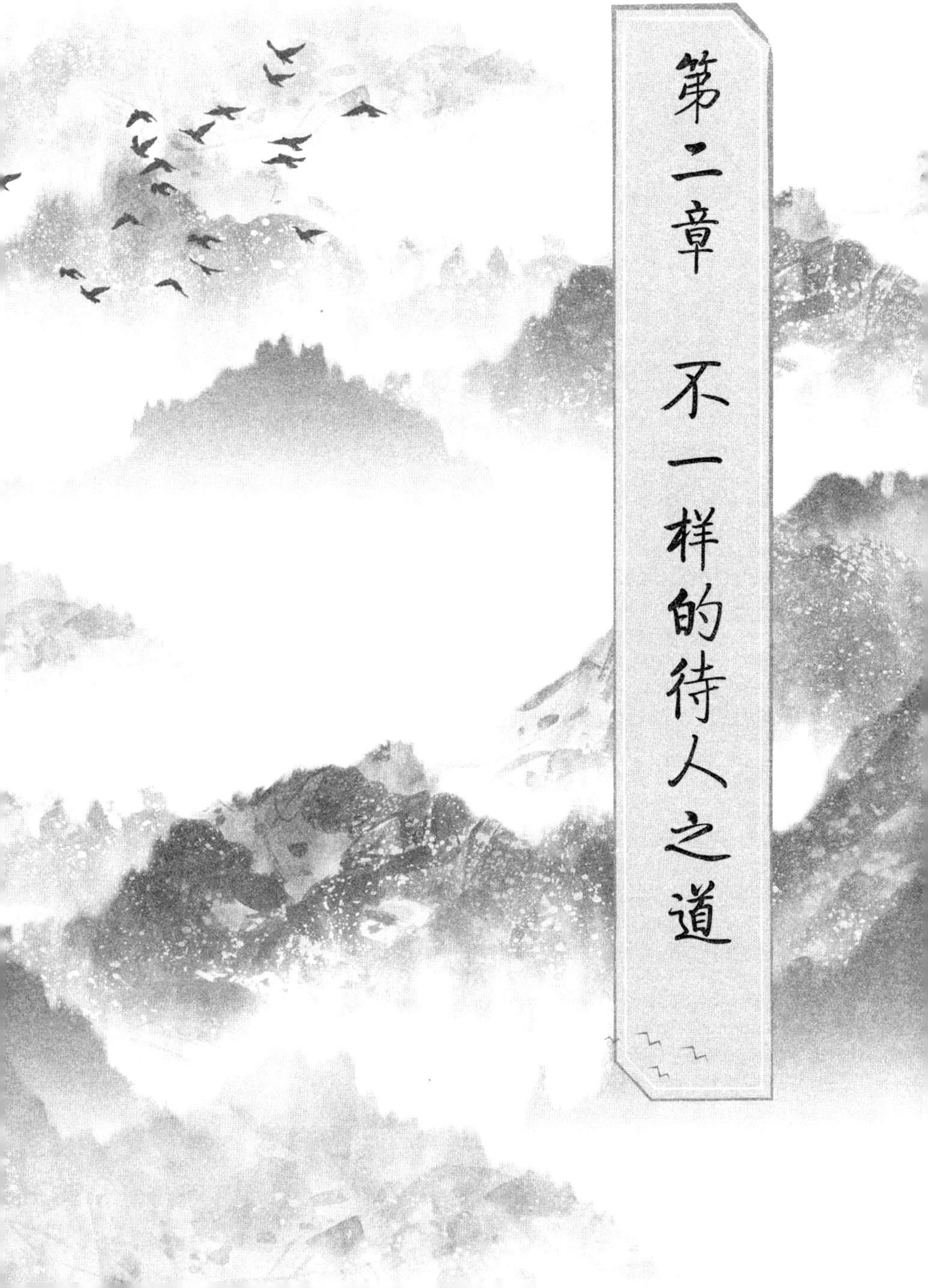

与老师相处之道：努力

根据历史记载，张居正的老师，或者说对他最有影响的两位老师，一位是顾璘，一位是徐阶。

张居正 12 岁中了秀才，地方巡抚顾璘对张居正青睐有加，两人第一次相见，顾璘"一见即许以国士，呼为小友"，对人说"此子将相才也"，并解下犀带赠予张居正，介绍自己的孩子互相认识，多向张居正学习。张居正也高兴，但没得意忘形，想再接再厉、一鼓作气考得更好报答巡抚大人的宠爱。第二年，13 岁的张居正参加了乡试。准备得挺充足，信心满怀，考完就回家了，静静等待录取通知书。放榜那天，他在门口张望很久，不见敲锣打鼓的人，去榜单看看，上上下下、左左右右没见自己的名字。张居正沮丧至极。

后来得知，不是张居正不优秀，是他的人生第一位贵人顾璘巡抚故意要给他磨难，不让他考

中。得知原委的张居正难过了一会儿，忽然开朗，老师为我好，太顺利，容易翻船，年龄太小，有些事处理不好。

嘉靖二十六年（1547），23岁的张居正考中进士，授予庶吉士。庶吉士，明、清时翰林院的短期职位。选科举考试中进士的有潜质的人担任，为皇帝近臣，负责起草诏书、为皇帝讲解经籍等责，是明内阁辅臣重要来源之一。

徐阶（1503年10月20日—1583年6月7日），字子升，号少湖，一号存斋。松江府华亭县（今上海市松江区）人。明代中期名臣，嘉靖后期至隆庆初年内阁首辅。嘉靖二年（1523）以探花及第，授翰林院编修。后又晋礼部尚书，兼文渊阁大学士，参与朝廷机要大事。徐阶曾密疏揭发咸宁侯仇鸾的罪行，且擅写青词，为嘉靖帝所信任。嘉靖四十一年（1562），徐阶得知嘉靖帝对严嵩父子的不法行为已有所闻，于是命御史邹应龙参劾，最终使严嵩父子倒台。随后，徐阶取代严嵩成为首辅。累官至少师兼太子太师、吏部尚书、建极

殿大学士。明穆宗时致仕归家。万历十一年（1583），徐阶病卒，赠太师，谥号文贞。

徐阶一生将隐忍的精神发扬到了极点，他是嘉靖年间和隆庆年间的内阁首辅宰相。夏言在位时，念在严嵩和他是同乡的情分上，在官场上很是帮严嵩。但是，严嵩却偷偷拉帮结派陷害夏言，最终严嵩计谋得逞，夏言被斩首示众。夏言在去世之前，已经预感到严嵩会陷害他，而他也逃不出严嵩的陷阱。于是，夏言便拉拢了徐阶，徐阶最终拉下了严嵩。

严嵩是明朝六大奸相之一，玩弄政权，并且疯狂敛财。很多官员都忌惮严嵩的位高权重，不敢轻易揭发他。徐阶就一直潜伏在严嵩身边，徐阶为人小心翼翼，和严嵩在一起为官十几载，表现得很是谨慎小心，所以严嵩也没有抓住徐阶的把柄。加上，徐阶很会讨皇帝的欢心，很会迎合皇帝的心意，在严嵩败露之后，徐阶乘机将严嵩的罪状一一列举，最终严嵩被皇帝抄家，沦为乞丐。徐阶得到皇帝的重用，成了内阁首辅大臣。

他的一生都在为了明王朝的复兴而奋斗，只不过他的复兴手段比较温和。在嘉靖年间，徐阶最大的功绩就是斗倒了权倾朝野二十年的政敌严嵩。他在接任过内阁首辅职务后，陆续平反各种冤案，提拔有用人才，经过一段时间的经营，终于让大明王朝的政局稳定了下来。

张居正在嘉靖年间给皇帝上过一份《论时政疏》，虽然没有得到重视，但是却吸引了徐阶的注意，从此开始关注这个年轻人。为了培养张居正，先后推荐他参与到修整《永乐大典》和《兴都志》的编辑工作当中，实际上就是全盘主持工作，这样一来，张居正就能给嘉靖皇帝留下一个很好的印象。在朝廷，徐阶为张居正一步一步地安排，甚至安排张居正成为裕王（未来隆庆皇帝）的讲官。在此期间，张居正结识并交好了内廷太监李芳等人，打开了人际。同时，张居正的才华也得到了未来皇帝的认可和欣赏。

值得一提的是，徐阶对张居正这个学生的感情是真挚的，充满了包容，把张居正当成自己

的政治接班人来培养。可是，年轻的张居正曾
一度瞧不起徐阶这个老师，因为在和严嵩争斗
的时候徐阶的表现，在张居正的眼中太过"卑
微"，认为老师胆小怕事，没有责任心。甚至
一度请病假回家休息，远离朝政。在休假期间，
张居正深入了解了百姓的生活状态，也明白并
理解了老师的用心。终于，作为徐阶的心腹，
在隆庆皇帝登基后，张居正如愿进入内阁，开
始他的政治生涯。

　　张居正同第二位贵人徐阶相处时，表面和风
细雨，平常来往，公事公办的样子，私底下两人
却心心相印。徐阶把某些高级机密传授给张居正，
并安排他接触核心机密，参加重量人物的聚首，
又采用极其隐秘方式保护张居正，不使他走到政
治斗争最前沿，害怕他被当成"炮灰"干掉。

　　张居正跟着徐阶学到太多东西，老师的隐忍
不动、暗自积蓄力量；荡开一笔使事情圆满解决；
怎样获得大众支持；使敌方完全暴露然后摧毁等
经验，开阔了张居正视野，锻炼了他的心智，后

来很多大风大浪能平安过去，都得益于这一时期他耳濡目染的很多东西。

《张太岳集》记载"唯臣居正一人知之，诸臣皆不问也"，明确表明徐阶赏识、喜欢张居正。两人关系保持良好，为他成为宰相奠定了坚实的基石。

圣人智慧：

在政治上，张居正前期十分弱小，对政治生活没有任何经验，徐阶的出现，帮助了他，通过徐阶的帮助，让张居正逐渐成熟起来，这就是贵人提携的重要作用。天才的成功是勤奋、刻苦、天赋、运气和贵人扶持的总和。"神童"在后期没有合适的教育方式，也会变回普通人。

与权相相处之道：柔顺

隆庆六年闰二月十二日清晨，春寒料峭的北京城仍是一片肃杀。后半夜响了几声春雷，接着扯起漫天丝丝冷雨，天气越发冷了，直冻得狗缩

脖子马喷鼻，巡夜的更夫皂隶一挂清鼻涕揪了还生。大内刻漏房报了寅牌，只见皇城午门内东南角的内阁衙门，两扇厚重的朱漆大门被司阍缓缓推开。内阁首辅高拱与次辅张居正从门里走出来。

此时熹光初露冻雨才停，悠扬而又威严的钟鼓声在一重重红墙碧瓦间回响。参加朝见的文武百官在鸿胪寺官员的带领下已来到皇极殿外序班站好。

两位阁臣刚出大门，一阵寒风迎面吹来，把高拱一部梳理得整整齐齐的大胡子吹得零零乱乱。就因为这部大胡子，再加上性情急躁，臣僚和宫廷中的太监背地里都喊他高胡子。

"都二月了，风还这么刺骨头。"高拱一面整理胡子，一面用他浓重的河南口音说道。

"二月春风似剪刀嘛。"身材颀长器宇凝重的张居正，慢悠悠地回答。他也有一部长须，只因用了胡夹，才不至于被风吹乱。

内阁大门出来几十步路，即是会极门。

"太岳，今日皇上要廷议广西庆远府僮民造

反之事，兵部平常都是由你分管，你准备如何
奏对？"

张居正说："广西庆远府山高林密，僮民于
此聚居，本来就持械好斗，加之地方官吏无好生
之德，盘剥有加，遂激起民变。其首领韦银豹、
黄朝猛两人，胆大妄为，率领叛民屡戮天子命官，
攻城劫寨，甚嚣尘上，如今已经三年。地方督抚
连年请兵请饷，朝廷一一答应调拨，如今已耗去
几百万两银子，可是叛民却越剿越多。昨日警报
抵京，说是韦银豹又攻陷收复不到半年的荔波县
城，把知县的人头挂在城墙上示众。擒贼擒王，
要想荡平庆远积寇，地方宁帖，只有一个办法，
把韦银豹和黄朝猛这两个贼首擒杀。"

高拱点点头说："理是这个理，奈何剧贼据险，
五万官军剿了三年，自己损兵折将，却没伤着韦
银豹一根毫毛。"

"这是用人不当，"张居正决断地说，"应
重新选派两广总督。"

高拱警觉地问："你认为应该选派谁？"

　　张居正答："我还是推荐殷正茂。"

　　高拱的脸色略一阴沉，这位"天字一号"枢臣，同时兼着吏部尚书，拔擢用人之权，被他牢牢抓在手中。此时他冷冷地说："你已经三次举荐他，我已说过，这个人不能用。"

　　张居正并不计较高拱的粗暴态度，只是感叹道："我真不明白，元辅为何对殷正茂成见如此之深。"

　　高拱说："殷正茂这个人虽有军事才能，但贪鄙成性，起用他，不要说我，皇上也不会同意，朝中大臣更不会支持。"

　　张居正摇摇头。他知道高拱在这一问题上怀有私心。现任两广总督李延是高拱的门人，深得高拱信任。但这个李延，心胸狭窄嫉贤妒能容不得人。先是排斥令倭寇毛贼闻风丧胆的铁胆英雄戚继光，戚继光奉调北上任蓟镇总兵后，另一位抗倭名将俞大猷接替他继续担任剿匪任务，李延又多方掣肘，扣军饷，弄得俞大猷进退两难。这回韦银豹攻陷荔波县城，李延不但不引咎自责，

反而上折子弹劾俞大猷拖延军务，剿匪不力。朝中大臣，如兵部尚书杨博、左御史葛守礼等，都知道俞大猷的冤枉。但高拱一味偏袒李延，他们也无可奈何。张居正私下征求过杨博和俞大猷的意见，他们都认为李延不撤换，庆远叛贼就绝无剿平之日……

张居正沉思着不再说话，高拱又说："太岳，待会儿见到皇上，不要主动提出更换两广总督之事。不管李延留不留任，反正殷正茂不能接任。再说，内阁没有议决，一下子捅到皇上那儿，倘若争执起来，叫各位大臣怎么看？"

高拱明是规劝，暗是威胁。张居正苦笑一下答道："你是首辅，凡事还是你说了算。"

张居正在没有进入权力核心时，一共遇到过三位内阁老大：严嵩、徐阶和高拱。对待这三位，张居正的态度截然不同，严嵩在时，他选择了归隐；徐阶在时，他进入官场，但隐而不发；高拱在时，他选择瞅准时机，一招击败对手。

从上面的事情中，就可以看出高拱和张居正

之间微妙的关系，本来掌管兵部的张居正却连调派剿匪的将领的权利都没有，在面对高拱的语言威胁时，张居正选择的是顺从，而不是唱反调。人在表达态度时，要自己先把事情理顺，然后再去表态，不然吃亏的是自己。

张居正与高拱的关系，是那种亦友亦敌的关系，他们二位同样才华横溢，有共同的理念、共同的认知、共同的语言话题，但就是因为二人能力旗鼓相当，所以彼此才会是对手。张居正在没有成为首辅的时候，面对高拱，总是表现出很顺从的样子，这样做，一是为了麻痹对方，不给对方留下除掉自己的借口和把柄；二是为了等待时机，等待一个可以一招制敌的时机。表面上的顺从，不代表的就是这个人真的顺从了。在职场中，尤其是能力相当的两个人，他们往往是亦友亦敌的存在。

圣人智慧：

张居正在与上级相处的时候，表现出来的这种柔顺，会很好地消除上级的戒心，这样就不会有什么

危险。这不仅是一种对待上级的态度，也是一个下属应该做到的事情，下属对某件事可以提出合理的意见，但是不能当众反驳上级，让其下不来台，一时的爽，会变成一段时间的痛。

与同僚相处之道：团结

在张居正因为老父亲去世，引发的"夺情之战"中，张居正依然坚持舍小情、留大爱，坚持自己的改革主张。在当时的年代，守孝在人生道德中占有很高的位置。即便是位极人臣的张居正也不能免俗，在"夺情"期间，张居正通过小皇帝下达了两道任命引起了朝堂的注意。

一是任命王国光接替张瀚出任吏部尚书；二是他空出的户部尚书一职，由蓟辽总督王崇古担任。他们两人都是因张居正的推荐而履任新职。

推荐他们，张居正确实动了一番心思：王国光既是他心心相印的政友，又是难得的干练之臣，

且还是谙熟财政的理财高手，他主政户部五年来，朝廷赋税收入年年攀升。这样的专才循吏，实属难得。但若让他在户部职上久任不迁，虽无悖于朝廷用人之道，却有负于朋友之情。政绩斐然不能升官，谁还肯替朝廷效命？吏部与户部虽同属二品，但吏部毕竟是六部之首，文官至尊之位。如今让王国光继任，不但对他是一种奖掖，而且也不用担心大权旁落。

再说王崇古，万历四年（1576）因戚继光部发生的"棉衣事件"而受到牵连，他的精神一度萎靡不振，宦途也受到影响。那次事件发生不久，兵部尚书谭纶就因积劳成疾死在任上，按张居正最初的想法，王崇古是理所当然的接任者，但这时，如果让挂兵部尚书衔的王崇古到部主事，势必引起人们的诟病与非议。于是，张居正改推南京兵部尚书方逢时接替谭纶，王崇古职位事权不变。

尽管此前张居正已把王崇古的外甥张四维提拔为辅臣以示安抚，但王崇古仍觉得自己有些受屈。张居正也认为王崇古是有大功于朝廷的良臣。

隆庆五年（1571），正是由于他大胆建议接受当时最强大的蒙古部落首领——俺答封贡的要求而创立互市，一举解决了数十年与蒙古部落的边界战争。因此，无论从功绩、名望与才干哪一方面讲，王崇古都应该成为部院大臣。如今"棉衣事件"已过去一年时间了，人们对它已逐渐淡忘。

张居正遂决定推荐王崇古膺任户部尚书一职。让一位指挥千军万马的边帅来当锱铢必较的财政大臣，似乎有些不伦不类，但如此安排，正体现了张居正的高明之处：其一，经过五年的拨乱反正及规划谋略，朝廷的财政制度大致上已趋完善。王崇古履任后只需谨守章程办事，即可控制局面。其二，皇上已批旨允行在全国展开清丈田地，这一工程被张居正视为涉及社稷安危的头等大事，执行起来必然要触动许多势豪大户的利益而受到种种阻拦。一般文雅儒臣，难以担此重任。王崇古征战多年，早练出了坚如磐石的杀伐之心，由他出掌清丈田地之责，便可以排除险阻威慑群小。

再加上王国光掌吏权，一些与势豪大户勾结

的地方官吏想玩弄伎俩破坏清丈田地工作的进行，亦难逃他的法眼，有这样两个股肱大臣共襄此事，则不愁清丈田地工程会半途而废。张居正打算用三年时间完成这件大事。

俗话说，"一朝天子一朝臣"，朝臣底下也要有一批自己的心腹才能运转。张居正想要改革立新，同样需要一批"听话"的下属去执行自己的命令。在朝廷中，张居正虽然身处高位，但是由于他的改革侵犯了很多人的利益，因此，在官场上的为人不是很好。但是他通过个人魅力让信服的人聚在自己的身边，团结有志向的人才。

张居正为了使自己制定的改革措施能顺利完成，前期大量使用敢做听话的官吏，即便是身上有些"小毛病""小污点"的也不计较，这是为了方便他传达指令。对于这些肯实干的官吏，张居正对他们又是激励，又是提拔，在朝廷中形成了一股强大的势力。但是，在张居正的父亲去世，爆发"夺情"风波后，张居正的心态发生了改变，因为通过"夺情"事件，张居正发现自己信任的

很多下属都加入了"反抗大军"，纷纷在这件事上和张居正对着干，都要求他回家守制。

　　那时，正是新政改革起步的时候，怎么能轻易离开？张居正看着自己的下属和门生一个个站出来反对自己，他是既愤怒又无奈，突然产生出一种强烈的背叛心理，同时也很伤心地发现，自己的改革理念并没有得到下面的人的理解和拥护，慢慢地，他的心理发生了变化，虽然还是很团结下属，但是他会认真地了解每个人的思想观念是不是能跟得上自己的脚步，同时也开始记仇了。

　　即便是对待清丈有功的宋仪望也是如此。宋仪望与张居正同年，都是嘉靖二十六年（1547）的进士，他自从被嘉靖皇帝撤官后，一直赋闲在家。万历四年（1576），当宋仪望的死对头——左都御史葛守礼致仕后，首辅大人立即起用宋仪望，并让他担任责权重大的应天府尹。张居正起用宋仪望，其目的也是为了推行"一条鞭法"。宋仪望起复履任之后，果然不负众望，立刻就在南京各府州县推行"一条鞭法"，并着手清丈田亩。

谁跟他捣蛋对抗，该抓的抓，该弹劾的弹劾，好在上头有张居正支持。因此，他仅仅用了两年时间，就完成了应天府的土地清丈，并立即推行了"一条鞭法"。可是因为"夺情"事件，张居正希望宋仪望能在南京帮忙做一些说服工作，可是这个人在整个过程中保持沉默，这就让张居正很不开心，最后把他撵回家了。

圣人智慧：

可以说，一场"夺情"事件，让张居正看清楚了自己阵营中有哪些跟自己不是一条路上的人，也让他明白哪些人值得团结，哪些人需要剔除。这告诉我们一个道理，真正帮助我们的人，只要我们出现危险他们就会站出来，也只有遇到困难，才能知道身边的人有哪些值得自己去团结，要珍惜那些值得团结的同事和朋友。

与长者相处之道：尊重

张居正和高拱之间可以说一直是"相爱相杀"，

他们因为治国理念相同，成了忘年交，但是又因为对权利的执着和欲望，成了政治上的死敌。最后虽然是张居正打败了高拱，但是二人之间的私人感情还是很深厚的，在高拱被"赶"出京城的路上，张居正还特意前去相送，这不是政敌之间能有的感情。从内心来讲，张居正对高拱还是很尊重的，不然不会在回乡奔丧的路上前去高拱家探望。这时，张居正对高拱只剩下"尊重"二字。

高拱所住的高家庄，距县城不过二十来里地，轿夫脚快，不到两个时辰就到了。中州麦野一马平川，偏这百十户人家的高家庄周围有一些小丘陵。离庄子大约还有半里地光景，张居正吩咐停轿，这剩下的一段路，他想走进去。刚走不几步，便见一个人飞奔似的跑来。他赶紧停住脚步，打量这人是谁。

那人跑到他跟前，扑通跪下，口中禀道："张大人，小人高福有失远迎。"

"你是高福？"一听这名字，张居正记起他是高拱的管家，但眼前这位须发斑白满脸皱纹的

半老之人，却与当年在京城见到的那位脸上总挂着微笑的精明汉子完全不同，遂上前把他扶起，吃惊地说，"几年不见，你都变成两个人了。"

高福木讷地搓着双手，笑道："咱现在是村野之人，自然不比在京城。"

"你家老爷呢？"

"喏，村口站着的那位老人就是。"高福转身朝村口指了指，说，"老爷腿脚不方便，走不动，只能在村口迎接张大人。"

张居正循声望去，只见村口站了一大堆人，最前边的一位老人正朝他摇动着双手，从他挥手的节奏以及站立的姿势，张居正一眼就认出这位老人正是高拱。他内心顿时泛起一阵异样的感情，阔别的情怀促使他信步跑了过去。

"元辅！"大老远，张居正就高声喊了起来。

"太岳！"高拱也用他略微沙哑的嗓音锐声喊道。

两人都向前快跑几步．高拱步子有些趔趄，才跑出两步就差点摔倒，张居正紧赶一步把他

扶住。

"元辅！"

"太岳！"

两人又都忘情地喊了一声。在激动的泪花中两人行礼。张居正仔细观察高拱，只见他身穿一件半新不旧的青布道袍，头上戴着诸葛巾。那一把硬扎的大胡子如今已是全白，衬得他的脸色似乎比当年更黑。不过，这种黑色让人感到的不是健康，而是一种让人担忧的病态。他眼角的鱼尾纹还是那么深刻、僵硬，眼光虽然浑浊了许多，但仍然让人感到它们深沉有力。行礼之后，高拱又伸手拉着张居正，这只手是那么的瘦削、冰凉。张居正虽然对高拱的衰老已有了心理准备，但一看到这副风烛残年的样子，他仍感到十分难过。他抚摸着高拱青筋高凸的手背，禁不住唏嘘起来。

两人相见时的真情流露，所有在场的人看了无不动容。

还是高拱首先从梦寐状态中惊醒，他松开张居正的手，凄然一笑，言道："太岳，六年不见，

你也苍老了许多。"

"机衡之地，每一天都如履薄冰，这滋味，你高阁老又不是没尝过。"张居正不想一见面就说沉重的话题，他拭了拭眼角的泪花，问道，"元辅，你这高家庄是不是新郑县最好的风水宝地？"

"太岳，你不要再叫我元辅了，今日朝廷的元辅，是你不是我。"

"喊惯了，改不过口来。"张居正笑着解释。

"你方才说到高家庄的风水，"高拱眯起眼睛朝四周瞧了瞧，言道，"你觉得这儿好吗？"

"冈峦起伏，沃野千顷，有形有势，当然好啊！"

"真像你说得这么好，为何会出咱这样一个贬官？"高拱脱口说出这句牢骚话，马上感到不妥，又连忙掩饰道，"看看，咱俩的老毛病都改不了，一上来就打嘴巴官司，不说了，太岳，咱们进屋去。"

高拱自隆庆六年（1572）秋被逐出京城，这六年时间，他蜗居在高家庄，几乎足不出户，每日以谈论桑麻著书立说为乐事。但对六年前的"内阁之变"，他始终耿耿于怀，他一直认为这是遭

了冯保与张居正的暗算，因此老想着寻机报复。怎奈事过境迁，擅于掌权的张居正，早把政坛社稷侍弄得风调雨顺、井然有序。一方面，他佩服张居正匠心独运的治国才能；另一方面，他又为自己的饮恨离京而难以释怀，因此，他对张居正的感情极为复杂：论治国之道，两人是千古不遇的政友；论朋友之情，两人又是水火不容的大敌。当高拱听说张居正要特意绕道前来拜会他时，他的心情是既高兴又愤懑，由于处在感情的两极，所以，在行为上，便表现出一会儿涕泪纵横，一会儿又剑拔弩张。

　　张居正除了对高拱这样的忘年交以示尊重外，对朝中其他德高望重的老臣同样是很尊重，比如说高仪。

　　高仪久居北京，长时间位于九卿之列。自高仪入阁后，两人都曾拉拢他。张居正明知道他是高拱推荐入阁的，却仍对他显出相当的尊重和热情。他内心不得不佩服张居正的雅量，但平心而论，他和高拱是多年的朋友，有着更深一层的感情。

一入内阁，他就陷在"坐山观虎斗"的尴尬位置上。他本来就是有名的好好先生，一辈子淡泊名利，埋头学问。加之身体不好，从礼部尚书的官位上申请致仕后，已是"两耳不闻窗外事，一心只读圣贤书"了。不想被高拱挖掘出来，推荐皇上补了文渊阁大学士，入阁参赞机务。

圣人智慧：

张居正不管官有多大，对德高望重的长辈都是很尊重的，尤其是和自己一起共事的前辈。在他们的面前，张居正从来没有以权压人过，不管出于什么样的心理，张居正在外人看来，都是一个值得信任的人，这一点很值得现在的年轻人学习，学会尊重他人，他人才能尊重你，我们应该将传统继承下来，并发扬光大。

与仇人相处之道：隐忍

对张居正来说，他的第一个仇人就是辽王，不管历史上的描述如何夸张，得罪张居正的第一

个上层人物就是辽王，当时的辽王，也就是嘉靖十六年（1537）第七任辽王朱致格去世，赐谥曰"庄"。这位辽王没有嫡子，庶长子朱宪㸅当时年仅 12 岁，尚未到袭封的年纪，府中事务暂时由其嫡母毛氏主持。这位辽王妃是一个"明书史，沉毅有断，中外肃然，贤声闻天下"的女中豪杰，朱宪㸅虽然不是她亲儿子，但毕竟是下一任辽王的人选，毛氏也对其寄予极高的期望。

张居正和朱宪㸅同龄，当时已经是名震荆州府的小秀才，被视为天才儿童，自然会被毛氏时时拿来和朱宪㸅进行对比。俗话说"人比人得死，货比货得扔"，和张居正一比，这位未来的辽王殿下自然显得一无是处。据说有一天毛氏召张居正入府赐食，并对朱宪㸅说："似你如此不上进，久后必为白圭所制。"（白圭为张居正原名）言者无心，听者有意。我们根据日常经验，对这种特别出色的"别人家的孩子"，一般被比较的人都会对他特别讨厌，朱宪㸅也不例外。

嘉靖十九年（1540），张居正乡试中举，朱

宪㸦则三年服满袭封辽王。传说朱宪㸦以庆贺张居正中举为由，将其祖父张镇召入王府赐酒，竟至醉死。这位新任辽王到底是有心还是无意，谁都说不清楚。但张居正显然认为祖父的死，朱宪㸦脱不了干系。但此时的他人微言轻，对朱宪㸦这位大明王朝的天潢贵胄又能怎样呢？弱者的愤怒，是毫无意义的。张居正收起泪水，依然维持着和辽王府的交往。但从他日后的表现来看，仇恨的种子已经种在了他的心里。

嘉靖三十三年至嘉靖三十八年（1554—1559），因在政治上不得意，张居正"告病"回老家江陵，远离京城政治斗争的旋涡。而此时的辽王朱宪㸦却因为善于拍嘉靖帝的马屁，正在春风得意之时。我们可以想象当年因张居正而饱受嫡母奚落的朱宪㸦，对此时正处于人生谷底的张居正会是一种什么样的态度。朱宪㸦频频召张居正入府饮酒，相信张居正一定会对这段经历备感羞辱。

嘉靖四十五年（1566），明世宗驾崩，皇三子裕王朱载垕继位，是为明穆宗。穆宗上台后，

对其老爹在世时的许多政策都进行了大刀阔斧的修正。而在嘉靖朝春风得意的辽王，自然也受到牵连。隆庆元年（1567），湖广巡按御史陈省弹劾辽王恣为不法，穆宗下旨将明世宗赐给朱宪㸅的真人头衔予以剥夺。

隆庆二年（1568），巡按御史郜光先以十三条大罪再度弹劾辽王。穆宗命刑部左侍郎洪朝选、锦衣卫指挥佥事程尧相前往荆州勘问辽王罪状。知道风向不对的朱宪㸅在走投无路之下，竟然竖起一面白纛，上书"讼冤之纛"四个大字。（纛，音 [dào]，是古代军队里的大旗。）于是洪朝选的副使施笃臣惊呼"王反矣"，立刻调兵五百包围王府，将辽王拿下。

可以说，辽王从小就和张居正有仇，但是二者之间的差距很大，张居正想报仇还需要等待时机。在此期间，张居正一直都处于隐忍的状态，表面上和你称兄道弟，实际上，暗地里等着收拾你。虽然这么说，感觉张居正有些阴险小人的嘴脸，但是，生活就是这样。在当时的社会环境下，

只有隐藏内心的情感，才能活得更久。张居正后来对政敌的隐忍也得到了很好的诠释。

圣人智慧：

张居正的隐忍，并不是碌碌无为，而是在积攒能量。在我们的生活中，不管是生活，还是工作，我们在弱小的时候，要学会隐忍，做事做人要低调，但是不能失去做人的尊严，学习张居正在职场中的特点，通过张居正这面镜子，看看自己的身上有没有需要改正的地方。

欲成事先处理好人际关系

孔子说："独学而无友，则孤陋而寡闻。"人际关系可以帮我们提高对自己和他人的认识。对他人有更完整的认识，对自己有更深刻的认识，才能得到别人的同情、关怀和帮助，才可能实现自我完善。人际交往是人与人之间的一种互动，是协调一个集体关系、形成集体合力的纽带。

张居正的改革能推行开来并卓有成效，这与

他善于与人相处有很大关系。如果他不能与李太后和冯保等人搞好关系，他的改革势必难以推行。如果他之前不能与奸相严嵩、仇人辽王和平相处，便连官位都难以自保，甚至会有性命之虞。

张居正入仕初期，正是明朝内阁首辅争斗最激烈的时候，徐阶和严嵩之间的斗争，明里暗里，不知道多少个回合了。严嵩防着徐阶身边的所有人，但是就不防着张居正，很赏识他，称呼他为小友。徐阶更不用说了，他是张居正的恩师，张居正入翰林，徐阶提拔的；张居正成为庶吉士，徐阶提拔的；张居正入内阁，徐阶提拔的。徐阶除掉严嵩，找的是张居正商量；嘉靖帝临终，是徐阶和张居正代写的遗诏。徐阶和高拱争夺首辅之职的时候，高拱明知道张居正是徐阶的人，但是二人相交莫逆，互为知己。

不得不说，张居正的改革成功，离不开他在官场上的左右逢源。"左右逢源"这个词虽然是一个近似贬义的词，但是用在张居正身上，可以说是一种褒奖，因为一件事在不同的环境、不同

的行为中，表现出来的效果是不一样的。也正是因为张居正的这种左右逢源的姿态，将人际关系处理得很好，从而让他在朝中得到了很重要的支持，完成了十年的"万历新政"的改革，最后取得了成功。能正确、恰当地处理人际关系的人，他的情商也是很高的。正因为情商高，再加上有才华，有毅力，最后取得了成功。

由张居正我们想到另一位改革家王安石，王安石变法收效不大并以惨败告终。王安石变法除了得到皇帝和一些钻营之徒的支持，像司马光、苏轼、欧阳修等名流都是反对的。因此他的最终失败是必然的。

在反对王安石变法的人当中，威望最高反对最激烈的当数司马光。司马光比王安石大两岁，两人开始同朝为官，本来是很好的朋友，然而当王安石勇往直前地充当改革先锋时，司马光却站在了他的对立面，举起了誓死守护宗法、维护儒家传统的大旗。司马光反对王安石达到什么程度呢？

只要是王安石赞成的，他就反对；只要是王

安石反对的，他就赞成。给我们感觉这俩人就杠上了，于是一个成了"拗相公"，一个成了"司马牛"。

"拗相公"的拗与"司马牛"的牛脾气使他们的矛盾不断激化，王安石这人太自以为是，是个"敢为天下先"的改革家，于是就不把司马光这样的文人放在眼里，就像一个斗牛士，为了刺激斗牛而晃动手中的红布，不断激起牛的凶暴脾气。司马光可不是一头蛮牛，他手中掌握有尖锐的武器——弹章。他给皇上上书，直斥"拗相公"的罪证：第一是不明事理而又冥顽不化；第二是拉帮结派，与小人为伍，把大好河山搞得乌烟瘴气。

由此给王安石下的断语是：不是良臣，而是民贼。最终把王安石搞下台了还不罢休，等他做了宰相，不分青红皂白将王安石制定的所有新法一概清除。

一般人不会想到的是，这两个人有非常多的相似之处：一、道德高尚，不近女色。二、对升官发财不感兴趣。三、生活简朴，不喜奢华。四、

为人谦逊，不搞排场。五、有文人的性情，非常率真，不掩饰自己。

另外，王安石与苏轼对彼此的道德与才华都是推崇与倾慕的，欧阳修更称赞王安石："翰林风月三千首，吏部文章二百年。老去自怜心尚在，后来谁与子争先。"这样的评价可谓极高，然而就是像苏欧这样的人也激烈反对王安石变法。

想变法的王安石，像这样一些本该可以团结的人都没有拉拢到自己的阵营，反而站到了反对的一方，可想而知他在人际关系的处理上是多么糟糕。

造成这么激烈的反对之声，源于王安石个性上的缺点，他不能接受忠言，不愿承认自己的犯错。朋友对王安石的反对，只增强了他贯彻政策的决心。王安石在世时，他以"三不足"为人所知："天命不足畏，众言不足从，祖宗之法不足用。"这位"拗相公"不容任何方面有人反对，无论是朋友，还是敌人。他没有协调好各方面的人际关系，只是一意孤行，不管别人的感受，不听别人的意见，这样势必造成孤掌难鸣的局面。

　　卡耐基曾说：一个人的成功 15% 靠专业知识，85% 靠人际沟通。如今互联网时代，尤其讲究分工协作，在这张覆盖全球的大网上，我们每个人都只是这个网上的一个结点，只有通过与别人"互联"，自己的聪明才智才有用武之地。所以请善待身边每一个人。须知，多一个朋友多一条路，多一个敌人多一堵墙。

　　圣人智慧：

　　人际关系，是一个人能不能在社会中立足的关键。好的人际关系，可以让你的事业或者学业顺风顺水；不好的人际关系，会让人在社会中寸步难行。在学习知识的同时，建议大家也要多关注一些自己的人际关系，学会友善地对待身边的人，树立和培养自己正确的人生观，这样，即便你的学历不是很高，也会有很多朋友在你的身边帮助你。

养成不卑不亢的气度

　　严嵩虽然出身寒门，但是从小聪明，尤其擅长

音乐和对联，严嵩通过自己的才华以及努力，在科举考试中以进士二甲第二，庶吉士入翰林院。嘉靖即位，严嵩被升为南京翰林院侍读，四年后升国子监祭酒回到北京。后受到嘉靖倚重，成为他的心腹。在经历多次政治斗争后，严嵩最终成为首辅，宰执天下。根据《明史》记载："嵩无他才略，一意媚上，窃权罔利。帝英察自信，果刑戮，颇护己短，嵩以故得因事激帝怒，戕害人以成其私。"翻译过来就是说，严嵩没有别的才略，只会一意向皇上献媚，窃取威权，骗取私利。皇上很相信自己英武明察，刑杀果断，并颇为自己护断，严嵩因此得以借事激怒皇上，残害他人以谋取个人私利。

以当时的徐阶为例：当他与严嵩意见相左时，严嵩只要在和徐阶的争论上修修补补，立刻就会变成徐阶反抗嘉靖的证据，当年徐阶更是差点因此被打入死牢，一去不复返。所有弹劾严嵩的那些奏折，都会被严嵩提前在嘉靖皇帝的面前进行修饰，认为这些人打击自己就是打击嘉靖皇帝，结果弹劾的大臣全部被杀。

正是因为严嵩把握住了皇帝的性格，把所有的有利与不利通过嘉靖皇帝这个杠杆无限放大，所以，当年的严嵩其实已经变成了"挟天子以令诸侯"的一个独特存在，因此不管他怎么享受、怎么挥霍，都没有人能撼动他的地位。

严嵩还把自己的需求、特长与嘉靖皇帝挂钩，嘉靖皇帝喜欢青词，他就擅长写青词；嘉靖皇帝修道他尽可能地满足，让嘉靖皇帝离不开他。严嵩一方面在政治上对权力形成了完全的垄断；另一方面与皇帝形成了互补的关系，只要嘉靖皇帝不死，严嵩就能享受权力带来的乐趣，而这也使得他当宰相期间相当潇洒。因为他从来没有干过活儿，但是日子却过得十分滋润，还能享受最高待遇，并且执掌政权 21 年无人能动他。

随着严嵩的老迈与昏聩，徐阶的地位逐渐提高，严嵩看到嘉靖越来越倚重徐阶，就想着法子要打压徐阶及其政治集团的人。正因为如此，所以当时官场上很多人都不敢与徐阶走得太近。张居正是其中一个特例，他一方面坦然地与徐阶交

往；另一方面跟严嵩也能处理好关系，他这样做给双方的感觉是：我张居正不厚此薄彼，不掺和你们的斗争。因为张居正的这种姿态，所以严嵩对他与徐阶交往也不在意，反而比较器重他。

从这一点上就可见张居正的政治智慧。人和人总是在接触中产生感情的，每个人的内心深处都是孤独的，因为这种孤独感，所以渴望与他人沟通与交流；因为沟通与交流，所以才产生了人与人之间的温暖感与愉悦感。

从"庚戌之变"中张居正已经认清了严嵩的本质，也从政治立场上与严嵩集团划清了界限，但他还是一如既往地与严嵩保持着良好的接触。逢年过节，甚至严嵩生日的时候，他坚持写祝贺的诗文，甚至在明知严、徐矛盾尖锐的情况下，也会很自然地提起自己与徐阶的交往。这既让严嵩保持了对他的好感，也让严嵩认为他与徐阶的关系跟与自己的关系差不多。在严嵩眼里，张居正就是一个左右钻营的"官油子"，现在自己是内阁一把手，张居正维护的就是自己。

　　这就是张居正聪明的地方，有些东西越藏在暗处越让人多心，越放在明处越让人放心。一直到严嵩最后被徐阶扳倒，张居正从私人关系上也一直保持着与这位大奸臣的接触，正因为如此，所以张居正才能毫发无损地全身而退——不，是全身而进——他的官位在严嵩的支持或不反对下一步步做大。

　　严嵩作为首辅，当时可以说是位高权重，想要跟随他的人非常多，而且严嵩和徐阶是死对头，最重要的是，徐阶是张居正的老师。可是，这些都没有阻止张居正去讨好严嵩。同时，张居正为给严嵩代笔写了非常多的华丽文章，就是为了歌颂皇帝，皇帝看后非常高兴。张居正还写了很多文章来赞美严嵩父子，当然内容非常的肉麻。严嵩在官场多年，应该说是经历了太多事情，也看过了太多的人，但是他真的没有看明白张居正，反而认为张居正是个非常光明磊落的人，而且具有大才。因此，徐阶想要提拔张居正的时候，也获得了严嵩的赞许。

看到这里也许有人就会问，张居正既然在政治立场上已经与严嵩决裂了，却又保持着一种接触、顺从的关系，这难道不是一种虚伪吗？

张居正是个实干家，也是个有抱负的人。为了实现人生抱负，他并不会把世俗的行为标准当成成就事业的行动标准，也就不会把与严嵩的接触当作什么虚伪、苟且的事儿，显示出了一种不卑不亢的政治气度。

圣人智慧：

不卑不亢显示的是一种"中立"姿态，彰显的是一种独立品格，与两边正常交往，不掺和他们之间的恩恩怨怨。这一点对工作在职场中的年轻人仍然有启示意义。现代公司是注重协作的，在公司上班，更要保持人格上的独立性、人情上的网络化，不要厚此薄彼，不要亲近了甲，疏远了乙。

尊敬有加，学会和上司相处

随着时代的发展，各种技术更新换代速度加

快，往往是后来者居上，新时代是年轻人的天下，他们的学识更高，接受能力更强，只不过缺少的是人生经验，公司想要更好的发展，就离不开新鲜血液，但是这就出现一个问题，那就是一些公司的领导年纪往往比员工小，上下级之间的年龄倒置的问题。这样的关系会让人感觉很微妙，有贡献、年纪偏大的员工心中免不了会有一些不平衡。处理这样的关系的最佳办法就是一视同仁，不管领导年纪大小，都对其尊敬有加。这样，矛盾会少很多。历史上就有一位在处理与上司的关系中，堪称模范级的人物，——张居正。根据熊召政的《张居正传》中的描述就可以一探而知：

刚过未时，张居正走进会极门，沿着东边甬道穿过会极、中极、建极三大殿。节令虽已过了处暑，可是大日头底下依然暑气蒸人。趁他揩汗时，领路的牙牌太监低声说道：

"请张先生稍稍留步，奴才先进去禀告一声。"
管事牌子刚进去，须臾间就有一个银铃样的声音

传出来，这是小皇上朱翊钧亲口说话："请张先生进来。"

张居正先习惯地整了整官袍，抚了抚本来就很熨帖的长须，然后才提起袍角抬脚进门。一进屋子，他就发觉李太后与冯保都在里头。他立即跪下行君臣之礼，朗声说道："臣张居正叩见皇上，叩见太后。"

小皇上答："先生请起，坐下说话。"

一名小内侍给张居正搬来了凳子，张居正刚坐定，朱翊钧就开口说话了："朕要见先生，是有事要请教。"

张居正答："臣不敢当请教二字，皇上有何事垂询，请明示。"

朱翊钧看看冯保，冯保指指袖子，朱翊钧会意，便从袖口里掏出几张小字条，那都是他今日要请教的问题。这是冯保给他出的主意，怕他小孩子临时紧张，把要问的问题丢三落四给忘了，故先都在纸条上一一写好。朱翊钧把手上的几张纸条翻了翻，捡起一张来问："请问张先生，通政司

每日送来很多奏本要朕审阅，这些公文事体浩繁，形式各异，应该怎样区别对待？"

一听这个问题，张居正心里头一阵高兴，小皇帝已经有心练习政事，熟悉掌故了，这实在是一件好事。

比起第一次会见，朱翊钧胆子壮得多了，说道："方才朕提的问题，还请先生快快回答。"

张居正一直正襟肃坐，此时"嗯"了一声，略一思忖，答道："皇上在各类章奏上的批复或者御制文章，虽总称圣旨，但因体裁不同，大略可分十类：一曰诏、二曰诰、三曰敕、四曰装、五曰册文、六曰谕、七曰书、八曰符、九曰令、十曰檄……至于政府各衙门所上奏本，体制亦分十类：一曰题、二曰奏启、三曰表笺、四曰讲章、五曰书状、六曰文册、七曰揭帖、八曰会议、九曰露布、十曰译……"

接下来，张居正就自上而下以及自下而上的各十种文体做了详细的介绍说明，每种文体的法式、对象及作用都引经据典由浅及深剖析明白，

朱翊钧听得很认真，没有听懂或心存疑惑之处便及时提问，这样言来语往，不知不觉过去了大半个时辰。两人话头刚落，冯保连忙插进来说："万岁爷，该歇会儿了。"

"啊，是的，先生累了。"朱翊钧望了望透过西窗白色的柔幔照射到缠龙楹柱上的阳光，看看李太后，又朝张居正歉意地一笑，生涩地吩咐道，"看茶。"

通过上面的描写，就可以看出张居正对小皇帝的态度，他在执政期间，基本上与小皇帝保持着比较亲密的关系。从张居正和小皇帝之间的对话能感觉出他对皇帝并没有因为对方年纪小而有轻视的态度，永远都是尊敬有加，明确主仆关系。在张居正的心中，小皇帝和李太后都是他的主人，并没有把自己首辅的身份凌驾于皇权之上。

和张居正的态度正好相反的就是高拱。高拱并不懂得和小上司的相处之道。隆庆皇帝一去世，他就哀叹十岁的小皇帝不能处理政事，正好给冯保留下了口实，因此意外遭到发配。要知道只有

你先尊重他人，他人才会尊重你，更何况是自己的上司，安分守己，做好臣子就行了，不要在乎上司的年纪大小。

张居正对小皇帝可以说是尊敬有加，不仅是把他当作主人，同时也带有类似父子之情，希望自己能把皇帝培养成一个明君。不仅给小皇帝送上风葫芦作为小礼物，同时为了小皇帝能更好地阅读历代皇帝的功过史，还为小皇帝制作了相关的连环画，符合小孩子的认知，在这点上，张居正可以说很有超前意识。

和上司相处，你要了解这个年龄段的人喜欢什么，即所谓的投其所好。

圣人智慧：

与年纪小的上司相处时，要时刻保证对其态度尊敬，不要倚老卖老，如果不知道该怎么去做，可以尝试去了解张居正对万历小皇帝的态度，从中品出一些适合自己的味道。不要学张居正的"霸道"，从中学会如何与上司相处的方式方法。作为下属，最重要的是不能随便说上司的闲话，要懂得相处之道。

第三章　张居正育人之道

严格教育，一丝不苟

大家都知道，张居正之所以能成为首辅，之所以拥有稳定的"铁三角"来支持自己改革，根源就在于，他有一个小上司——明朝的第十四代皇帝朱翊钧。李贵妃对儿子管教之严，获得宫廷内外的一致赞誉，都称她是一个最能干、最负责任的母亲。

朱翊钧自从八岁出阁讲学起，就没有睡过懒觉，天一亮就被母亲叫起来，读书习字，一日不辍。当了皇帝后，朱翊钧的辛苦更胜过往日，每逢三、六、九早朝的日子，只要一听到宫外头响起"柝、柝、柝"的五更报时声，李太后就立即起床，把尚在梦乡中酣睡的朱翊钧喊醒。这时天还未亮，正是一个孩子睡眠最好的时候，但朱翊钧一看到母亲严峻的脸色，一刻也不敢怠慢。待宫娥替他穿好衣服，盥洗完毕，舆轿已抬到了乾清宫门口。朱翊钧在众多太监的侍拥下上朝而去。李太后便

在专为她改建的乾清宫中的精舍里正襟危坐开始念经。

朱翊钧退朝归来，第一件事就是到精舍里向母后请安。这时，李太后便会当着冯保的面详细地询问早朝的情况，甚至与入奏官员的每一句对话都要询问清楚，然后问冯保，皇上的回答是否有误。如果错了，应该怎样回答。小皇帝朱翊钧就是在母后如此严厉的督责下练习政事，他本人也颇为勤奋。当了十来天皇帝，入朝问事，接见大臣的一般礼仪也都能应付下来。但孩子毕竟还是贪玩的，只要一有空，躲开李太后的眼睛，他就要想方设法找乐子。

而张居正对待小皇帝的态度就有所不同，张居正在小皇帝的面前，既是臣子，也是老师。因此，从公、私角度上，张居正对小皇帝的教育也很严格，但是张居正对皇帝的教育主要以因材施教为主。

"两年前，臣建议太子，也就是今日的皇上出阁讲学，蒙先帝恩准，每年春秋开两次经筵。今年春上，因先帝患病，经筵暂停。现皇上已经

登极，宫府及部院大臣都齐心协力辅佐圣主开创新纪。虽偶有不谐之音，却无损于礼法，臣因此思忖，择日奏明太后及皇上，恢复今秋经筵。”

“这建议甚好。”李太后眼波一闪，又问，“参与经筵的讲臣，都物色好啦？”

“选了四个，一讲《春秋》，一讲《诗经》，一讲本朝历代典章，一讲历朝圣主治国韬略，这四位讲臣，其人品学问都为士林注仰。待礼部奏折上来，请太后与皇上裁定。”

张居正抬眼看了看坐在御座上的朱翊钧，充满深情地说道，“今天，我给皇上带来了一件小小的礼物。”

“礼物？”李太后一愣，“啥礼物？”

张居正朝门外招招手，顷刻，一个牙牌太监就拎了一个锦盒进来，递到张居正手上便又退了出去。张居正打开锦盒，从里面取出一个木葫芦样的东西来。

“这是个什么？”朱翊钧瞪大眼睛，好奇地问。

“空钟。”张居正答。

　　冯保伸着脖子看了看，嗤的一笑，说道："这不就是风葫芦吗？京城里头，满街的孩子都玩这个。"

　　李太后少年时在京城巷子里住过几年，自然也认得这物件，问道："张先生，这就是你送给皇上的礼物？"

　　张居正听出李太后的不快，但他并不惊慌，从容答道："启禀太后，臣知道这礼物太轻，这是臣派人在草甸子集市上花两个铜钱买来的，但臣认为，皇上一定会喜欢它。"

　　张居正说着，便离座起身，走到屋子中间，面对御座上的朱翊钧，把风葫芦往空中一摔，熟练地扯动绳索，那只风葫芦便随着他的手势上下翻飞。张居正为何要送这"贱物"给皇上，说来事出有因。却说允修生日那天，因为玩风葫芦家中闹了一场不快之后，听了妻子的劝告，张居正终于悟出"孩子终归是孩子"这个道理，并由自己的小儿子允修联想到与之同龄的皇上。于是每日散班之后，总要挤点时间，陪允修玩一阵子风葫芦，这玩具张居正小时候也玩过，只是年代久远技艺生疏。一连玩了几

次才有所恢复，只是身子骨僵了，手腕也不灵活，很难玩出童年时的那般境界，待看到允修玩过风葫芦之后，不但不厌学，反而精力充沛思路通达，他遂决定买来一个送给皇上。

此时李太后心情复杂，她既感受到张居正对小皇上的一片赤诚之心——这不仅仅是君臣之义，甚至可比拟为父子之情。

圣人智慧：

张居正和李太后对小皇帝的教育像极了现在家庭中父母对待孩子的态度，不给孩子一点自由玩耍的空间和时间，在这样的环境下成长的孩子，都会有一种扭曲叛逆的心理，感情得不到适当的发泄，后果是很严重的。可以说，万历皇帝的后期变化，有一定原因是张居正和李太后的教育方式的结果。

苦心孤诣，编绘教材

张居正作为明神宗的老师，对皇帝的教育是煞费苦心的，也是卓有成效的。

第一，因材施教，自编教材。万历帝10岁即位，那时还是个小豆包，恐怕认不得几个字。不能让文盲来当皇帝，小皇帝的教育就成了当前的大事，一定要抓好、抓实。怎么才能做到这一点呢？张居正决定，根据神宗的实际，为他量身制作一套教材。鉴于其年幼，不宜讲太多高深的道理，张居正指示手下着手精选君主治理天下的事例，以及应引以为戒的反面事例，编到书里。这本教材叫作《帝鉴图说》。书中有正面事例81件，反面事例36件。每件事例绘一幅图画，再配一些文字解释。有些像现在的连环画，或者国外的绘本。这种有画面又有故事的教材，深受还是个孩子的神宗的喜欢。喜欢教材，教育也就成功了一半。从中也能看出来，张居正确实也是个教育的内行。

第二，寓教于乐，寓政于教。张居正为万历帝编制教材之后，又为他制定了课表。他怕小皇帝上朝听政和上课读书冲突，就给他开了一个宽松的政策，每月三、六、九上朝，其余日子上课。

说是上课，实际上就相当于玩。小皇上很喜欢这套课本，放在手边随时翻看，就像看小人书，学习是相当轻松的。那可称为开了玩中学、学中玩的先河。说是寓教于乐，那是当之无愧的。同时，张居正能理论结合实际，上课的同时，引导小皇帝合理地处理政事。比如他讲汉文帝慰劳官军的事，趁机向小皇帝灌输重视武备与将才的思想。神宗听罢，非常赞同张居正的意见，当场就命他起草诏书，令朝廷内外推荐将才，以备国家使用。就这样，书也教了，事也办了。在张居正柄政期间，经常利用给神宗讲课的机会，阐述自己改革的主张，许多改革的重大举措，都是在讲堂上完成的。此举又可见，张居正乃政教合一的高手，绝对是一位名师。

可以说，虽然张居正是一个政教合一的高手，但是也有教育失误的时候，那就是对万历小皇帝太过严格，教育的方法是好的，但是态度上却没有更多地关注小孩子的心理，最后，在教育上打了一把烂牌，甚至影响了万历皇帝以后的人生。

　　然而青春期来了，十七岁的万历不再是一个乖宝宝，他有自己的想法——可怕的是这想法不关万历新政，只关权力和财力，他把精气神用在了试探、挑衅他的张老师身上。可当他十八岁时，张老师提出退休让其亲政的时候，他却"望而却步"了。十几年来，他只是旁听、见习，也许很多事情不知就里，只是听之任之，根本不明白为什么，而只会签名盖章。现在让他独当一面，他又怎么能自信满满无往不胜呢？

　　因此悲剧上演了，在张居正尸骨未寒之时，这位素日仰仗老师的皇帝学生，全然忘了师生情父子义，命人去抄老师的家。更跌破人性纲常的是因为没有抄到意想中的银子，居然要去掘坟戮尸！而且，在之后的执政中他贪婪、偏执、极端，甚至十几年如一日地不上朝理政！从万历皇帝后来的行为上可以看出，张居正的教育严重影响了皇帝的心理，虽然张居正的一些教育手段很超前，但是他却是把皇帝当成皇帝来培养，而不是当作孩子来看待。

究其原因：

其一，师长权威压制了儿童的天性发展。在教育万历的过程中，张居正和万历的生母李太后这两位师长是完全尽心尽责的，而且要求严格到位，这一点毋庸置疑——但关键是严格过了头，它就压制了儿童的天性：贪玩、享受、自制力差等。

其二，师长亲力亲为取代了儿童的实践和思考。教育是成长，而成长就必须经历破壳的压力，体会拔节的疼痛，接受风雨的洗礼，它无以替代。时间久了，他也就失去了思考的功能、体验的愿望。这应该是他十八岁想要亲政却又打退堂鼓的原因吧。

其三，缺少理想的教育让人只剩可悲的本能。可以想象，万历强势的母亲，加上能干、负责的老师，他只需做好道具的工作——配合就好。因此，一旦万历走上权力的宝座，他第一时间就是把那个压抑了他整个少年时代的大山狠狠地弹起来，重重地甩出去，首先去毁灭离他最近的人，因为他要本性释放，还因为他不知道自己要做什么、

要去哪里。这是因为考成法也好，万历新政也好，只是张居正的，跟他没关系。

圣人智慧：

幼儿教育不仅是现代家长烦恼的事情，在古代也是一样，尤其是地位越高的孩子，他们的教育会影响很多人。如果张居正一开始就引领万历参与改革的制定，一步一步，从指导思想，到方案，到实施，到成功，也许他会有兴趣，也许他会投身其中，也会明白张居正的良苦用心，也许会更早更好更持久地实现君臣的理想，而不至于发生后来的悲剧。

推心置腹，育子夺魁

张居正一生有七个儿子，其中一子早年夭折，六子分别是长子敬修、次子嗣修、三子懋修、四子简修、五子允修、六子静修。张居正对孩子疼爱有加，六个孩子对父亲也极为孝顺敬重，无论张居正兴衰荣辱，在孩子们眼中，父亲永远是伟大、威严、值得尊敬的。

　　张居正重视家庭教育，正如他所说"本之以情，秩之以礼，修之家庭之间，而孝悌之行立矣，独文与哉"。他认为，教化不仅仅来自学校的书本，家庭教育对子女的内心塑造和日常言行规范都起到了重要的作用。长辈对后辈的影响不在于留给他们多少财富，而在于能否以自身人格启发后人。"君子垂世作则，不在族之繁微，而视其德意之凉厚；不在贻之肥瘠，而卜其规模之恢隘。"

　　作为父亲的张居正，极为推崇西汉名臣万石君的教子风格，即对儿子管教极严。万石君原名石奋，他教子有方，儿子们个个奋发有为，父子五人都做到年俸两千石的大官，汉景帝特赐号"万石君"。万石君教子的佳话，广为流传。当子孙犯了错，他既不动怒，也不怪罪他们，而是自己闭门思过，绝食自责。在万石君的人生哲学里，儿子如果教育不好就是父亲的过错，当然他要惩罚自己。儿子们看到父亲绝食受苦，心里万分愧疚，便主动反省自己的过错，然后向父亲谢罪忏悔，万石君这才原谅自己。为了给子孙们树立良好的

榜样，万石君对自己的要求非常严格：做官的子孙前来拜见他时，他一定身着朝服接见，并且从不直呼其名；如果是和成年的子孙同席，无论多么轻松的场合，他都会正襟危坐。有人觉得他这么做未免过于矫揉造作，而万石君认为，长辈的一言一行会深深地影响孩子的成长，严格的家教才能令孩子谨言慎行，见贤思齐，最终成为国家栋梁。

张居正关心子女的前途命运，他反对孩子如其他高官子弟那样不学无术、坐等恩荫，他鼓励儿子们参加科考，用知识改变人生，更希望儿子们入仕做官，继承他的改革大业。

张居正之前的首辅杨廷和、翟鉴都曾因公子高中进士而引发非议，被反对派抓着把柄，最终罢官而去。在那个科举考试决定命运的年代，无论辅臣子弟贤良与否，一旦考中进士，总要被舆论批评一番，很多人觉得这是辅臣子弟凭借特权与寒士争名第。由于科举取士关系到大明王朝的江山社稷，而且辅臣之子登科的社会影响极大，

皇帝不得不重视，也只能严惩登科的辅臣子弟，以平息舆论。然而，作为首辅的张居正依旧是一门心思地教导儿子们走科举考试的康庄大道。

公事之余，张居正时常收集名著、美文对儿子们进行熏陶，以提高他们的文化素养；为了应对应试教育，他甚至亲自收集全国各省的试卷，为孩子们讲解点评；还广召天下才俊与儿子们学习交流，让自己的儿子们在同龄人中寻找奋发努力的参照坐标。

沈懋学和汤显祖是当时久负盛名的两位才子，张居正先后找到二人，请他们和自己的儿子们一起切磋学问。沈懋学爽快地答应了，他与张居正的次子张嗣修结为好友，二人朝夕相处，读书论道。万历五年（1577），他们二人同时参加科举考试，分别成为皇帝钦点的状元和榜眼（而汤显祖不愿攀附权贵，科举连年受挫，直到张居正死后才中第，位列三甲之末）。此时的张居正可谓圣眷正浓，春风得意，无人能比。

二儿子张嗣修虽高中榜眼，但张居正最寄厚

望的三子张懋修却在科考中接连受挫。张懋修自幼聪明伶俐，虽生在名相之家，却毫无纨绔子弟的不良习气。他好学上进，勤学苦读，从小就把科举中第作为人生目标。张居正还专门聘请名师汪道坤、余有丁、袁黄等人为他辅导功课。凡是与懋修接触过的人都认为，他应是张家公子中最早登第的人，被选入翰林院也是迟早的事情。然而，懋修中举后，却接连两次在礼部会试中名落孙山，张居正内心的痛苦和失望可想而知。

作为父亲，张居正既未漠不关心、置若罔闻，也没有横加责备，而是结合自己青年时的亲身经历，给儿子写了封饱含殷切希望的家书，帮儿子分析两次科考失利的原因。在信中他说，"我年纪很小就捷足先登，所以一下子就像有了很高的名望。自己得意忘形之中，甚至对屈原、宋玉、班超、司马迁等先贤也视作不过如此了"。张居正对儿子检讨自己当时的那种浮躁心态，他深刻地说，"忽染一种狂气，不量力而慕古，好矜己而自足"，这样做的后果，"是必志骛于高远，

而力疲于兼涉"。在信中，张居正向儿子坦露他当时的心理——他错误地认为，区区一进士及第唾手可得。于是就抛弃原来的学业而去搞古典文学创作，三年未果，旧业荒废……信的最后，张居正语重心长地对儿子懋修说："今追忆当时所为，适足以发笑而自点耳。"张居正可不是一般的父亲，他身居一人之下，万人之上，具有威仪如山的气度，再加上他本人向来都是喜怒不形于色、特别注意自我形象的人，却敢于如此自曝其短，以少时"足以发笑"的往事自嘲，足见其爱子之深，以及对儿子寄予的殷殷厚望。

在父亲的谆谆教导下，张懋修发愤苦读，万历八年（1580），懋修再次参加科考。时任主考官的内阁阁臣申时行和礼部尚书余有丁原拟懋修名次为一甲第三名。

恰好这一年，张居正的长子张敬修也考中进士。张家双喜临门，六个儿子中的前三个：敬修、嗣修、懋修都成为进士，第四子简修，也被加恩授予南镇抚司金书管事，儿子们的前途一片光明。

张居正为儿子们骄傲不已，欣慰于自己苦心经营的改革事业终于后继有人。

圣人智慧：

张居正对孩子的教育，严格中带有浓厚的爱，对待孩子的学习有一定的行为准则。同时，面对孩子学习中出现的问题，也能及时地处理，尤其是张居正当时身处高位，却没有为孩子的前途谋私利，而是让孩子们通过真实的才学去考取理想的前途，这样"铁面"，可以说做到了极致。

注重质量，宁缺毋滥

官学是古代统治者培养官吏的重要机构。明代的官学按其设置可分中央和地方两大类。中央设立的主要有国子监，此外还有宗学、武学等。地方官学，按其性质划分，可以分为儒学、专门学校和社学三类。不论是地方官学或中央官学，它们与国家的政治、经济都联系得十分紧密。明朝前期，官学，特别是"历事监生"制度，弥补

了明初官吏的不足，保证了国家官员的文化素质，培养了大批官吏，为国家输送了不少治国安邦的人才。

然而到了明朝中后期，官学弊端百出，官学水平急剧下降成为科举的附庸，监生日增，历事冗滥，大多数官学学生仅仅把官学视为取得应试资格的场所，学校有名无实。官学学生往往是未来的官吏，学生的素质直接影响到将来官员的素质。更有一些人借助书院议政乱政。有鉴于此，张居正决定进行教育改革，并以教育改革来推动政治、经济改革。在张居正看来吏治败坏是造成社会矛盾的总根源。

改革政治、经济也必须解决改革人才的问题，因此改革必须加入教育改革，使教育改革服务于政治、经济改革。

万历三年（1575）五月，张居正奏《请申旧章伤学政以振兴人才疏》，提出学院教育改革的纲领，其中包括三个方面：

一、严格考核，加强师资建设。

张居正认为，学院是教育的根本，好的教学在于好的提学官。明中期以来，学校风气日下，其根源在于提学官的品质下降，万历三年（1575），他开始大力整顿地方学院的提学官，要求严选忠于职守的提学官，做到教育与行政分离。在考核教官方面，张居正认为儒学教官的优劣直接影响学生的学习风气和方法的好坏。当时大多数教官都是年老无成的举人，无法给学生起到模范带头作用，反而将培养国家栋梁之地当成了养老之所。于是张居正提出对那些没有贡献而无实才的教官予以辞退。换上年富力强、品行兼优、乐于执教的人来担任教官，并且加大考核力度。

二、裁汰差生，提高官学质量。

官学的经费一直由国家支付，这样的重文政策既为明代文化教育创造条件，同时也给政府带来了经济负担。随着时间的推移，到了明朝中期，学生议政乱政的种种行为成了张居正推行改革的一大阻力。于是张居正进行教育改革就从整顿官学生源开始，保证教育质量。首先，限制入学条件，

定期考核，不合格，则予以清退，然后严格审核籍贯，最后限制名额，保证质量，做到宁缺毋滥。

三、严肃学规，整顿科场腐败。

在加强学院的管理方面，严肃学规。不符合学院规定的必须立即改正，否则予以清退。针对腐败的科场，张居正同样进行了整顿，颁布新的规章制度，严格考选，选拔优秀人才入监读书。对考贡生（相当于现在的保送生）也必须参加考核，不通过者取消资格，如果一个地方考贡生有滥竽充数或者五名以上没有通过考核的，会追究相关人员的责任。这样就提高了监生生源的质量。

这场学院教育的改革涉及教官的选拔和学生生源的选择等方面，从解决实际问题出发，并与张居正其他改革紧密相关。

在张居正看来，王学末流借讲学之名，进行政治投机，影响行政效率，加深统治危机。私学的发展对官学形成了巨大的冲击，在人事、舆论导向和实际的行政中对皇权统治构成了严重威胁，

对教育的整顿和改革已是势在必行。针对书院的改革张居正主要采取以下措施。

1. 反对空谈心性，主张学以致用

张居正主张实学实用，强调学校教育应以实学为主，反对王学末流空谈心性。张居正的经世实学思想是在批判阳明心学空谈误国的过程中逐步形成的。虽然他的哲学思想缺少理论的创造性，但是他能身体力行地将其付诸实践，仍是难能可贵的。

张居正认为学术要以解决实际问题为出发点，而王明心学之说不切实际，纠缠于言语之中，于世无用。当时的书院已经演变成"群聚徒党""空谈废业"的地方，而且很多政府官员为了"讲学"而抛荒自己的本职工作，张居正不惜为世人诟病而禁毁书院也正是因此。张居正主张"经世实学"不同于明后期颜李学派所倡导的实学概念，颜李学派的实学是有关生产技术和西方科学技术的学说，而张居正的实学是在反对心学空谈心性不务实际的基础上提出来的，张居正重申明代以明经

取士，经书以宋儒的传注为标准解释，他指定学校教学书目，目的是要学子畅晓和掌握治国的本领，在体会、理解王朝兴衰中学习古人从政经验得失，以解决现实中的政治问题。在科举考试中，张居正告诫主试官要从实际出发，选拔那些能从实际出发提出解决问题方案的实用之才。

2. 倡导实学教育，禁毁旧式书院

禁毁书院是张居正教育改革中的重要举措，也是招致最多非议的一项措施。大多数人将这一行为看作张居正的文化专制主义观的体现，阻碍了文化教育事业的发展。但是如果冷静下来，思考当时的现实环境与这一政策实施的结果确有其必然性。张居正所反对的仅是空谈无实、不识时务之人，或者说是反对阳明学派的末流。

圣人智慧：

教育的根本在于师资力量的好坏。品质优秀的教师才能培养出品质良好的学生，教育的好坏，影响的是国家的未来。张居正对学校的改革，为的就是推动自己的改革，最终达到国富民强的心愿。我们

要正确理解张居正的改革策略，对于他的改革，要多看结果，而不是评价其过程。事情没有那么完美的。

第四章 身在官场事多磨

内外相通才能稳把朝纲

新皇帝朱翊钧举行了隆重的登基典礼。在一片三呼万岁鼓乐声中，接受百官的朝贺，并遣使诏告天下，宣布明年为万历元年。

登基前三日，朱翊钧即按规定入住乾清宫。因为他年纪小，一切都不能自理，因此他的母亲李太后便也一同搬来。当中极殿那边的礼炮声、奏乐声、唱诵声以及震耳欲聋的三呼万岁声越过层层宫禁传进乾清宫时，新皇帝的嫡母与生母——陈皇后与李太后两人，正坐在乾清宫西偏室外的小客厅里。李太后侧耳听了听中极殿那边的动静。只听得鼓乐仍时时作响，不由得叹了一口气，说道：“钧儿才十岁，如今要当皇帝。天底下该有多少事情，他如何应付得了。”

打从隆庆皇帝驾崩，陈皇后顿觉自己的地位下降了许多，好在她一向遇事忍让，不与人争短论长。再加上她也觉察到李太后对她的尊重一如

既往，因此倒也没有特别感到难过，这会儿接了李太后的话头，道："钧儿年纪虽然小，但坐在皇帝位子上，还有谁敢不听他的？穆宗皇帝在世时，就说过这样的话，要想把皇帝当得轻松，只要用好两个人就行了。一个是司礼监太监，一个是内阁首辅。"

明代的内阁与司礼监，本来就是一个互相制约的关系。如果说内阁大臣是皇帝的私人秘书，那么司礼监掌印及秉笔太监则是皇上的机要秘书。各府部衙门进呈皇上的奏本到了司礼监后，按常规都会转到内阁，内阁大臣拿出处理意见。另纸抄写再呈上御前，这个叫"票拟"，也叫"阁票"。皇上如果同意内阁的票拟，再用朱笔抄下，就成了谕旨，俗称"批朱"。司礼监名义上的职权是掌理内外章奏及御前勘合，照内阁票拟批朱。事实上，他们的职权可以无限地扩大。对内阁票拟的谕旨，用朱笔加以最后的判定，这本是皇帝自己的事，但若碰上一个不负责任的皇帝，"批朱"的大权就落到了司礼监秉笔太监的手中。这样，

内阁的票拟能否成为皇上的谕旨，则完全取决于司礼监掌印。

张居正久居官场，深知要想实现自己的抱负，必须在自己成为首辅之后，先做好与内廷的沟通，与冯保和李太后搞好关系，形成稳定的权利铁三角，将自己的位置稳定下来。在处理与李太后的关系上，张居正一上台，就给李太后上了尊号。

按照传统，皇帝去世后，在世的妻子就可以改称"皇太后"了，也只有原配才能在"皇太后"之前再加两个尊字，比如陈皇后就改称"仁圣皇太后"。李太后虽然是万历皇帝的生母，但是并不是去世皇帝的原配，所以只能升级为皇太后。

于是张居正在上任后第一件事就是力劝礼部尚书潘晟给李太后前面也加一个尊字，理由是，一个称号而已，不是什么原则性的问题。最后在张居正多次开导下，潘晟同意了，于是李太后成了"慈圣皇太后"。结果当然是赢得了李太后的喜欢，进而更加欣赏张居正，关系更加融洽。

虽然不可能因为这么一点小事让张居正和李

太后产生信任，但是从这点可以看出，张居正在处理与内廷关系上有着明确的目的。有历史证明，在张居正生前，李太后一直是积极有为的。但是，张居正去世后，李太后就远离朝政。从这点也可以看出，二人之间非同一般的感情。

圣人智慧：

都说成功的男人或者女人身后都会有一个默默付出的另一半，人只有没了后顾之忧，才能把精力放在事业上，这样才能成功。对于默默付出的那个人，我们也要去适当地关注，给予一些理解和尊重，要让对方知道，他的付出是有好的回报的，这样才能更加义无反顾地支持你的事业。

疑人不用，用人不疑

作为一个团体的领导者，在用人方面经常讲的是"疑人不用，用人不疑"，这句话说的就是适当的放权给手下，让手下的人大胆去尝试，不要什么都管。

　　张居正的改革，除了上层的支持外，最重要的是离不开张居正对手下的放权。因为他知道用人的必要性和重要性，很注重时刻总结和完善自己的用人之道。他选人有几条原则：

　　一、"毋尽拘于资格"，不看资格和资历，要看有无发展潜力。

　　二、"毋徒炫于声名"，不被人的虚名所迷惑，考察其实际才能与成绩。

　　三、"毋摇之以毁誉"，不要轻易被舆论的好坏所左右。

　　四、"毋杂之以爱憎"，评判人才时不要掺杂个人情感，要客观地去看待。

　　五、"毋要以一事概其生平"，不能因为一件事就对人才进行评价，要看全面与发展。

　　从这几条来看，张居正的选人原则做到了公平、公正、客观。选择对的人，在重要的岗位上才能真正地实现其价值，做出应有的贡献。在用人上，张居正讲究考核与检查必须兼顾。这样才能真正看清楚一个人的才华和能力适不适合岗位的需求。

为了调动官员的办事积极性，张居正大力改革吏治，设立考成法，对官员进行定期考核。先后裁撤了大批庸才，奖励廉能。在张居正当政时期，他打破了"论资排辈"的偏见，主张"论其才，考其素"，对才能和品德进行全面考察。同时，他在用人时会根据人才的长处和短处，进行合理的安排。

在张居正的用人策略中，最大的特色就是"用人不疑，疑人不用"，最明显的就是体现在戚继光的任用上。戚继光是抗倭英雄，张居正就把他提拔到北京负责京城的防卫工作。戚继光是南方人，手下也是南方人，但是京城附近的士兵都是世袭的，比较懒散。有人就怀疑戚继光不能胜任。张居正果断地排除了其他人的顾虑，支持戚继光从老家招一批新兵，用新兵来激励北方老兵，使得士气大涨。后来，戚继光在边疆的势力越来越大，对打戚继光小报告的人，张居正完全不理，因为深知戚继光的为人，张居正总是护着他。

张居正对人才，相处时，用的是儒家的方式，

重视品行；选拔时，用的是法家的方式，注重实用；用人时，用的是道家方式，"无为而治"，彻底放手。张居正的这种境界是很多成功管理者共有的特性。不管是哪行，管理者的作用不是处理具体的事物，而是去思考更为重要的战略性问题。

在张居正的改革历程中，正是因为他做到了疑人不用，用人不疑，所以很快地形成了自己的势力，为他的新政改革奠定了基础。张居正之所以选择这样的用人方式，也是根据当时的社会背景和国家情况来决定的，他其实也想给自己找一个合适的接班人继续推行新政来保证明朝的兴盛，但是当时的官场对张居正来说很是不利，即便他的新政很有效果，但是正因为有效果，遭到的反弹也很大。要知道历史上的每一次改革都是在挑战原有的统治阶层，因而失败的居多。但是张居正正是因为有了上层统治者的支持，才能实现抱负，完成历史上唯一的成功改革。

张居正在官场沉寂多年，深知官场的黑暗，但是又不想失去这次展示自己的机会，他只能培

养忠于自己的下属，这样才能保持整个组织里只有自己的声音，他的这样的行为有利于当时的社会，当时的背景，当时的改革，在晚明统治大厦即将倒塌的时候，最需要的就是有一双坚挺的手臂牢牢扶住大厦的主体。张居正的改革就是这样的，他大力整改，挽救了晚明王朝的命运。张居正的改革就像一双手，抓住了倾斜的大厦主体一顿摇晃，把潜伏的危害全部清除，就剩下大厦的主体，然后重新装饰，形成一个"翻新"的王朝，增加了使用寿命。

对于当时的朝廷和社会，要的就是张居正这样的"一言堂"，也只有这样的举动，才能达到理想的效果。虽然在张居正去世后，改革失败了，但是改革的十年，换来的是晚明几十年的国运，这样的改革可以说是非常成功的，正因如此，张居正才在历史的长河中留下了深深的一笔。

综观张居正的改革生涯，从万历元年到万历十年（1573—1582），张居正重用名将戚继光、李成梁、王崇古，使北方少数民族每次都是大败

而归，和明朝进行和平贸易。南方少数民族的武装暴动，他也一一派人平定。清丈全国田亩面积，使得税收公平。国家富强，国库储备的粮食可用十年，库存的盈余超过全国一年的支出。这些成绩正是源于张居正的"疑人不用，用人不疑"的原则。

张居正的"用人不疑，疑人不用"的衡量标准是以做事行不行、听话不听话来衡量的，即便道德上有点污点，但是肯听话、肯实干的人也会被张居正所重用。张居正的大胆用人，可以说是成就他成功的重要因素，同时，在面对其他人的离间时，张居正也是选择相信自己所选之人的人品，这可以说，没有哪个领导者有这样的魄力。张居正的事迹也为现代的企业领导树立了典范，告诉他们，想要成功，就要有一批可以托付的下属。

圣人智慧：

人与人之间要有信任，这样双方才能有一个很好的相处环境。"疑人不用，用人不疑"，其实说的

就是信任的问题。张居正的改革之所以成功，就在于他敢用人，只要符合他的用人原则，不管此人如何，张居正都会毫不顾忌，完全相信对方。这是领导者成功的秘诀之一。

传说中的内阁

明朝政治的核心就是内阁，这是一个专门负责为皇帝起草诏书的机构。其中成员一般在五人左右，有时为一人，他们都是由皇帝任命的，内阁负责起草诏谕，因此权力很大。在内阁讨论问题时，逐渐形成了一种领袖制度，这就是明朝著名的首辅制度。

明朝内阁辅臣几乎清一色都由大学士担任，而大学士又必须是翰林院出身。每次京城会试中放榜的进士，只有极少数被主考官看中的隽才，才有可能进入翰林院当庶吉士。庶吉士虽然也算是一个九品官，但并无实职，只是留院研究历朝经籍典故，治国用人之术，以备日后晋升为侍读

侍讲，作为皇帝顾问的储备人才。因此，一旦被选为庶吉士，就是通常所说的点了翰林，前程就不可限量。

被选中庶吉士的人不一定都能入阁，但自永乐皇帝至隆庆皇帝这一百多年间，进入内阁的八十一位大臣，绝大部分都是庶吉士出身。高拱与张居正，以及高仪，三人都是庶吉士出身。

朱元璋开国之初，承袭元朝政体，设中书省及丞相之职，后因丞相胡惟庸谋反，朱元璋借机诛杀"胡党"近七万人，并决定废除中书省，永远撤销丞相之职。同时下旨说"今后谁敢言设丞相者，杀无赦"。撤了中书省，总得有人给皇帝办事，于是，内阁就应运而生。内阁起初只是作为皇帝的一个顾问机构存在。入阁的学士，官阶不得超过五品。至仁宗朝后，由于阁臣杨士奇、杨荣、杨溥三人深得皇上眷顾，受宠日深，仁宗遂让他们处理朝中大事。阁臣操持权柄，就此开了先河。

内阁首辅从此已成柄国之臣，与宰相无异，

只是名义不同罢了。作为权力中枢的内阁，也就成了争权夺利的刀光剑影之地。阁臣们虽然都是庶吉士出身，但为专权，不惜陷同门同种于死地。远的不说，次辅严嵩设计构杀首辅夏言就是一例。那时，高拱尚在翰林院中供职，对那一桩震惊朝野的冤案，他从头到尾看得清清楚楚，对被腰斩的夏言寄予深深的同情。由此他看到了政治斗争的残酷，但他并没有因此退却，相反，他更加坚定了自己入阁的决心。

堂堂七尺须眉，既入仕途，不入阁，不当首辅，又怎能把自己的满腹经纶用来报效皇上、报效国家呢？经历几番风雨，几次坎坷，总算如愿以偿。从隆庆四年（1570）开始，高拱担任内阁首辅并兼吏部尚书，兼朝政、人事大权于一身。加之隆庆皇帝厌对政务，诸事对他倚重，让他放手去干，这给他施展才干提供了极好机会。他经天纬地，颇申其志；责难陈善，实乃独裁。满朝文武，进退予夺，无不看元辅颜色。

但春风得意之时，亦是隐忧酝酿之日。高拱

初任首辅时，内阁中除张居正外，尚有陈以勤、赵贞吉、殷士儋三位阁臣。这三人资格均在张居正之上，与高拱差不多。除陈以勤有长者之风遇事忍让，赵贞吉、殷士儋两人都同高拱一样恃才傲物，得理不让人。俗话说，一个槽子里拴不住两头叫驴，何况有了三个。内阁从此成了争吵甚至肉搏之地。脾气火爆的殷士儋，好几次为了丁点小事，竟与高拱老拳相向。赵贞吉虽然恪守"君子动手不动口"的古训，但天生一副好嗓子，经常与首辅叫板，骂得唾沫星子乱飞，声音响彻内阁大院。

机枢重地，成何体统！高拱恨得牙痒痒的。他毕竟在京城官场历练三十多年，"窝里斗"一整套学问烂熟于心，应用起来娴熟自如。首先，他把张居正团结起来——两人多年交情，关键时候，张居正帮高拱说话。阵脚既稳，然后瞅准时机各个击破，暗中收集赵贞吉和殷士儋的劣迹，发动六科十三道各路言官上本弹劾。皇上听信高拱一面之词。除陈以勤是自己看着没意思上本请

求回乡外，另外两位都是被高拱赶出内阁的。所以，到了隆庆六年（1573），内阁就只剩下高拱与张居正两人了。内阁算是平静了几个月，自从隆庆皇帝得病以后，宫府形势又顿时变得扑朔迷离。

睡觉都睁着一只眼睛的高拱，突然发现真正的对手不是什么殷士儋和赵贞吉，而是自己昔日的挚友、现在位居次辅的张居正！平心而论，高拱觉得张居正的才能，不但远在赵贞吉和殷士儋之上，就是大明开国以来的所有阁臣，也没有几个人的才能盖过他。一旦意识到这一点，高拱更感到猛虎在侧，威胁巨大，也就特别注意张居正的一言一行。那一日，在乾清宫东暖阁中，他与冯保争吵起来。张居正出面解劝，貌似公正，实际上却在偏袒冯保。几乎就在那一刻，高拱在心中做出决定，一定要把张居正赶出内阁，而且事不宜迟，越快越好。

内阁的权力之大的诱惑，不是每个人都能抵挡得住的，张居正也不例外。但是权力越大，责任就越大，对自私的人来说，内阁就是满足私欲

的地方，比如严嵩父子；如果内阁在张居正这样一向为公的清廉大臣的掌握中，那么就是对国家有利的机构，甚至推动衰败的大明王朝又向前走了几十年。这就是权力的使用，内阁在小人手里，误国误民；内阁在君子手中，利国利民。

圣人智慧：

明朝的内阁，本来只是相当于现在的一个秘书室一类的部门，为的是更好地服务于皇帝。当时在权力不均衡的情况下，内阁的权力就会大过皇权，对皇权产生一定的威胁，也是因为皇权的落寞，导致内阁的地位达到了一个顶峰，一度成为主宰大明王朝的权力机构。传说中的内阁，传出来的话，会代表王朝兴衰的走向。

愤而还乡

大明王朝到了嘉靖年间，政治腐败，百姓的生活穷困潦倒，再加上鞑靼来犯和倭寇的侵略，让大明王朝这艘破船更加千疮百孔。张居正虽然

在官场之中，但是因为官职卑微，没有实权，对无法施展自身的抱负而苦恼。给嘉靖皇帝上的《论时政疏》没有得到重视，让张居正看清了当时政治的黑暗。有一件事的发生，直接导致张居正愤而还乡。

嘉靖二十九年（1550）六月，俺答率军犯大同，总兵官张达和副总兵林椿皆战死。通过贿赂严嵩当上总兵的仇鸾因为害怕俺答军队侵犯自己的防区，于是带着金银珠宝去贿赂俺答，请求他不要进攻大同，可以进攻其他地方。八月十四日，俺答率领鞑靼军队入古北口，杀掠怀柔、顺义吏民无数，明军一触即溃，俺答长驱入内地，营于潞河东二十里之孤山（今通州东北）、汝口等处，京师戒严。这就是著名的"庚戌之变"。看着鞑靼军队离开了自己的防区，进攻北京，仇鸾因下属的挑拨，上疏奏请，要求带兵回师增援，保护皇上。正是因为他的这个行为，嘉靖皇帝还称赞他胆识过人并任命他为平虏大将军。当时俺答放回了在通州俘虏的宦官杨增，手持俺答的书信回

复明廷，称"予我币，通我贡，即解围，不者岁一虔尔郭！"八月二十二日，俺答由巩华城（在昌平县）攻诸帝陵寝，转掠西山、良乡以西，保定皆震。

接到俺答的书信后，明世宗急忙召集大臣商议如何处理。严嵩语气中带有一丝轻蔑地说："所此抢食贼耳，不足患。"意思是，把鞑靼军队的这次军事行动当作他们的一次抢食行为，认为这帮野蛮人不用理会。在这点上就可以看出，严嵩这样的人物，是多么的自私，心中没有为国担忧，只有私欲，更没有治国平乱的真才实学。面对严嵩这样不负责任的态度和语言，当时还是礼部尚书的徐阶斥责道："今虏在城下杀人放火，岂可言是抢食？正须议所以御之之策！"世宗赞同徐阶的话，并询问众臣如何回答俺答书信，徐阶说："今虏驻兵近郊，而我战守之备一无所有，此事宜权许以款虏，第恐将来要求无厌耳。"也就是说，徐阶不认为鞑靼来犯大明王朝，只是为了抢夺财宝等生活必需品，因为根据情报，鞑靼在城

下杀人放火，这样的行为就不是简单的抢东西，而是有很大的概率会危害北京城，并会随时灭掉明朝廷，因为这个时候，北京城附近没有军队守护，有的只是一些老弱士兵和一些官员中的家仆。面对这样的情况，徐阶给出的建议是，求和也要有一定方式，讲和的目的在于拖延俺答军队进攻的时间，给勤王师留出充足的时间准备。只有劝俺答先撤退，再由大同方面就通贡问题与之周旋。于是世宗说："苟利社稷，皮币珠玉非所爱。"明朝允诺了通贡后，俺答便撤兵了。在俺答北撤白羊口时，仇鸾引兵蹑其后，企图袭击落伍的骑兵邀功。不料俺答中途折返，明军不战而溃，死伤千余人，仇鸾本人差点被俘。其后明世宗追究责任，兵部尚书丁汝夔作为严嵩、仇鸾一党的替罪羊而被处斩。

第二年，鞑靼又一次进犯大明王朝。因为清楚了皇帝的脾气，这一次鞑靼只是到北京城取走了下一年所需的金银珠宝以及粮食等必要之物。而仇鸾却劝皇帝与之求和，嘉靖皇帝也想尽快平

息战乱，预备答应。仇鸾和俺答和谈的条件就是同意重开马市。由于俺答"进贡"的都是老弱病马，换回来的却是生活必需品，这是大明王朝变相地向对方投降。

这件事引起了兵部员外郎杨继盛的注意，他是嘉靖二十六年（1547）进入内阁，开始入朝参政的，同时他与张居正同为一期进士，关系比较亲密。杨继盛对重开马市坚决反对，还弹劾仇鸾，并列举了种种仇鸾欺骗皇帝、卖国求荣等罪名。可是结果不仅没有成功，反而被嘉靖皇帝贬为甘肃的狄道典史。在仇鸾死后，杨继盛又被召回朝廷为官。严嵩为了拉拢他，一年之内升了他四次官职，但是正直的他没有屈服于严嵩，反而收集证据，等待时机弹劾严嵩。可惜，杨继盛最后被关进刑部监狱，直到最后死在了牢中。

张居正当时还只是一个刚进入翰林院的编修，没有任何实权，当时政治的黑暗和腐败，军备的松懈状态及好友的惨死情况，让这个充满了宏大理想抱负的年轻人，从内心深处感到沉重的压力，

张居正可以说是心灰意冷。面对严嵩和仇鸾之间的争斗，深深地为当时的朝廷感到不满，所以一气之下，张居正就请病假回家休息去了。

回乡之初，张居正寻得一处风光俱佳的湖畔修建了一间茅屋，作为自己的栖身之地，终日闭门不出。他时而读书吟诗，时而养精蓄锐，经过一段时间的调养，神气日渐清明，于是他开始博览群书。回到故乡，作为休假的官员，张居正本可以不必下田劳作，但他出自平民家庭，与农民有着天然的亲切感。他倡导学农，并身体力行，在家乡亲自下田，种菜植树，与老农切磋农艺，同悲共欢。这样的生活持续了三年之久。

圣人智慧：

张居正的政治抱负没有得到施展，愤怒地离开，回到家乡参加劳动，读书吟诗。不仅磨炼了自己沉稳的性格，同时还了解了社会底层的人民状况。从他的这个经历来看，当一个人在职场中一时不顺的时候，适当地可以让自己转换一下思路，给自己放几天假，好好地休息休息，调整好自己的状态再去工作，这样工作效率会更高。

千条万条，实用才是第一条

衡量人才的标准有很多，张居正选择的是实用原则，如果这个人与自身的目标任务不相符，不管他有多大的能耐，多好的口碑都是不能用的。在对著名的清官海瑞的起用上，张居正就充分地体现了他的用人原则。当时刚升任为首辅的张居正，让每个三品以上的大臣都向朝廷推荐人才，很多人都写信推荐海瑞。时任吏部尚书的杨博为此还专门找张居正。

杨博好像突然记起了一件事，斟酌了一下，问张居正："叔大，老夫从邸报上看，湖广道御史黄立阶上折举荐海瑞，皇上发还内阁拟票，怎不见下文？"

张居正敛了笑容，略沉思，答道："黄立阶上这道折子之前，海瑞还寄来一封信札，表面上是问安祝贺，字里行间，也约略透露出意欲再度入仕的想法。"

　　"啊，这位海大人可谓雄心未泯哪，"杨博赞叹了一句，接着问："你这首辅，打算如何处置？"

　　张居正笑了笑，答道："博老，仆决心已下，不打算起用海瑞。"

　　"这是为何？"杨博大惊。

　　张居正说道："嘉靖四十五年，海瑞因上疏讥刺世宗皇帝迷恋方术而被打入死牢，严嵩揣摩世宗皇帝心思，让大理寺从严鞫谳，将海瑞问成死罪。折子到了世宗皇帝手上，大约是世宗皇帝顾忌到天下舆情，一直未曾批准。其后不久，世宗皇帝大行，严嵩劣迹败露，徐阶接任首辅，他不但给海瑞平反，并给他官升两级，由户部的六品主事一跃而为众官垂涎的四品苏州知府。

　　"可是，这位海大人到任后，升衙断案，却完全是意气用事。民间官司到他手上，不问是非曲直青红皂白，总是有钱人败诉吃亏。催交赋税也是一样，穷苦小民交不起一律免除，其欠额分摊到富户头上，因此弄得地方缙绅怨气沸腾。不到两年时间，富室商家纷纷举家迁徙他乡以避祸，

苏州膏腴之地，在他手上，竟然经济萧条，赋税骤减。还有，官员出行，有规定的扈从仪仗，这本是纲纪所定，官家的体面。海大人也嫌这个劳民伤财，一律撤去，出门只骑一头驴子，带一个差人，弄得同僚与之结怨生恨。一任未满而劾疏连发，海大人负气之下只好挂冠而去。

　　"论人品，海大人清正廉明无懈可击。论做官，他却不懂变通之道，更不懂'水至清则无鱼'这一浅白之理。做官与做人不同，做人讲操守气节，做官首先是如何报效朝廷，造福于民。野有饿殍，你纵然餐餐喝菜汤，也算不得一个好官。如果你顿顿珍馐满席，民间丰衣足食，笙歌不绝于耳，你依然是一个万民拥戴的青天大老爷。仆基于以上所思，决定不再起用海瑞。你给他官复原职，他仍不能造福一方，若给他闲差，士林又会骂我不重用他。所以，干脆让他悠游林下，这样既保全了他的清廉名节，让千秋后世奉他为清官楷模，岂不更好？"

　　张居正这一席话，杨博听得目瞪口呆，这一通闻所未闻的道理，足足让他回味咀嚼了半天，

许久，他才讷讷地说："你这样做，恐怕会得罪天下清流。"

张居正悠悠一笑，答道："博老，这次京察，仆就思虑应少用清流，多用循吏。"

在对待贪官的态度上，张居正也奉行实用原则，既为了掌握权力，同时更为了实行自己的治国方针，有的时候，不得不做一些违背良心的事情。

"汝观，今天找你来，是有一件事要同你商量。两淮盐运使史元杨的任期已到，不知兄台考虑到接任的人选没有？"

王国光略做思忖，说道："人道盐政、漕政、河政是江南三大政。盐政摆在第一。所以，这两淮盐运使的人选马虎不得，一定要慎重选拔才是。"

"兄台是否已经考虑了人选？"

王国光摇摇头，依旧摆道理："常言道'三年清知府，十万雪花银'。如果盐官选人不当，套一句话说，就是'三年清御史，百万雪花银'了。"

"这个人选你想了没有？"张居正句句紧逼追问同一问题。

王国光精明过人，猜定张居正已经有了人选，所谓商量只是走过场而已。因此笑道："叔大，你就不用兜圈子了，你说，准备让谁替换史元杨？"

"仆是有一个人选，"张居正沉吟着颇难启齿，犹豫了半天，方说道，"这个人，可能你还认得。"

"谁？"

"胡自皋。"

"他，你推荐他？"王国光惊得大张着嘴巴合不拢，"胡自皋的劣迹秽行，你知道吗？"

"知道。我知道的甚至比你还多，十足的小人一个！"

"那，你为何还要推荐他？"他突然间像明白了什么，抬眼瞅着脸色铁青的张居正，又小心地问，"叔大，是不是冯……"

张居正一摆手不让他讲下去，语真意切地问："汝观，我且问你，如果用一个贪官，就可以惩治千百个贪官，这个贪官你用还是不用？"

"这么说，胡自皋大有来头？"

"你是明白人，何必一定要问个水落石出呢？"

张居正长叹一声，感慨地说道："为了国家大计，宫府之间，必要时也得做点交易。只要仆的大政方针能够贯彻推行，背点黑锅又算什么？"

圣人智慧：

强调实用，不仅是领导者以及企业的用人原则，作为从业者也要学会去遵守，一定要扬长避短，集中精力去应聘那些自己在相关领域比较有实际能力的企业单位，而不是一定要在看似工资很高，但是与自己不相匹配的企业中浪费时间。要知道现在的社会发展迅速，后浪一定比前浪高，等后来者把你挤走，最后才发现自己既浪费了时间，又没有得到实际效果。

身边要有几个人

历史上著名的"万历中兴"，在明史学界有一个说法，之所以万历新政能取得成功，这份功劳中包括了三个人：张居正、李太后、冯保。下面我们就来看看三个人之间的关系。

张居正是内阁首辅，冯保是大内总管，而李太后是他们的靠山。正是因为这三个人之间相互配合、相互信任、相互支持，才成就了张居正的改革，让明朝得到了一次新生的机会。正是因为张居正的身边有了李太后和冯保的支持，才让张居正的改革彻底成功。由此可见，世界上没有完美的人，但是有完美的团队。一个团队虽然可以发挥出巨大的能力，但是有个前提，就是要建立在一种双赢的基础上。

张居正和冯保的结盟，完全是因为当时的首辅高拱。从张居正的角度看，自己和高拱属于同一类人，都是对权力有着强烈欲望的人，都有着"卧榻之侧，岂容他人酣睡"的危险意识。所以为了权力，二人的关系越来越差，相互猜忌，相互攻击。但是，按照当时的情况，张居正在政治上处于劣势，不得不寻找联盟，不然连现在的位置都无法保持下去。冯保当时是李贵妃身边的红人，这就是一股很重要的政治力量。而这股力量，被高傲的高拱忽略了。所以在这样为难的情况下，

张居正不得不和宦官联手，他俩的结盟也是其必然选择。

从冯保的角度看，因为他一直都受高拱的威胁和遏制，对其早就怀恨在心，而且冯保在政治上很有野心，一心想除掉高拱。但是，冯保也感觉力量单薄，于是就和张居正形成了很好的合作关系。因为，冯保自知力量无法与高拱抗衡，也知道自己虽然有政治野心，但是没有这方面的才能，于是综合考虑，冯保只能找张居正来做靠山。于是两人结盟。

因为有着共同的目标和一致的利益，张居正和冯保走到了一起。

新皇帝登基第二天，张居正遵旨前往天寿山视察大行皇帝的寝宫工程。张居正刚回到感恩殿的住所，就有担任警卫的小校进来禀告，说是家人游七有要紧事求见。少顷，只见游七风尘仆仆满头是汗地跑进来，后头还跟了一个人。这当儿，张居正才看清，跟着游七进来的是冯保的管家徐爵。

"这不是徐爵吗？你怎么来啦？"张居正问。

"我家主人有要紧事向张先生讨教。"徐爵恭敬回答。

"你家主人有何事找我？"

"今儿个上午，有两封奏折送到了皇上那里。一封是刑部上的，讲的是妖道王九思的事。说王九思既已让东厂抓到，就该交给三法司问谳定罪……其罪名是以妖术惑乱圣聪，导致先皇丧命，理当凌迟处死。另一封是礼部上的，说按新皇上登基成例，应从户部太仓拨二十万两银子，为后宫嫔妃打制首饰头面。"徐爵习惯地眨眨眼答道。

张居正默不作声，沉思一会儿，问道："李贵妃知道这两个折子吗？"

"知道，"徐爵点点头，声音压得更低，"她也没拿主意。我家主人看透了李贵妃的心思，对这两件事情的处理，她都同意折子上所奏之言。"

"这正是高拱的厉害之处。"张居正在心里说道，但他依然不显山不显水地问道，"冯公公是怎么想的？"

　　"我家主人苦无良策，只得派我来这里向先生讨教。"听罢徐爵的陈述，他伸出指头，漫不经心地轻叩着面前的花梨木茶几，沉吟着说："其实，这两件事都不难办理。"说着，示意徐爵走近前来，细声细气与他耳语一番。徐爵听罢，不禁眉飞色舞，连连说道："好，好，依先生之计行事，他高胡子就会偷鸡不成反丢一把米。"

　　"启禀皇上，启禀贵妃娘娘。关于刑部与礼部那两道折子，奴才看过，也觉得这是出自高拱的精心安排，但有一点，叫奴才百思不得其解，这个一贯盯着皇上的钱口袋，生怕皇上多花一个铜板的高胡子，为何一反常态，变得如此体贴皇上啦？奴才悟不透这里面的蹊跷，前日专门派人去天寿山请教了张居正，张先生一番剖析，奴才这才恍然大悟，明白了高胡子的险恶用心。"

　　冯保这席话，多少有点让李贵妃出乎意外，她惊诧问道："张先生怎么讲？"

　　冯保说道："这两份折子，张先生分析周详。先说刑部公折，初看这道折子时，奴才也像娘娘

这么想。但张先生认为如果按刑部这道折子鞫谳定罪，虽则大快人心，却将先帝陷入不仁不义之中。先帝驾崩之日，朝廷早已诏告天下，先帝病死，这是正终，设若审判王九思，这妖道从实招来，说先帝是因吃了他制的春药而死，先帝岂不是死于非命？千秋后代，昭昭史笔，又该如何评价先帝的为人呢？"

如此想来，李贵妃心中打过一阵寒战，不由得十分敬佩张居正的深沉练达，洞察秋毫。她接着问道："关于礼部这道公折，张先生又有何见解？"

"礼部的这道折子，据张先生看，也是包藏了祸心的。张先生说，据他所知，由于近些年赋税督催不力，军费、漕运等费用开支又每年递增，户部太仓银已所剩无几。而蓟镇二十万兵士过冬的棉衣，打通京畿潮白河的漕运等等大项开支，户部都难以拨付。这种时候，若硬性从户部拨二十万两银子给后宫嫔妃打制头面首饰，这种做法，在天下士人看来，就会说咱们新登基的万岁爷，

是个只要家而不要天下，只图自身享乐而不管社稷福祉的糊涂君主。娘娘，此事要三思而行啊！"

圣人智慧：

一个人想要成就大事，身边必须有几个出谋划策的人，为了同一个目标，大家一起努力，相互商量，互相配合。张居正借冯保的口，将两件事的真相说给李贵妃，增加了李贵妃对冯、张二人的信任，从而达成了"铁三角"的稳定局势。可以说，三个人在一起，各取所需，为的是同一个目标——更好地管理天下，这就是一个共赢的局面。

开始飞黄腾达

张居正在严嵩时期，看到的是朝廷的黑暗、皇帝的昏庸、奸臣的专权、忠臣的烈死及能臣的智慧。他也从一个缺乏政治素养，空有一身报国志向的青年官员成长为一个经验丰富的政治家。

在徐阶和严嵩斗争的时候，徐阶推荐张居正到幕后参与重修《永乐大典》。嘉靖三十六年（1557），

宫中发生大火，三大殿都被烧毁，《永乐大典》也有不同程度的毁坏。嘉靖四十一年（1562），嘉靖皇帝任命徐阶、张居正等人负责重录《永乐大典》的工作。

两年后，身为首辅的徐阶正式推荐张居正升任右春坊右谕德，并兼任国子监的官职。国子监的职务为张居正打开了人际，因此他掌握了很多可用的人才。徐阶为张居正的未来有着很好的打算，同时也将他当作接班人来培养，在兼任国子监的职务时，还推荐张居正做了裕王的讲师。裕王，朱载垕，就是后来的明穆宗隆庆皇帝。也就是说，张居正成了下一代皇帝的老师。由此可见，徐阶对张居正的爱护与培养是多么的重视。

在裕王府侍读期间，裕王朱载垕十分看重张居正的博学多才，据说，张居正每次给裕王讲学的时候，裕王都目不转睛地望着老师。同时裕王府中的下人对张居正也很尊重。其中裕王府中的大太监李芳对张居正十分崇拜，经常向张居正请教，谈话范围涉及天下大事。

　　嘉靖四十五年（1566），张居正正式掌管翰林院。同年十二月，整日痴迷于"炼丹术"的嘉靖皇帝驾崩。皇帝驾崩后，第一件事就是宣布遗诏。

　　参与草拟遗诏的只有徐阶和张居正二人，这是他们的机会。因为遗诏往往都由大臣来写，可以将前朝的一切弊政通过遗诏的方式说出来，而这往往会对官场产生重要影响。徐阶和张居正正是利用遗诏的方式纠正了嘉靖期间的一些弊端，为因冤假错案获罪的朝臣恢复官职，受到了朝野上下的普遍认同。

　　不久，三十岁的裕王朱载垕顺利即位，成了明穆宗。从此，中国历史进入隆庆年间。隆庆皇帝是一个十分平庸的君主。从小就小心翼翼地活着，没有太大的抱负，因此成了皇帝也是一样平庸，他讨厌政治，只喜欢吃喝玩乐和享受。在位期间，即便是国库只有三个月的钱财，他也毫不在意，依然大肆挥霍。在他眼中，严嵩已经除掉，政治上就没有什么可操心和担心的事情了，于是他就开始放纵自己。

隆庆皇帝很少亲自处理朝政，因此，大臣们就成为朝廷事务实际的主导者，不可避免地就引起大臣之间的政治斗争。

隆庆元年（1567），张居正四十三岁，他以裕王旧臣的身份被提升了官职，正式进入内阁，二月，他被提升为礼部左侍郎兼东阁大学士。四月，张居正的官职再一次提升，不仅当上了礼部尚书，还做了武英殿大学士。短短不到一年的时间，张居正连升三级，从五品小官一下子成为副宰相，可谓飞黄腾达了，这在明朝二百七十年的历史中都是很少见的。

一时间，张居正成了明朝政局中的红人。要是放在一般人的身上，这个时候早就变得狂妄自大、沾沾自喜起来。可是，张居正进入内阁后，面对的都是他的前辈和老师，他依然保持着小心谨慎。他经常谦虚地说自己见识浅薄，突然得到了大权，内心很是惶恐。他还说自己在人际关系上难免会有违心的做法，难以尽如人愿。总之，他对自己获得权力保持了一种非常谦虚的态度。

　　从这一点就可以看出，张居正对官场的认识是多么清楚，明白自己想要在官场中生存下来，应该做什么，不能做什么。对势单力薄的自己来说，态度最重要。张居正没有因为不断的升迁而膨胀，反而更加低调做人，待人谦虚谨慎。他的为人处世的态度值得我们在职场中打拼的人学习。

　　圣人智慧：

　　一个人飞黄腾达后，还能保持平静的心态，可见这个人的心理素质多么的坚韧。

第五章 以民为本铁腕治国

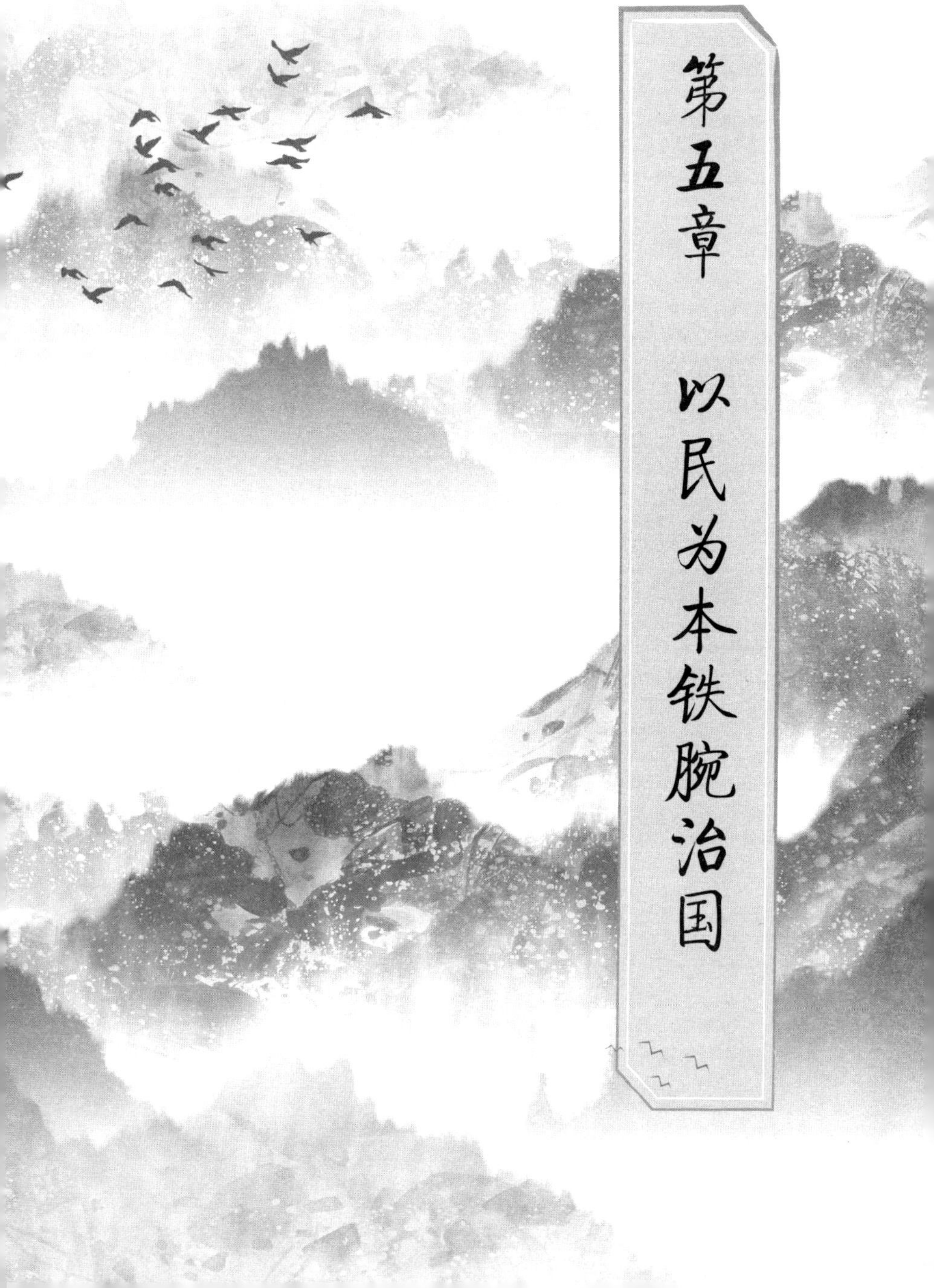

"变"字当头，近民为要

孟子曰："民为贵，社稷次之，君为轻。"意思是说，一切政治权利和制度都来自百姓、治于百姓、为了百姓，执政者要以民为本。这就是民本思想。张居正的"为百姓安乐，家给人足，虽则有外患，而邦本身固，自可无虞"就是其中的代表。

张居正深知只有百姓过上了好日子，国家才能强盛起来，国富民强的政治理想才能得以实现。他通过多种渠道和措施设法减轻人民的赋役负担，甚至有时直接提出减免税赋。张居正能有这样的思想，完全缘于他的出身，他出生于下层阶级家庭，因此非常关注平民的生活情况。在入翰林后，他利用三年的休假时间深入基层，了解民生，对当时的平民深表同情。

张居正的变法中，最著名的思想是："法制无常，近民为要，古今异势，便俗为宜。"其中

以"民"的需要，阐明了变法的正义性和合理性及改革的指导思想。张居正知道，只要变法有利于天下和人民，自己最终会得到百姓的支持。所以，张居正的改革变法中分外重视农业的发展。

我国有史以来就是农业大国，因此，农业是中国古代最重要的生产部门。以一家一户为生产单位并以农业和家庭手工业相结合为特色的小农经济，是封建生产方式的基础。虽然封建社会民本思想的核心就是保护小农经济，但是随着私有制的增长，出现了"富者田连阡陌，贫者无立锥之地"的局面。

到万历五年（1577），张居正开始全国丈量土地，只要是大明疆域内的土地，不许有一丝遗漏和隐瞒，对敢于阻挠之人，无论官职大小，一律法办。直到万历八年（1580），张居正上疏并获准在全国陆续展开清丈土地，并在此基础上重绘鱼鳞图册。全国此时田地为7013976顷，比隆庆五年（1571）增加了2336026顷。虽然土地的数量增加了，但是人民的生活并没有好转。张居

正知道，必须进一步改革赋税制度才能达成自己的目标。同时他也知道，改革赋税制度是一件棘手的事情，处理不好就会使自己的心血付之东流。

为了减缓改革压力，张居正选择江西作为实现自己的赋税改革的试验点。"一条鞭法"最早是由南赣都御史陶谐在江西开始的，并取得了一定的成绩，然后扩展到了广东、浙江、应天、山东曹县等地。正如张居正所料，"一条鞭法"虽然带给百姓一定的实惠，但也触犯了官僚利益，遭到他们的强烈反对。面对压力，张居正还是站在了人民这边。

万历十年（1582），随着清丈田亩的完成和"一条鞭法"的推行，明朝的财政状况有了进一步的好转。这时，太仆寺存银达400万两，加上太仓存银，总数达七八百万两。

此外，张居正还反对传统的"重农轻商"思想，认为农商并重，提出"生征发，以厚农而资商……轻关市，以厚商而利农"的主张。因此，他也反对随意增加商税，侵犯商人利益。张居正

的这一思想顺应了历史的发展潮流，减轻了人民的负担，缓解了阶级矛盾，对历史的发展起到了推进作用。

张居正在整顿吏治、厉行节约的过程中，不仅严格要求他人，自己更是以身作则，对家属同样严格要求。在纂修先皇实录后，按照惯例要赐宴一次，张居正为了减少支出，向皇上提出辞免赐宴。儿子回江陵应试，他吩咐其自己雇车；父亲生日，他吩咐下人带着寿礼，骑驴回乡里祝寿。

张居正不仅对自己、家人狠，还要求封建社会的最高统治者——皇帝注重节俭，不能过度浪费，并多次向神宗提出"节用爱民""以保国本"。张居正的努力使封建统治者的奢侈消费现象有所收敛，下面的官员也不敢太过放肆。

张居正在改革中，体现了以"民"为本的主张，大力改善人民的生活水平，其实质也是为了更好地巩固皇权。在他看来，"天地生财只有此数，设法巧取，不能增多"，妄图通过加重农民的负担来增加收入是不可取的，为此，他提出了惩办

贪污、清理欠赋和清查田亩三项措施来解决问题。其中，尤以清查田亩声势浩大，作用也是最大。因为他知道，百姓才是一个国家的基础，没有民心的国家就像沙漠中的亭台楼阁，总有一天会倒塌。张居正的改革，将大明王朝的灭亡又向后推迟了数十年之久，可以说，凭借一己之力，挽救了大明王朝的一时"国运"。

圣人智慧：

历史上发生的改革都是在一个"变"字上，在原有的基础上改变，从而达到变革的目的，成功的很少。这是因为，很多变革都未从"民"着手。而张居正的改革，以近民为要，尽力去帮助百姓解决问题，从而达到国富民强的目的。张居正既然选择了帮助百姓，势必会站在封建地主阶级的对立面，面对阻力，必须展现他的"铁腕"来予以回击。

强兵富国，改革托名效祖制

张居正当上内阁首辅后，想要实行一系列的

改革措施，用来挽救大明王朝出现的困境。一般人在当权后，第一件事就是要大刀阔斧地改革，比如王安石的改革，可惜过程轰轰烈烈，结果却失败了。但是张居正最先宣布的不是变法，而是"遵守祖宗旧制，不必纷纷更改"。是不是很意外？

众所周知，明太祖朱元璋以重典治国，张居正以效法明太祖的名义，加强集权，伸张法纪，整顿官府，进行体制性的调整。其中，最重要的是他的考成法。张居正的变法之所以成功，除了有来自"铁三角"的稳定支持外，将新政放在祖宗成法的外衣下，借用祖宗的旧制为掩护，这是张居正的政治智慧所在，也是改革成功的根本原因。

所谓的考成法，不仅体现了张居正遵循祖宗成法的改革策略，更反映了他的改革创新。考成法规定：六部和都察院把所属官员应办的事情订立期限分别登记在三本账簿上，一本由六部和都察院留底，另一本送六科，最后一本呈内阁；由六部和都察院按账簿登记，逐月进行检查。每完

成一件登记一件，反之必须如实申报，否则论罪处罚；六科也可要求六部每半年上报一次执行情况，违者限事例进行议处；最后内阁也可对六科的稽查工作进行查实。

这样就形成了一套完善的官员考评机制，通过内阁控制六科，以六科控制六部，最终使内阁成了改革的中枢，控制了从朝廷到地方的各级行政机构，有效实现了考评与纠偏相结合，改变了以往仅仅主要靠吏部来运作的官员考评。

万历四年（1576），刘台上疏弹劾张居正时说："居正定令，抚按考成章奏，每具二册，一送内阁，一送六科。抚按延迟，则部臣纠之。六部隐蔽，则科臣纠之。六科隐蔽，则内阁纠之。夫部院分理国事，科臣封驳奏章，举劾，其职也。内阁衔列翰林，止备顾问，从容论思而已。居正创为是说，欲胁制科臣，拱手听令。祖宗之法若是乎？"从刘台的言论中，我们不难看出考成法的实施影响确实巨大，不然也不会引起自己的门生弹劾自己，从这点也可以看出，明太祖当初实行的"重典"之严。

考成法的实施，就好像清理多年淤积的池塘，需要花费很大的物力、财力将池塘中的淤泥清理干净，这样才能重新注入清水一样。而多年积攒的淤泥不是那么容易就清理的，弄不好还会把清理的人陷入泥潭当中。

考成法，以"尊主权，课吏职，信赏罚，一号令为主"。中心是解决官僚争权夺势、玩忽职守的腐败之风。张居正认为当时朝野泄沓成风，政以贿成，民不聊生，主要原因是"吏治不清"。他以"课吏职"即加强官吏考核为手段，"斥诸不职""省冗官"，淘汰并惩治了一批官员。

在执行上，他"信赏罚""持法严"，使赏罚有准，不姑息。在他执政期间，"百官惕息""一切不敢饰非"，朝廷号令，"虽万里外，朝下而夕奉行"，行政效力大大提高。例如，黔国公沐朝弼屡次犯法，应当逮捕，但朝廷舆论认为此事很难办，张居正就改立沐朝弼的儿子袭爵，派飞马前去捆绑沐朝弼。沐朝弼没有反抗，被解到京师，张居正免他一死，将他幽禁在南京。又如，张居

正因御史在外常常欺凌巡抚，决定压一压他们的气焰。只要他们有一件事稍不妥，马上加以责骂，又饬令他们的上司加以考查。再如，当时天下不太平已经很久了，盗贼群起，甚至抢劫官府库房，地方政府常常隐瞒这类事情不上报，张居正下令如有隐匿不报者，即使循良的官吏也必撤职，地方官再不敢掩饰真情，抓到强盗，当即斩首处决，并追捕他们的家属，盗贼因此衰败。

张居正明白，改革的重点就是要全国上下的"政令"统一，这样才能更好地执行改革措施，因此，借用祖宗的名义，推行一套强有力的政策，才是至关重要的。

张居正是一位讲究遵从祖制的政治家。他采取的很多措施，诸如焚毁书院、整饬边防，甚至"一条鞭法"等改革都是遵祖制而行的，而考成法一定程度上也继承了《大明会典》的很多内容。在他请定考成的奏疏中用大段的文字说明他的考成法是遵祖制的，原来《大明会典》中已有类似考成法的内容。张居正重新拿出这些已有的祖制，

希望"自今伊始，申明旧章"，并加以推陈出新，严格地贯彻落实。可以说他的考成法是对祖制的继承，却是在它已经被人们遗忘的时候拿出来，添加以符合时代的内容，所以更可以说这是一种创新。推陈方可出新，我国五千年的文明应当被当今的人们重视，对廉政建设来说，传统文化的海洋中也有很多值得我们重拾利用的瑰宝。

从实行"考成法"以来，明朝的赋税征收状况得到很大的改善。张居正规定以收缴拖欠税收的量作为衡量官员政绩的标准，避免了从前的漏洞，把很多滞留在地方的税款收归中央。通过这项措施的实施，收回了百分之七八十的拖欠税收，明朝的国库一下就充实了很多。

圣人智慧：

制度如何实施，关键在于选准"游戏规则"，抓住重点。"考成法"有效实现了考评与纠偏相结合，改变以往仅仅主要靠吏部来运作的官员考评方式。而且考核的内容注重社会经济发展的重点事项，几乎都是"硬指标"，这就抓住了重点。只有把考核

结果真正运用到实处，实现优胜劣汰，从严治吏才能落到实处。

整肃吏治，雷厉风行

从万历二年（1574）开始，整顿财政一直是张居正推行万历新政的主要内容，从子粒田征税到万历四年（1576）开始的驰驿制度的改革，都使朝廷得到了实惠。

张居正对礼部尚书杨博说过一段话：

"如何刷新吏治，仆已深思多年，主要在于三个字，一曰贪，二曰散，三曰懒。贪为万恶之源。第二是散，京城十八大衙门，全国那么多府郡州县，都是政令不一，各行其是。六部咨文下发各地，只是徒具形式而已，没有人认真督办，也没有人去贯彻执行，如此则朝廷威权等于虚设。第三是懒，百官忙于应酬，忙于攀龙附凤，忙于拉帮结派，忙于游山玩水吟风弄月，忙于吟诗作画寻花问柳，

唯一不忙的，就是自己主持的政务。此一懈字，实乃将我大明天下一统江山，变成了锦被掩盖下的一盘散沙。此时倘若国有激变，各级衙门恐怕就会张皇失措，皇权所及，恐怕也仅限京城而已。所以，贪、散、懈，可以视为官场三蠹，这次京察，就冲着这三个字而来。"

"叔大，"杨博这一声喊得格外亲切，"老夫很赞赏你官场三蠹的说法，老夫年轻时也说过官场上有三多，即官痞子多，官油子多，官混子多，这三多与你的三蠹，庶几近之。但是，要想去掉三蠹，让长安道上走的官都是清官，谈何容易，不是谈何容易，简直是比登天揽月还要难。老夫再提醒你一句，你如果一意孤行坚持这样去做，无疑是同整个官场作对，其后果你设想过没有？"

"想过，都想过了，博老！"张居正神色冷峻，决然答道，"为天下的长治久安，为富国强兵的实现，仆将以至诚至公之心，励精图治推行改革，纵刀山火海，仆置之度外，虽万死而不辞！"

杨博凝视着张居正，好长时间默不作声。张

居正这几句剐肝掏肺的誓言让他深深感动。他顿时想起了"治乱须用重典"那句话，他相信眼前这个人正是敢用重典之人。要想国家富强纪纲重整，非得有张居正这样勇于任事的铁腕人物柄国执政不可。

单说这个驰驿制度，大明开国后，承唐宋朝廷旧制，在全国各地建有数百个驿站。这些驿站负责在职官员的赴任及出差公干的食宿接送，其费用由驿站据实上禀核实报销。而其长年供用的轿马佚役，则就地征派。驿站归兵部管辖，管理驿站的官员叫驿丞，都是八品衔，亦是兵部提名吏部任命。

朝廷设立驿站的初衷，本意是为了公务简便，提高办事效率，但演变到后来就成了一种特权。入住驿站者，照例应有兵部发给的勘合作为凭证。为了发放简便，兵部每年给在京各大衙门以及全国各府州衙门配发一定数额的勘合，持此勘合者，不单出门旅行有驿站接待，一路上轿马官船都由驿站供给，临行还由驿站送上一份礼银。如此一来，

一纸小小的勘合就成了官场上身份的象征，一些高官大僚，不但自己享受勘合之便，甚至其家人仆役都能获沾殊荣。因此，近一百多年来，这大明开国定下的驿递制度，已日渐演变成国家财政的重大负担，全国数百座官驿变成了官员们敲诈勒索游饮宴乐的腐败场所。

张居正奏明皇上对驿递制度进行了严厉整顿，对勘合的管理严之又严，规定凡因私旅行者一律不准驰驿，违令者严惩。官员出门在外在官驿中享受惯了，突然不准使用，都深感不便。更重要的是，出一次远门本是官员们"捞外快"的绝佳机会，如今不但没有"礼金"收入，沿途住客店还得花去一大笔费用，因此引起了不少官员的不满与抵触，甚至有人给皇上写折子，要求废除这个刚刚实施的"驿传之禁"，张居正决不肯通融。

他深知整饬纲纪矫治腐败的艰难，于是对敢于违禁者给予严惩，一年多来，因为违反条例使用驿递或骚扰驿站的官员，被他处分了五十几个。

最典例的例子有：大理寺卿赵悖郊游，在京南驿吃了一顿招待筵席，被降职一级。按察使汤卿出京公干，要驿站多拨三匹马载其仆役并索要酒食，被连降三级。更甚者，是甘肃巡抚侯东莱的儿子擅自使用驿站，被言官纠弹。甘肃地处北疆前线，侯东莱又是制虏镇边屡建殊功的封疆大吏。因此有不少人替他说情，小皇上也想下旨"薄责之，下不为例"，张居正却坚决不同意，执意革去了侯东莱儿子的官荫。

对别人要求严格，对自己身边的人更是管束得近于苛刻，他的儿子懋修回江陵参加乡试，张居正让他雇了一头驴骑着回去。他府上一个仆人外出办事，把驿站的马匹用过一回，他知道后，立即把这仆人绑至锦衣卫治罪，杖一百棍遣回原籍。

由于连续做成了几件大事，再加之深得李太后和冯保的信任，张居正成了大明开国以来最有权势的首辅。在他的治理下，不但吏治清明，国家财政也彻底摆脱了困境。但他知道，近百年来

积累下来的弊政，不可能在短短的几年内全部芟除。民瘼轻重、吏弊深浅、钱粮多寡、强宗有无、诸多国事，张居正都铭记于心，一旦发现问题，便及时纠察处理，决不肯拖延半日。

圣人智慧：

常言道"政治当明其号令，法令严执，不言而威"，由于张居正善用刑典，且完全不徇私情，一个烂了一百多年的驿递制度，竟被他用一年时间治理得秩序井然，不仅矫正了官员们据此而营私的痼弊，而且一年还能为朝廷省下一百多万两银子。

节省开支，上下同行

张居正执政期间，在全国范围内，以提倡"节省开支"的方式来增加国家税收。不仅要求自己和百官在各方面节省，对于皇帝也时常灌输节省的思想。通过"减少财政支出"的方式，再加上改革策略，尽快地增加了国家财政收入。

在民间，张居正通过实行的"清丈田亩""一

条鞭法"等策略，将税收概率大幅度提高，百姓的负担减轻很多；在上层，张居正主要从两个方面来控制财政支出：

一是皇室的花销。

张居正认为，从皇室入手，不仅可以减少很大一部分支出，同时还具有模范带头作用，这是一种由上至下的示范效应。比如说，给皇上制作龙袍这件事上，张居正看到一封名为"工部尚书朱衡请酌减杭州织造局用银疏"：

昨者，杭州织造局提督太监孙隆到部传谕：今年杭州织造局用银数增至八十万两银。循例本部出半，应调拨四十万两银。

臣奏称：此项增费太大，无章可循，欲乞圣明按常额取用。

臣等看得：祖宗朝国用，织造俱有定额。穆宗皇帝常年造衣，用银不过二十万两，承祚之初年，亦只费四十万两。且此项用度，须司礼监与本部会商定额，然后奏明圣上请银。所费银两，内库出一半，本部出一半。

今次用银，突然增至八十万两之巨，且事前司礼监不与本部会商，竟单独具事上闻，请得谕旨。如此做法不合规矩。因此，本部拒绝移文。

仰惟皇上嗣登大宝，屡下宽恤之诏，躬身节俭，以先天下。海内欣欣，方幸更生。顷者以来，买办渐多，用度渐广，当此缺乏之际，臣等实切隐忧。辄敢不避烦渎，披沥上请。伏愿皇上俯从该部之言，将前项银两裁减大半。今后上供之费，有必不可已者，照祖宗旧制，止于内库取用。臣等无任惶悚陨越之至。

读完这篇奏疏，张居正在心里头连连叫了三个"好"字，又把这折子从头到尾细读了一遍，这才放下。

在李太后邀请张居正到大隆福寺上香之际，亲自和张居正探讨过这件事，张居正是这么说的：

"据南朝《宋史》记，高祖刘裕出身寒微，年轻时靠砍伐芦荻为生。那时，他的妻子也就是后来的臧皇后亲手给他做了粗布衫袄，穿了很多年之后，已是补丁摞补丁，但他还舍不得扔掉。

后来当了皇帝，仍把这件衫袄珍藏着。等到他的长女会稽公主出嫁，他把这件破衫袄当成最珍贵的嫁妆送给女儿，并对她说："你要戒除奢侈，生活节俭，永远不要忘记普通民众的痛苦，后代有骄傲奢侈不肯节俭者，就把这件衣服拿给他看，让他们知道，我虽然当了皇帝，仍不追求华美，务求简单朴素，以与万民同忧患。"会稽公主含泪收下了这件破衫袄，并从此作为传家之宝。这留衲戒奢的故事，史有明载，后代圣明君主，莫不都仿而效之。

"莫文隆讲到织造局用银中的弊端，不可不引起重视，历朝制造龙衣，一些当事中官借机贪墨，导致民怨沸腾。皇上初登大宝，百事更新，若制造龙衣仍按旧法，则新政从何体现？"

"就杭州织造局用银一事，仆也有一个想法。由于杭州织造局归内廷管辖，其用银却是内廷与户部分摊，各出一半。历来编制预算都由织造局钦差太监负责，户部插不上手。既出了钱，又不知这钱如何一个用法，因此户部意见很大，为这

工价银的问题，几乎年年扯皮。依仆之见，既是内廷织造局与工部共同出银，这每年的申请用银额度，亦应由两家共同派员核查，编制预算，然后联合呈文至御前，由皇上核实批准。不过，今年织造局的用银，就不必增额了，因为皇上还是个孩子，每年都长个儿，他现在比登极的时候，差不多长高了半个头，如果现在给他多制龙袍，恐怕到明年，穿着又不合身了，这不是白费银子吗？"

于是，制作龙袍的钱从八十万两一下子降为二十万两。

张居正为了国家财政收入可以说是"抠"到家了。不仅严格律己，同时还控制着皇室的消费情况，可以说，这里面有李太后对他的信任，也有赖张居正的聪明才智，口才了得。

二是国防上的花销减少了。

回顾历史，当时的明朝外面面临的是蒙古后裔鞑靼。为此，国防建设就会投入很大的物力、财力、人力，这对于当时的国家财政是很大的负担。

不过，在万历时期，这一问题得到了很大的改善。尤其是明朝和鞑靼部落的头领俺答达成了基本和解，使明朝用在国防上的钱减少了。同时，张居正还减少了辽东方面的"属夷"的奖赏。

张居正正是通过这两方面的节约，使万历年间的国库得到了很大程度的充实。

圣人智慧：

"节约"，不仅是一个口号，更是一种实际行动。张居正用他的一生经历告诉我们，应该在生活中什么方面注重节约。同时，在生活和工作中如何去节约，甚至是通过什么方式去传播这样的美德，让更多的人懂得节约，让人们知道，节约不等于"抠"。

一条鞭法，方便易行

万历六年（1572）首先在山东开始，继而推及全国的土地清丈，历时三年终告竣工。经过勘察核实，比上一次弘治年间的清丈竟多出了三百万顷。这多出的部分，势豪大户之诡寄、隐

匿的庄田差不多占了大半。勋戚豪强以权谋私大肆鲸吞土地，数量如此之大，连已经有了心理准备的张居正也深感意外。为了防止这些权贵伺机反扑日久生变，他让户部立即制定配套的法令，加以限制，并说服万历皇帝颁旨允行。这道法令其中有这样两段：

> 万历九年议准，勋戚庄田，五服递减。勋臣止于二百顷，已无容议。惟戚臣，如始封本身为一世，子为二世，孙为三世，曾孙为四世，曾孙之子为五世。以今见在官品为始，以今见留地数为准。系二世者，分为三次递减；系三世者，分为二次递减；至五世，止留一百顷为世业。如正派已绝，爵级已革，不论地亩多寡，止留五顷，给旁支看守坟茔之人。

> 勋戚庄田，有司照例每亩征银三分，解部验讫。如有纵容家人下乡占种民地，及私自征收田赋，多勒租银者，听屯田御史参究严办。

正因为张居正义无反顾地坚持推行"不辨亲疏，不异贵贱，一致于法"的治国主张，万历王

朝终于大幅扭转了嘉、隆以来的颓败之势，濒于崩溃的国家财政获得根本好转。在此基础上，张居正认为推行赋税改革的时机已经成熟，于是再次请得万历皇帝的诏旨，在全国统一推行"一条鞭法"。

所谓"一条鞭法"，就是将一州一县的所有田赋、徭役以及各种杂差和贡纳，通通并为一条，折成银两交纳，并官收官解。此前，农民交缴田赋，均是谷麦实物，按田亩所摊的徭役，也必须由种田人亲自出差。所以，以至缴赋之日，粮船粮车不绝于道途，各地官仓满溢为患，由乡及县，由县及府，由府解运各地廒仓，其间不知要耗去多少运力差役，又不知因沿途损耗，层层盘剥，粮户平白增加多少负担！

最早提出"一条鞭法"改革设想的，是嘉靖九年的内阁大学士桂萼。他构想"以一切差银，不分有无役占，随田征收"。第二年，屯田御史付汉臣正式疏陈："顷行'一条鞭法'，十甲丁粮总于一里，各里丁粮总于一县，各州县总于府，

各府总于布政司，通将一省丁粮，均派一省徭役。"
嘉靖皇帝当时准旨先行在南直隶的宁国、应天、
苏州等府，湖广长沙府、山西平阳、太原二府以
及广东琼州府的感恩县等地先行试点。

　　兹后经半个世纪，"一条鞭法"的推行时断
时续，赞同者称为善政，反对者称为"农蠹"。
不遗余力的推行者，在嘉靖及隆庆两朝有苏州知
府海瑞，应天府尹宋仪望，浙江巡抚庞尚鹏以及
江西巡抚潘季驯等封疆大吏，最后这些人几乎全
都因为坚持"一条鞭法"而被参究革职。反对者
多半都是当道政要，远的不说，就说万历改元后
的首任左都御史葛守礼，就是一个坚持不懈的反
对者。他认为施行"一条鞭法"是"工匠及富商
大贾，皆以无田免役，而农夫独受其困"。

　　隆庆二年（1568），葛守礼在担任户部尚书
期间，曾给皇上写了一道奏折，要求在全国停止
施行"一条鞭"法，竟得到了隆庆皇帝的批准。
此后，"一条鞭"法不行于天下州县达数年之久。
早在嘉靖年间，张居正就是"一条鞭"法的热心

提倡者，宋仪望、庞尚鹏、潘季驯等人，也都是他的政友。海瑞于隆庆二年（1568）任南直隶巡抚都御史，因行使"一条鞭法"引起了官绅的惶恐和刻骨仇恨，以至被言官戴凤翔等人攻击为"沽名乱政"而被迫致仕。

他出掌内阁之后，便有心重新推行"一条鞭法"，但他总结前朝教训，深知若不先行丈量土地清查田亩，"一条鞭法"的推行的确存在葛守礼所指出的增加小户农家负担的问题。所以，在万历四年（1576），当朝中当道大臣再也没有掣肘人物，他决定重新起用宋仪望与庞尚鹏两人，在反对"一条鞭"最为剧烈的应天府与福建省两地再行推广，积累经验。到了万历九年（1581）初，清丈田亩宣告结束，他便立即请旨在全国推行"一条鞭"法。从此，这一争论了半个世纪的赋税改革，因张居正的铁腕手段终成为万历王朝的正式制度。在中国已经实行了两三千年的实物田赋，也从此永久地退出了历史舞台。

在经历了裁汰冗官、整饬吏治、整顿驿递、

子粒田征税等一系列改革之后，再加上"清丈田亩"和"一条鞭法"的实施，万历新政已大见成效，而张居正的声望亦因此达到了巅峰。从朝廷到民间，从江南到漠北．只要一提到张居正的名字，人们莫不肃然起敬。纵然是村夫野老，也都知道当今圣上万历皇帝对他的师相张居正是"言听计从""百依百顺"的。自大明开国以来，没有哪一位首辅，能够像张居正这样真正握有重整社稷扭转乾坤的摄政大权。

圣人智慧：

张居正实行的"一条鞭法"政策，让缠绕在百姓头上的各种"苛捐杂税"通通变成了一条，减轻了百姓的负担。百姓得到了解脱，国家的税收也随之增长。张居正一系列的改革，不仅成就了他本人，同时也挽救了岌岌可危的大明王朝的国运。可以说，实行"一条鞭法"之后，改历朝历代实物纳赋为银钱交税，既便于民众又利于朝廷，这实乃是划时代的改革之举。

行刑依法，太后求情亦不饶

话说万历二年（1574）冬天，鉴于各地奸盗猬起，剽劫府库戕害百姓的案件屡有发生，张居正便请得圣旨实行严厉的"冬决"。所谓"冬决"，就是把罪大恶极者在冬至前后处以凌迟或大辟等极刑。圣旨规定每省"冬决"不得少于十人，这都是张居正的主意。他知道各省官员都是饱读圣贤之书的儒家信徒，讲求厚生好养之德，纵然面对犯下天条，按《大明律》必须斩决的罪犯，也往往会动恻隐之心，不求"杀无赦"，但要造七级浮屠，这几乎是官场上的普遍心理。

张居正非常厌恶这种伪善人，为了让"冬决"能够切实按他的意图施行，遂决定从两京刑部抽调若干精明官员分赴各省监督此事的实施。到了年底，各省斩决犯人汇总上来，超过三百人。对这一数目，张居正仍不满意。他平日留意各省刑情，知道该杀的人犯远不止这个数。但就是这个数，

亦超过了隆庆时代六个年头"冬决"人犯数额的总和。须知这次大规模的"冬决"，也是张居正费尽心机才得到的结果。

当他说动刑部尚书王之诰上折，提出大规模"冬决"的方案时，李太后第一个反对。她一心向佛，早就在一如和尚等高僧大德的开释下，涵养成菩萨心肠。她不同意杀人，甚至提出完全相左的方案，取消今年的"冬决"。原因是万历小皇帝初登基，按惯例应大赦天下。张居正在廷对中，力陈不可。原因是整个隆庆朝因各府州县官员懒于政事，积案太多。若不用重典，则匪盗猖獗，平民百姓惶惶不可终日。如果大赦，无异于姑息养奸，天下大治也只能是镜中花水中月。

李太后虽然不情愿，但无法驳倒张居正，只得颔首同意，于是才有同意刑部公折的御旨颁发。按理说，去年"冬决"的结果令人满意，但在各省上奏的折子中，张居正发现陕西省只斩决了两名囚犯。而在以往的邸报中，张居正知道陕西省属于大案重案多发地区。为何匪情

猖獗之地被斩决的犯人反而最少？张居正命人查究此事。

据刑部禀报，前往陕西督察此事的是刑部员外郎艾穆。对这个艾穆，张居正早有耳闻，知他学问人品都好，便趁去年京察之机，将他从国子监教谕任上升调到刑部，他虽然给艾穆升了官，却从未见过这个人，因此决定将他召来一见，要当面问个究竟。

当艾穆应约走进首辅值房，张居正犀利的目光扫过来，逼得艾穆低下头去。张居正劈头问道："让你去陕西办差，办得如何？"

艾穆愣了愣，他听出首辅的口气中明显露出不满意，便怯生生答道："启禀首辅大人，卑职前往陕西督办冬决，没出什么差错。"

"没出差错，为何只斩决两人？"

"只有两人犯罪凿实，罪当斩决。人命关天之事，卑职不敢胡来。"

"放肆！陕西该杀之人，不只是王开阳所说的十七个，更不是你所说的两个！陕西乃边关省

份，不要说那些作奸犯科、杀人越货之徒，单是与各番邦的茶马交易，就有多少个铤而走险的宵小之徒，合该凌迟处死！"

按《大明律》，凡私茶出境，没有拿到茶马司关防而进行茶马交易者，犯人与把关头目俱凌迟处死，全家五千里外充军，货物入官。

"艾穆，前年胡椒苏木折俸，你拿了几个月？"

"回首辅大人，同所有京官一样，都是三个月。"

"拿多少？"

"这个……"艾穆偷偷窥了一下张居正铁青的脸，回道，"同那个上吊而死的童立本一样，两斤胡椒，两斤苏木。"

"哦，那三个月日子好过吗？"

"不，不好过。"

"你知道，为何要胡椒苏木折俸？"

"太仓里没有银两。"

"太仓为何无银？"

"赋税累年积欠所致。"

"这些你都知道嘛！"张居正口气中明显透着

挪揄，"朝廷一应用度，靠的是什么？靠的是赋
税！你们这些官员衣食来源靠什么？靠的是俸禄。
朝廷是大河，官员们是小河，大河有水小河满，
大河无水，小河岂不干涸见底？"

张居正说的都是常理，艾穆焉能不懂？他在
心里思忖：首辅大人怎么突然转了话题，不谈"冬
决"却谈起了财政？因此硬着头皮回道："贱臣
听说，听说累年积欠也很难追缴。"

"是呀，巧媳妇难为无米之炊啊！"张居正接
着说道，"积欠是一回事，赋税流失又是一回事。
就拿陕西来说，洮州、河州，还有西宁等处都设
了茶马司，直属户部管辖。洪武时期，这三个茶
马司每年税收高达六十多万两银子，后来每况愈
下，你知道现在是多少吗？"

"贱官不知。"艾穆老实回答。

"才二十多万两！而茶马交易规模，却是比洪
武时期增加了两倍，为何交易大增而税收大减？
一方面是茶马司官员收受贿赂执法不严，更重要
的，便是走私贩私日益猖獗。此风不禁，朝廷财

政岂能不捉襟见肘？太仓岂能不空空如也？为扭转这种颓势，对走私贩私之人，只有一个办法，杀无赦！"

张居正嘴中吐出最后三个字时，斩钉截铁掷地有声，在艾穆听来，简直就是石破天惊。他被震得浑身一哆嗦，怔忡有时，才勉强答道："首辅大人高屋建瓴，剖析明白，贱官听了如醍醐灌顶，只是，只是贱官觉得……"

"觉得什么？讲清楚。"看到艾穆难以启齿，张居正从旁催促。

艾穆突然觉得嗓子眼冒烟，他干咳了几声，答道："贱官明白首辅大人的意思，对那些走私贩私之人，一律格杀勿论。"

"正是，"张居正又瞟了一眼桌上的卷宗，继续说道，"去年冬季决囚，虽然杀了三百多人，但都是江洋大盗、奸抢掳杀之徒，而抗税之人，走私贩私者，却没有处决一个。这与皇上旨意相悖甚多。艾穆，你再去陕西，对关押在大牢里的走私贩私者，再行审决，有多少杀多少！"

圣人智慧：

当人性变恶后，对社会秩序就会产生严重的危害。想要强行将人性转变，就只能通过恶来转变，这样才能让恶人屈服，然后再通过恩典让恶人的心性转变为善。所以，张居正对人性的认识是很深刻的。同时也看得出，张居正的心有时是很硬的，这是毅力和信念的体现。

引流筑坝，黄河治水用专人

自永乐皇帝迁都北京后，南方的税粮都是分春秋两次解运。斯时运河水丰，容得下千石大漕船的航行。但祸福相倚，一年中，最让人提心吊胆的也是春洪与秋汛。船行河中，若连遭淫雨，洪水滔天，船毁人亡的惨剧每有发生，粮食损失少则十几万石，多则二三十万石，从未足额收缴过。一二百年来，这个矛盾始终不能解决。张居正上任后，启用水利专家吴桂芳出任漕河总督，三年时间，江淮漕河的治理大见成效，通过疏浚与闸

站的修建，增强了水系的调节功能。吴桂芳曾大胆上疏，建议改春秋兑运为冬运。冬天本属枯水季节，有些河床地段水浅仅没脚踝，不要说大漕船，就是浅帮船也断难通过。但经过吴桂芳的三年治理后，多处蓄洪湖泊可开闸放水，保证漕河运粮的必需水位。这一举措更改了朝廷二百年的祖制，如果处置不当稍有差错，势必会引起反对派新一轮攻击。张居正虽然慎之又慎，但仍力排众议采纳吴桂芳建议。如今冬运成功，一百多万石粮食安全运抵京师，没有沉没一条船、伤亡一个人，这简直就是一个奇迹！张居正一颗悬着的心终于落下，他迅速奏闻皇上，万历皇帝一高兴，下旨永久废除春秋兑运，将冬运著为永例。美中不足的是，实现冬运的第一功臣吴桂芳因积劳成疾，于正月间死在任上。水利乃国家经济命脉，漕河总督不可一日或缺，张居正力荐另一位治河专家，现任工部左侍郎的潘季驯迅速接任此职。

潘季驯，明正德十六年（1521）生于太湖之滨湖州府的书香门第，自幼受到严格的家教，

28岁获得乡试第一名，30岁成为进士，从嘉靖四十四年（1565）到万历二十年（1592），潘季驯曾经四次主持治河工作。第一次开始于嘉靖四十四年（1565）十一月，以都察院右佥都御史总理河道和尚书朱衡一起负责治河，时近一年，次年十一月即因母丧丁忧回籍。第二次始于隆庆四年（1570）八月，被任为都察院右副都御使总理河道提督军务，因"漕船行新溜中多遭漂没"，隆庆五年十二月遭勘河给事中雒遵弹劾，受免职处分。第三次始于万历六年（1578）二月，这一次是有首辅张居正的支持，以都察院右都御史兼工部右侍郎、总理河槽兼提督军务的头衔，对黄河进行了一次较大规模的治理。万历八年（1580）秋，功成升任南京兵部尚书。第四次始于万历十六年（1588）四月，后因年老有病乞求离职。前后总计，潘季驯四次治河将近十年之久，明代治河诸臣任职时间之长无出其右者。特别是后两次，治河大权全归于潘季驯，朝廷特准"便宜行事"，取得了显著的成就。

他提出"河之性宜和不宜分，宜急不宜缓""水合则势猛，势猛则沙刷，沙刷则河深"等理论，可归纳为近代中国治水的经典命题，在国际上也享有盛誉。在第三次主持治水期间，他的理论和经验得到了当时的首辅张居正的大力支持，三年间，筑堤三百多里，塞决口一百多处，用完备的堤防把黄水约束在原来的河道中，利用奔腾的河水全力冲沙入海。

潘季驯在不长的时间中取得这样的好成绩，与张居正的大力支持分不开。虽然张居正不是水利专家，难得的是他有发现人才的眼光、判断是非的智慧、放手用人的魄力。最后成就了潘季驯。要知道，明代水运的管理机构，素来是河道、漕司分理，治河属河道，漕司管运输公粮，这二者各司其职，相互牵制，互不统属。但是河道和漕司两个不同的部门，往往会有一个共同的问题，那就是一旦发生水患，河道失修，漕运被阻，两个部门会相互推卸责任，这是制度本身的缺陷。对于这样的矛盾，处理的唯一办法就是人事调整。

于是，张居正从体制着手，统一河道和漕司的管理，交给潘季驯全权处理，并发布公告，通过沿河各地，关于河道有关事务，都要听命于潘季驯的安排。要知道，这样的安排，潘季驯可以获得人才、经费、技术和人员的调拨、任免、使用的权力。他有很大的权力，同时也说明张居正对他的信任。这在重重叠叠、内耗不断的封建官僚机构中，能做出这样的决断不是一件容易的事情。

为了给潘季驯一定的权力，张居正先后将治河不利的各级官员革职查办了不少，就是为了给他开辟更加顺畅的通道。虽然张居正不是治河人才，但是他有一双慧眼，可以在众多官员中发现人才，尤其可贵的是，遇到不同的意见时，张居正能审时度势，做出正确的判断。

历史证明，潘季驯没有辜负张居正的栽培和支持，他所倡导的治河方法，成了后世的经典和学习的楷模。潘季驯之所以可以成功，除了自身拥有丰富的经验外，也离不开张居正，从这一点

就可以看出，合适的平台才能发挥出一个人的才能。对现今身处职场的我们来说，没有内部消耗，全力以赴面对工作，这样才是一种幸福。

圣人智慧：

黄河治理是至今为止无法解决的难题之一，但是从古至今，有很多人不断地摸索，虽然没有得到一个永久的方法，但是有不少行之有效的治河策略，保一世太平还是没有问题的。"以史为鉴"，我们可以通过历史经验来总结合理的治河方法。前人的每一步，都值得我们学习。

第六章 攘外需要先安内

亦相亦帅，掌握全局

　　张居正刚当上内阁首辅的时候，全国边防军事态势很是复杂。自从隆庆五年（1571），张居正协同高拱主持了对蒙古鞑靼首领俺答的"开市封贡"后，西北边疆的形势有了很大缓和，汉、蒙两族之间的关系有了一定好转，从宣府、大同、山西、宁夏、甘肃，沿着长城数千里，一时"边陲宁谧"。虽然俺答被册封顺义王，以"开市封贡"代替了厮杀抢夺，但是俺答不能代表鞑靼全体，其内部各贵族之间的势力消长不一，对明朝的态度也不一致，随时会出现变化。

　　自嘉靖中后期开始，中国沿海地区就遭到以日本武士、浪人为主，纠合中国沿海各种叛乱势力组成"倭寇"海上武装集团，经常对沿海各地区烧杀抢掠，山东、江苏、安徽、浙江、福建等地备受蹂躏，成为东南一大患。直到万历初年（1573），海上倭寇势力依然猖獗，屡有"联舟突犯"的事

件发生。

至于两广和云贵川等山区，少数民族因不满官吏苛税，纷纷起来反抗，其酋长首领，各称雄长，结寨自保，甚至侵扰汉族聚居地区，其规模连州跨郡，参与人数多达数十万人。

针对以上边疆情况，张居正不得不认真采用有力措施以谋巩固边防，平内乱。在此方面，张居正讲究和重视的是地形形貌、风土人情，简单来说，就是要"知己知彼，百战百胜"。隆庆二年（1568），张居正刚入阁后，在上奏的《陈六事疏》中，将《饬武备》作为解决时政困难，开拓新局面的六大关键性问题之一，他分析当时的形势为"臣惟当今之事，其可虑者，莫重于边防；庙堂之上，所当日夜图画者，亦莫急于边防。迩年以来，虏患日深，边事久废。比者屡蒙圣谕，严饬边臣，人心思奋，一时督抚将领等官，颇称得人，目前守御，似亦略备矣。然臣以为，虏如禽兽然，不一创之，其患不止，但战乃危事，未可易言，应从容审图，以计胜之耳。今之上策，

莫如自治，而其机要所在，惟在皇上赫然奋发，先定圣志。圣志定，而怀忠蕴谋之士，得效于前矣，今谭者皆曰'吾兵不多，食不足，将帅不得其人'，臣以为此三者皆不足患也。夫兵不患少而患弱。今军伍虽缺，而粮籍具存，若能按籍征求，清查隐占，随宜募补，着实训练，何患无兵？捐无用不急之费，并其财力，以抚养战斗之士，何患无财？悬重赏以劝有功，宽文法以伸将权，则忠勇之夫，孰不思奋，有何患于无将？臣之所患，独患中国无奋发励激之志，因循怠玩，姑务偷安，则虽有兵食良将，亦恐不能有为耳。故臣愿皇上急先自治之图，坚定必为之志，属任谋臣，修举实政，不求近功，不忘有事，熟计而审行之，不出五年，虏可图矣。"这一切都说明，整军经武，运用军事力量以保证全面改革政策的实施，一直是张居正当权时期最为重要的措施之一。

据《张太岳集》中记载，张居正在与京内外同僚的七百多封书信中，有一百二十件，是关于防御倭寇及调动军力平内乱的。其中的内容大致

分为密示方略、剖析敌情、调兵遣将、执行军律军令等多方面重要问题。这说明张居正在履行军事统帅的职权责任。

张居正军事方面的才能，在各种战役中都发挥得很准确，再加上他对边疆统帅的支持和信任，最后才做出了保卫大明边疆、稳定江山社稷的重要贡献。在当时交通不便的情况下，张居正通过书信的方式，决胜千里之外，运筹帷幄的能力，可以称得上是一位合格的军事家。虽然张居正在其中占主导地位，但是如果没有像戚继光、王崇古等优秀的军事人才的指挥，那么也不会取得显著的胜利。可以说，这是统帅与将军、上级与下级的积极配合决定的。想要有一个改革的大好环境，国家必须稳定；国家稳定了，才能进行系统的改革。在这点上，张居正的眼光是正确的，同时，张居正将祸乱消除，也是为了更好地节省开支，减轻国家的负担，这对大明王朝来说，利远远大于弊。

圣人智慧：

一场战役的胜利，往小了说，就是要各级都团结在一起，内部相互信任，将精力一致对外，这样才能成功。失败就是因为内部出现了问题。不管是国家，还是企业团体，都是一样的道理。上级信任下级，下级才能全力以赴地按照指示去做，关系也就会更加融洽，事情才有更好的发展。

曾省吾平定西南

曾省吾，字三省，号确庵，晚年自号恪庵，湖广承天府钟祥人，生于嘉靖十一年（1532），嘉靖三十五年（1556）进士，历任富春知县、太仆寺卿、都察院佥都御史，曾出任四川巡抚和督学陕西。万历三年（1575）升兵部侍郎，万历八年（1580）升任工部尚书，万历十年（1582）加封太子太保，同年被勒令致仕。万历十二年（1584），受已故内阁首辅张居正牵连，被抄没家产，削级为民。

万历元年（1573），四川西南叙州一带土司

"都掌蛮"发生叛乱，其首领阿大、阿二、方三等盘踞九丝山"僭号称王，屡抗官兵"，曾省吾奏请朝廷发兵征讨。当时四川总兵官刘显因事被劾，此人是嘉靖年间抗倭名将，骁勇善战，曾省吾力排众议，竭力向朝廷保荐刘显带兵出征，获内阁首辅张居正允准，令刘显戴罪立功。九丝山地势险要，易守难攻，曾省吾审时度势，采取分化瓦解、出奇制胜等战略战术，向刘显指授方略。刘显为报曾省吾保荐之恩，格外奋身效力，率领官兵十四万人，攻城拔寨，所向披靡。经过六个月的浴血奋战，终于大获全胜，"克寨六十余，俘斩四千六百名，拓地四百余里，得诸葛铜鼓九十三"（《明史·刘显传》）。捷报传到京师，神宗皇帝龙心大悦，优诏褒赏曾省吾。曾省吾上疏云："……惟是上凭朝廷宠灵，下借文武匡济，本因人而成事，敢贪天下以为功？所有是役效劳员弁，应请分别议叙，以昭激劝。"奏入刘显等各升擢有差。曾省吾由右佥都御史升右副都御史，并赐银三十两，纻丝三表里（即衣料面子和里子

各三套），此后屡获升迁和奖赏。万历三年（1575）六月，升曾省吾兵部左侍郎，协理戎政。曾省吾奉命阅视三边，返京后，立即上书神宗皇帝，建议改革边事懈驰、储饷不给、偷惰自逸等边防弊病，获神宗嘉许，令其提督三边防务。曾省吾整饬武备，巩固防御，于边事多所建树，为维护国家的长治久安立下了汗马功劳。

曾省吾与内阁首辅张居正的关系非同一般，二人是湖广同乡，又有师生之谊，且曾省吾的才干和学识颇为张居正所赏识，故张居正对其格外青目，并倚为心腹知交。曾省吾能够一路青云，在二十余年间官至朝中二品大员，除自身才能和政绩外，与张居正的提携器重不无关系。曾省吾为报知遇之恩，鞍前马后效劳于张居正。据说，张居正能够成功地挤垮前任首辅高拱而取代之，主要得力于宦官冯保、心腹曾省吾和姻亲王篆等人。据高拱《病榻遗言》说，隆庆六年（1572），曾省吾授意其门生、户科给事中曹大野弹劾高拱，并许以高官厚禄。曹心领神会，立即具疏弹劾高

拱"大不忠"十事，使高拱陷于被动境地。此系高拱一家之言，是否确有其事，史无旁证，但曾省吾为张居正夺权出谋划策，充当了谋士和马前卒的角色，则是众口一词、毋庸置疑的。

张居正于万历初夺得内阁首辅权位，时神宗皇帝年少，对张居正十分倚赖和信任，"中外大柄悉以委之"。张居正当仁不让，慨然以天下为己任，整顿吏治、改革经济，雷厉风行地推行新政，使政体为之肃然，国库逐渐充盈，人称张居正为"救时良相"。但是，由于改革不免触及少数人的切身利益，加之张居正大权独揽，过于严厉和操切，故而招致诸多怨声。曾省吾是张居正推行新政的呼应力臣，贯彻执行新政条令最为积极，因此亦遭到一些人的怨恨和诅咒，这些都为张居正祸发身后和曾省吾等人株连获罪埋下了伏笔。

万历十年（1582）六月二十日，张居正病故。临终前向神宗推荐曾省吾等人"可大用"，神宗将他们的姓名粘贴于御屏上，以备他日选用。张居正死后，神宗拟将吏部尚书的要职授予曾省吾。

然而此时风云突变，新任内阁首辅张四维，利用部分人对张居正的怨恨心理，大肆排挤曾省吾等所谓"居正党"，以收买人心。他首先拿太监冯保开刀，授意江西道御史李植"发保奸状"，李植遂上疏揭发冯保"当诛之罪"十二条。张居正一死，冯保失去外廷倚靠，一经弹劾，即被严惩。神宗下令抄了冯保的家，在查抄出来的廷臣馈遗名单上，曾省吾的名字赫然在列。原来，张居正死后，曾省吾受到排挤，自感势单力薄，难以招架，时冯保尚未失势，遂借冯保做寿之机，向其送礼行贿，以求政治庇护，结果弄巧成拙，被人抓住了把柄。浙江道监察御史王国借此大做文章，弹劾曾省吾"勾结冯保，相倚为奸""送冯保金银若干两，图谋升官"。继而户科给事中王继光亦疏参曾省吾"十罪"，无非是什么"耽嗜宴乐，蔑弃礼法""荒淫偷暇，旷废职业"云云，多系捕风捉影，虚捏罪名。万历十年（1582）十二月，神宗勒令曾省吾致仕。按规定，官员被勒令致仕须立即离开京城，不许片刻停留。曾省吾草草收

拾行装，日夜兼程回到钟祥。

圣人智慧：

曾省吾的前半生，可以说是辉煌的，通过自己的努力获得了足够的荣耀，也将自己的才华展现得淋漓尽致，可以说，他的努力得到了回报，尤其是在平定战乱时，取得成功，让他被张居正所重视。虽然他的结局有些凄惨，但是他的人生很圆满，通过这个人的一生，我们要知道，只有才华被认可，才会有贵人扶持。

恩威并举，再无胡骑犯京城

自从"庚戌之变"以后，张居正看到了明朝边防的腐败和不堪，再加上刚刚入内阁就遇到了徐阶和高拱之间的政治斗争，张居正不想参与其中，于是申请处理北方边疆事务。张居正对当时的情况有了一定的了解后，提出了"外示羁縻、内修守备"以防御为主的方针，"内修守备"的重点是加强北边防务，提高军事抗衡能力。为此

便相继起用在东南抗倭立下大功的谭纶、戚继光、王崇古、方逢时、李成梁等著名边将，主持蓟镇、宣府、大同、山西和辽东边务。并在积极操练兵马、提高军队战斗力的同时，大力加固增设城防，修筑明长城。戚继光于蓟镇边垣创建 1300 余座空心敌台，"下发火炮，外击敌贼，贼矢不能及，敌骑不敢近"。为了提高军队的战斗力，必须赋予军事将领"专断"的权力。于是张居正奏请明穆宗赋予边将更多主动权，大大提高了战守能力。张居正在加强战守力量的同时，又积极寻求改善蒙汉关系。

隆庆四年（1570），鞑靼首领俺答汗进攻大同，计划称帝。张居正闻悉俺答的孙子把汉那吉，携妻比吉和乳母的丈夫阿力哥共十几人请求内附，大同巡抚方逢时和宣大总督王崇古决策受降。鉴于此事非同小可，张居正写信，要王崇古立刻把详情"密示"于他。原来，俺答的第三个儿子死时遗一小孩儿即把汉那吉，把汉那吉长大娶妻比吉，后爱上姑母之女三娘子并再娶。然而，身为

外祖父的俺答也爱上了三娘子意据为己有。于是祖孙之间为一个小女子心中结怨，演出了失恋青年离家投汉的一幕。

张居正接到报告，再次写信给王崇古，要其妥善安排把汉那吉，并派人通报俺答："中国之法，得虏酋若子孙首者，赏万金，爵通侯。吾非不能断汝孙之首以请赏，但彼慕义而来，又汝亲孙也，不忍杀之。"（《张文忠公全集》卷二二《答鉴川策俺答之始》）然后，指授方略，要王崇古、方逢时奏疏皇上纳降。朝中很多人极力反对，认为敌情叵测。果然，俺答的骑兵如黑云压城至北方边境。王崇古早在居正授意之下做好战事准备并以其孙要挟，俺答终于妥协。张居正顺水推舟应俺答之求，礼送把汉那吉回乡，俺答则把赵全等叛臣绑送明室。把汉那吉穿着皇上官赐的大红丝袍回鞑靼帐幕。俺答见到非常感动，说以后不再侵犯大同，并决定请求封贡互市，和明友好相处。

所谓的封贡开市，是明朝政府和少数民族实力派之间的一种外交活动。主要包括三个内容。

一是封，就是明朝封少数民族头领为官；二是
贡，就是少数民族向明朝进贡一些土特产，明
朝则赐给一些金银财宝和日用品；三是开市，
就是在边境地区开一些商业贸易区，让两边的
老百姓做生意。和平地解决这件事也很难，从
蒙古人一方面来说，既怀疑汉人的诚意，而又
有些蒙古首领还习惯于通过侵略来找存在感，
俺答也未必能确保约束部下。在明朝这一方面，
首先要讲天朝的面子，不能随便答应少数民族
的封贡；其次既然俺答未必能约束部下，那么
封贡能否保障和平也就难说了。

蒙古方面，经过把汉那吉事件，俺答对王崇
古很信任，他答应约束自己部下的蒙古骑兵不再
入侵，并且接受封赏，向朝廷入贡。这就等于承
认明朝是自己名义上的大哥了。对俺答而言，停
止战争劫掠，依靠贸易去换回蒙古人必需的日用
品，本来也是个不错的选择。但是在朝廷这边问
题却相当大。热心为国的王崇古，骤然遭到这样
的压力，有些心灰意冷。

　　张居正给他写信鼓励说，封贡是安顿边疆的伟大战略，现在朝廷中一群庸人怀着嫉妒之心，只计较眼下的一点损害，而忽视长久的利益，企图破坏大业，辜负国家的高官厚禄，简直畜生不如！我张居正受了国家的厚恩，无可报答，一定不计荣辱，促成此事。

　　次年（1571）明朝封俺答汗为顺义王，俺答汗其弟、子及各部头目皆授以都督、指挥、千百户等官；又议定通贡互市条款，规定每年一贡，以二月为期，贡由小王子故道，贡马不得过 500 匹，贡使不得过 150 名。还先后于大同、宣府、延绥、宁夏、甘肃等近边地区开设马市十一处，互市贸易，与市人数年有增加。从此开始了明蒙几十年和平友好的局面，促进了蒙古右翼地区经济、文化的发展。

　　白莲教是民间历史悠久的一个宗教组织，经常反抗官府。朱元璋开国后，意识到白莲教的威胁，给予打击。嘉靖三十三年（1554），雁北地区白莲教主赵全等人率教民越境叛逃河套丰州地区，

依附俺答。他们以蒙古人为靠山，在边境修筑城堡，开种农田，俨然成为附庸王国。他们把一些先进技术传给蒙古，但并不调解蒙古和明朝的矛盾，反而怂恿俺答入侵明朝，还为他担任向导。这些叛逃的汉人建房定居，蒙人称其为"板升"，就是房子的意思。嘉靖末年，当地的汉人已经有五余万人，开发农田万顷，马牛十万头。在他们的蛊惑下，长城口内往往有整村人拖家带口前往。可以说，就是因为有这些叛徒的存在，才让鞑靼部落发展起来，成了对大明朝的威胁，所以，明朝中人对这些叛徒恨得咬牙切齿。

张居正此举，不仅平定了叛乱，还化解了一场有可能发生的战争。他用自己的智慧和谋略赢得了朝廷大部分人的肯定，尤其是皇帝的认可，这为他以后在朝廷站稳脚跟打下了一个很好的基础。

圣人智慧：

张居正的行为让明、蒙之间有了相互了解、相互认识的机会，这同样也为多民族融合奠定了基础。明、

蒙之间的互市，促进了两族之间的交流，更成了两族之间的一个缓冲地带。

穷剿海盗，遏止倭寇侵扰

明朝——中国历史上最伟大、最有名的朝代之一。最有名是因为有倭寇入侵。从洪武年到万历年间，倭寇之患几乎没有断过。甚至据《明世宗实录》记载，大明嘉靖三十四年（1555），有六十七名倭寇在浙江绍兴上虞登岸，竟然一路如入无人之境，一直进犯到南京城下，虽然最终被剿灭，但显现了其可怕的战斗力。

倭寇，很有特点、很有针对性的一个名词，它是明代在中国和朝鲜沿海地区出现的由日本武士、浪人和奸商组成的，并得到日本封建主支持和怂恿的海盗集团。当时倭寇的组成非常复杂，除了日本人之外，还掺入了中国人，而许多倭寇头子也是中国人，如汪直、徐海、陈东、麻叶等。

中国东南沿海本来是鱼米之乡，富庶乐土，经过倭寇的荼毒，很多地方十室九空，人口大减。如嘉靖四十年（1561），倭寇两次进犯福建宁德，如蝗虫一般洗劫杀掠，致使宁德一带上下三百余里，三年不见人踪，县城也废弃了。倭寇如此轻易攻到南京城下，不仅是倭寇自身战斗力强，还因为明军腐败软弱，当时的明军大多没什么战斗力，更毫无纪律性，面对倭寇往往一触即溃，甚至自相践踏，军官根本无法约束住部伍。

尤其是明朝中后期政治黑暗，嘉靖皇帝消极荒殆，奸相严嵩一手遮天，他的心腹赵文华等奸佞小人争功进谗，取得了战功的朱纨、张经、李天宠等将帅居然都被害死，名将俞大猷、汤克宽也差一点被处死，最终被降职。

等到精明能干的胡宗宪当上浙直总督，招安、消灭了倭寇头目汪直、徐海、陈东、麻叶等人，但形势并未根本好转。胡宗宪仍然需要一个真正会打仗的将军，一支真正有战斗力的新军队来彻底扭转战局。那就是一代名将戚继光和他"戚

家军"。

戚继光（1528 年 11 月 12 日—1588 年 1 月 5 日），字元敬，号南塘、孟诸，山东登州（今山东蓬莱市）人，祖籍濠州定远（今安徽定远县）。明朝抗倭名将，民族英雄，杰出的军事家、书法家、诗人。著有兵书《纪效新书》十八卷、《练兵实纪》十四卷本等著名兵书及《止止堂集》。同时，戚继光是一位杰出的兵器专家和军事工程家，改造、发明了各种火攻武器；建造的大小战船、战车，使明军水陆装备优于敌人；富有创造性地在长城上修建空心敌台，进可攻退可守，是极具特色的军事工程。

张居正之所以全力提拔戚继光，是因为看中了他的才能。张居正有识人之才，为了抵御海边的倭寇，他必须提拔一个自己的人，提拔一个得力的干将。张居正很早就开始了规划海防的策略，但是需要一个坚定有力、才能卓著的人来执行他的计划。所以张居正就看中了戚继光身上所具备的将领素质。

当时的戚继光虽然得到了巡抚胡宗宪的赏识，有一定的发展，但是对戚继光来说还不够，因为只有找到最大的靠山，自己才能将才华发挥到极致。很幸运，他遇到了张居正，一个很欣赏他的人，在军事上，张居正全力支持和信任戚继光。

嘉靖三十四年（1555）秋，戚继光调任浙江都司。翌年七月，升参将，负责防守倭寇出入频繁的宁波、绍兴、台州等地区。在战斗中，虽取得一些胜利，但因当地明军缺乏训练，战斗力差，经常发生部伍溃散事件。为此，戚继光亲到民俗剽悍的义乌募兵3000人，进行严格训练，很快练就英勇善战、名闻天下的"戚家军"。嘉靖四十年（1561）夏，倭寇又大举进犯浙江沿海，戚继光率领所练新军，在台州一带多次沉重打击倭寇，共毙敌近6000人；加上其他明军的胜利，浙江倭患很快肃清。台州大捷后，戚继光升任都指挥使，又到义乌募兵，把戚家军扩充为6000人的劲旅。

嘉靖四十一年（1562）七月下旬，戚继光奉命率部由温州入闽，支援福建抗倭。当时，福建的

倭寇集中在两大据点：一在宁德东北海边小岛横屿，一在福清境内的龙田。根据敌情，戚继光决定先打横屿，再攻龙田。八月六日，退潮时，戚继光率军对横屿之敌发起进攻，并亲擂战鼓，将士奋勇争先，很快杀退守在岸边的倭寇，胜利登上横屿；岛上倭寇妄图凭借所建木城顽抗，戚继光命士兵纵火焚烧，倭寇终于抵挡不住，四散逃命，被追杀340多人，被淹死600多人。戚家军仅用半天时间，歼敌1000多人，救出被掠男女800多人，一举收复被倭寇侵占达3年之久的横屿。

嘉靖四十二年（1563）二月，戚继光又赴义乌募兵万余人，然后率军入闽。四月十三日，戚家军再抵福清。这时，倭寇集聚在兴化东南的平海卫，戚继光会同俞大猷和广东总兵刘显，共商破敌之策，决定三路大军进攻平海，戚家军为中路军。

最后攻破敌巢，收复平海卫，共斩敌2451人，救出百姓3000余人，沉重打击了倭寇的凶焰。此后戚继光率军在福清、福州、连江、兴化等地沿海继续剿除小股水、陆倭寇。十一月，戚继光升

任总兵，负责镇守福建全省及浙江的金华、温州二府。同月，倭寇不甘失败，又纠集2万多人围攻仙游县城。十二月二十日，戚继光集中1万明军，组织反击。二十五日，戚继光大军先攻破南垒，随后各个击破，连克敌东、西、北三垒，歼灭大批倭寇。倭寇的攻城器械全被焚毁或收缴，取得福建抗倭以来的又一重大胜利。

嘉靖四十三年（1564）二月，在同安县斩倭寇千余。福建倭患暂告平息。翌年，戚家军入粤参加平倭，经过两年奋战，终于基本肃清东南沿海的倭患。

圣人智慧：

戚继光没有让张居正失望。他针对倭寇的战法制定出了一种特殊的鸳鸯阵，还采用分化瓦解的办法分化了倭寇的势力，将他们逐个击破，从军事上大明王朝已经取得了绝对性的优势。张居正和戚继光两个人的关系可以说是很密切的，通过二人之间的关系，我们不难发现，想要成功，就要有合适的下属，这个人一定要有忠心和能力。

第七章 厉行法治与整治漕运

明中叶以来法弛刑滥

"自古乱亡之国，必先坏其法制，而后乱从之。"一个国家的兴衰，往往可以观察其法制是否健全就能知道个大概。法制国家兴衰的重要性，这已经在历代兴亡的历史中得到过验证。

明代的法制也说明了这一点。"明太祖惩元季吏治纵弛，民生凋敝，重绳贪吏，置之严典。"在明朝的法制中，表现突出的是吏治。太祖朱元璋以刑戮与监察为手段，提出了"明刑弼教"和"重典治国"的立法思想。

公元 1368 年，朱明王朝建统后，在总结历史经验，特别是在吸取元朝亡国的历史教训中形成了一套具有封建社会后期时代特点的立法思想，提出了"明刑弼教"和"重典治国"，又以强调"重点治吏"为整个法律体系的显著特征。

所谓明刑弼教，就是通过法律的惩罚来使得百姓敬畏法律，遵守法律。这是对传统德主刑辅、

礼法合一思想的重大突破。在汉代，社会治理的基本指导思想是德主刑辅，即以儒家学说、道德教化为主，到了唐朝则强调礼法合一的思想。到了宋朝，理学家朱熹首先从礼法合一角度对"明刑弼教"进一步说明："故圣人之治，为之教以明之，为之刑以弼之，虽其所施或先或后，或缓或急，而其叮咛深切之意，未尝不在乎此也。"从明朝开始，把法律和礼教上升到同样的高度，通过法律的实施来进行教化。

朱元璋主张的"重典治国"在历史上很是显著，他曾经以总结历史的口吻对皇太孙朱允炆说过一段话："吾治乱世，刑不得不重。汝治平世，刑自当轻，所谓刑罚世轻世重也。"所谓世轻世重，意思就是根据社会情形来决定刑事政策的导向。如果是太平盛世，刑法自然要宽松，而如果是乱世，则不得不用重刑。开国之初，政局不稳定，社会的治理必然要采取重刑，但是到了政局稳定之时，则应采取轻刑的刑事政策。了解明朝的人都知道，明朝法制特点以吏治为核心。这是

因为朱元璋出身下层，对于官员盘剥欺压百姓有着切肤之痛。所以朱元璋当了皇帝之后，十分注意打击贪官污吏。他的这个执政理念实际上也体现在他所缔造的法律制度之中，比如《大明律》的制定。

作为明朝的基本法典，《大明律》是明太祖朱元璋命大臣参照唐律并总结明朝建立后三十年间立法和司法的经验制定的。《大明律》除第一篇仍为名例律外，其他六篇则按六部设目，形成了以名例、吏、户、礼、兵、刑、工七篇为构架的格局。这一变化，与明朝取消宰相制度，强化六部职能的体制变革相适应，表明了法律与政治制度紧密的联系。

除了《大明律》之外，朱元璋特创《大诰》作为明初的刑事特别法。在明朝法律实践中，实际上采取了重典治国思想，用严厉的刑罚来惩治官员，突破了《大明律》，在实际中拥有更大的影响。"大诰"之名来自西周周公东征殷遗民对臣民的训诫《尚书·大诰》。朱元璋将其亲自审

理的案例加以整理汇编，并加上因案而发的训导，作为训诫臣民的特别法令颁布天下。

明代中央一级掌管司法事务，即所谓的"三法司"。原规定是刑部、都察院和大理寺。"刑部受天下刑名，都察院纠察，大理寺驳正。"也就是说，重要的案件先由刑部主审，都察院负责详议平允，再送到大理寺复审，达成统一意见后，奏请皇帝最后审定。这样规定的目的，为的是三法司相互牵制，又可以防止相互推诿。但是这样的架构，会形成职权交错、相互踢皮球的现象，最后无法保证执法准确和司法公正。

要知道，封建社会实行的是君主专制制度，皇权凌驾于国家法规之上，司法权必然依附并服从于军权。皇帝可以直接绕过司法机构，使用非司法人员干预或者强行审判，由皇帝直接指挥和控制，置法律于度外。在明代，这样的机构比如说东厂、西厂、锦衣卫等特权部门。这些都是由皇帝直接控制的，权力大于法律。

对这种极不正常的机构以及产生的极坏的影

响，一般官民可以说是敢怒而不敢言。对这样的朝局现象，也有人寄希望于嘉靖新政，希望对包括司法工作在内的诸多弊端做出整顿，但是嘉靖皇帝沉迷问道，集中精力以议"大礼"，没有时间顾忌黑暗司法体系带来的后果。由于对锦衣卫的重用，"诏狱"的凶焰恐怖更胜前朝。

可以说，明朝前期，对"重典治国"很是有效，镇压了天下贪污腐败的官吏，让社会出现了光明，但越是到后期，司法系统和特务机构的初衷变得越加黑暗，这是一种时代的倒退，也是一种人性的黑暗。在这样的环境下，国家越来越腐败不堪，人们的生活也就越来越黑暗，司法机关已经失去了它应有的作用。如果想要改革，就必须清理淤积百年的污垢，重现"重典治国"的举措。这也是万历新政中，张居正首先处理的事情，之所以他的改革是成功的，也是失败的，就是因为，他的"重拳"已经打疼了当时的上层社会，打破了百年的"规矩"，虽然有了一丝的清醒，但是清醒过后就是愤怒，最后张居正去世还要遭受一次

"清算"，这就是一种本能的反应。因为"疼"，清醒了一会儿，然后继续"沉睡"直到灭亡。这就是明朝中后期的历史过程。

圣人智慧：

简单来说，张居正的改革就是给了想继续沉睡的大明一巴掌，大明被打醒后，清醒了片刻（也就是几十年）然后接着睡到死亡。张居正的十年改革，换来的是大明被打醒后的怒火，所以张居正死后会遭到清算。张居正被后人所称赞，就是因为他以一己之力挽救了大明，延续了大明几十年的气运，因此，功不可没。

法一律恒，有法必依

中国的封建专制主义体制从秦汉以来到明末，已经延续了一千六百多年。它本身不仅有创立和完善的过程，而且在不断地加强和削弱的反复震荡中发展。发展到明朝，政治上的集权达到前所未有的强度，废除宰相、设内阁、重用宦官、把

封建专制主义发展到了极致。明朝后期嘉靖到万历年间，这是国家多事之秋，也是整个封建制度走向没落的时代，社会矛盾突出，草译祸起，民不聊生，国家统治岌岌可危。

然而，这一时期著名的政治家张居正的法律思想和改革对这一历史时段产生了特殊的作用和意义。嘉靖年间，嘉靖帝自谕与汉文帝相媲美，崇善黄老，提倡无为而治，长达二十年不上朝理政，以致朝廷大权旁落，"纲纪坠落，法度陵夷"，边防松弛，宦官专权，官吏腐败，国库空虚，土地兼并，流民四散，草译祸起，鞑靼进犯，土司叛乱，倭寇骚扰，民不聊生。

张居正以其非凡的洞察力和智慧，认识到朝廷危机。张居正主张朝廷必须把权力高度集中起来，由君主"总揽乾纲，独运威福"，用法律、法令来规范天下，果断地推行各项政策法令，使之即使远在万里以外，也能做到早晨下达而晚上实行，从而达到加强君主专制的权威和国家统一管理的目的。加强内阁对六部的控制，解决六部

之间彼此争权、互相推诿、经常发生掣肘或冲突的问题，采取从六部到州、县长官，实行一层一层控制的办法：大权集中于内阁，使之成为名副其实的政治中枢。

张居正一直将厉行法治作为执政的重要一环。在当时，他一方面要面对律例繁杂，官吏随意判定轻重、借法谋私、迫害无辜的现状，迫切需要对百年间颁布的法律条款进行删选，确立统一遵守和执行的准绳。另一方面，他又必须坚决取缔滥用职权，同时纠正刑罚的偏向和放弃镇压邪恶的法律功能的片面观点。

他曾经提出君主要亲自总揽法纪刑赏之权，强化君主诏令的绝对权威，还要严明法制，并强调严明法制是强化君威的制度保障，而严明法制的关键是执法公平无私，不偏不倚，要做到"法所当加，虽贵近不宥；事有所枉，虽疏贱心申"。张居正主张用法律、法令来规范天下，果断地推行各项政策法令。如严格实行"考成法"，加强内阁对六部的控制，实行一层一层控制的办法。

严格的考察，论定功过，给予恰当的赏罚和黜陟，触犯刑律，必须明正其罪，执法不贷。张居正提倡的法治，主要是用来约束和规范统治阶级内部的组织行为，打击其不法现象，触动了最腐朽、最黑暗的社会势力，并一定程度上同情和保护了广大劳动人民，比一般把镇压百姓视作首务的地主官僚更具先进性和进步意义。

张居正十分强调法的严格执行，"盖天下不难于立法，而难于法之必行；不难于听言，而难于言之必效""臣不行君之令而致之民，则无法"。他明确指出当时有法不依、执行不公的原因：一、病在积习，人们对当时的社会现象习以为常，需要加以改变；二、病在纪纲，天下之势，上轻下重，运之不易；三、病在议论，每兴一事，众议纷纷，而无一定见；四、病在名实，官吏优良贤否与赏罚不一致。这是当时张居正总结下来的四大有法不依的原因，如果想要解决这几点问题，那么就需要对官吏的综核考量的法律，那就是考成法。万历五年（1577）十一月，有48个各级官吏，被

一次性勒令致仕，即强迫退休。于是，纪纲不肃、法度不行、上下姑息、百事推诿的状况大为改观，帝国萎靡不振的官场"中外凛凛，毋敢以虚文支塞"。

张居正依据旧制而更新的法律，虽然严厉，但是对当时的大明王朝很有帮助，通过他的执行力度就可以看出，他在执行法律的过程中不考虑人情，一切以法律为准绳。"法一律恒，有法必依"，讲究的就是法律法规的执行程度，有法必依，才能更好地阻止大明王朝衰败的趋势。

为了有效地推行法治，张居正非常重视甄选和任用有执法才能的官员。当时，曾尝试在原有的部分御史和官员试用，本意是为了让他们从司法工作中得到实质的锻炼，以便从其中选出优秀的、能胜任审判的官员。但是实际效果不是很好。张居正甚至亲自批示一批官员的司法考试的试卷，可见他对司法的重视，这是历任首辅所未见的。

圣人智慧：

张居正将"法"看得非常重，他认为"法"是

其改革中最为重要的一部分，也是其改革成功的基础。我们现在讲的"有法必依"，也能很好地说明法律对人们的生活的重要性，这是一条准绳，是行为或者心理的一条线，遵守适度的法律条款，不仅会让人民的生活更加充实，同时对国家的管理和稳定也起到了很重要的作用。

明刑执法，注意慎刑

中国古代法家思想之一，是运用严酷的法律手段治理国家。"重典治国"在各朝不同时期备受统治者青睐，成为统治者治理国家强有力的思想和工具。"重典"发挥的阶段性效益对维护统治具有很强的吸引力，统治者可将其作为改变行使统治权不利局面、寻求优化时的博弈行为。"重典"在短期确实可起到极大的积极作用，然"重典"的最初作用力越强，其受用波及越广，影响便越深，停滞症状维持时间便较长久，危害越大。专制制度使统治者权力过大，没有有效的监督制衡体系，

使得统治者可以为所欲为，肆意妄行，逾越了法律制度和社会准则。张居正依据"旧制"，根据当时的社会和政治状况改善了"重典治国"的理论，吸取其中的有利观念，结合当时的实际情况，对当时"政局"的腐败混乱，实行"从严执法"的改革措施。

从严执法，必然会引发对官僚的冲击。原本负责监察和司法工作的官吏，总是从本身的仕途得失考虑，为了顺利升迁，地方上出现了刑事案件后，害怕受到牵连和处分，为此故意纵容犯罪，大事化小，小事化了。大部分官吏为了自己的前途，不会管百姓的疾苦。特别是巡抚、巡按御史等官，最不愿意在任期出现刑事案件，尤其害怕出大事，总是以隐瞒推诿，或欺上瞒下了事。

张居正认为，导致人民饥寒交迫、聚众闹事的原因，是巡按御史未能及时镇压，这是重大失职，必须予以惩治制裁。对血腥镇压，张居正固执地认为，这是皇法所不容的。他主张"盗者必获，获而必诛"，要求各级地方官"尽法处之，不可

纵也"。为此，张居正一再严词申斥，甚至断然罢免为一己之私谋利的官员，追究他们的法律责任。认为只有从整饬着手，才能达到"法纪渐张，根本渐固"的目的。

对于历史上的法家，以及明代的张居正，往往会让人以为他们以法御天下的思想存在一些误区。其实，法家之所以严与刑罚，疾雨法令，其终极的目的正是为了最大限度地减少刑罚。张居正之所以使用法家的理论，并在执政后操切而力行之，也是为了大力树立法律权威，以求在最大限度内消除犯罪。"法以画一可守，令以坚信而不移。"鉴定有罪还是无罪的标准，区别刑与不刑的不同，正是为了以严格执法来威慑邪恶。

作为践行法家理论的张居正，他一向以法治国，正视立法，以法为准绳，认真执法，上下严格遵守。在执法过程中，严格律己，保证法律的公平公正，绝不能暴力执法。他反对在施政中采用残暴酷烈的镇压手段。张居正以法家思想为宗旨，反对非法暴刑，正是坚定的维护法家"准绳

不可以不正"的理念。张居正的严格执法，不同于明朝的东厂、西厂及锦衣卫的行事作风。他的法，体现了法家的重法明刑，不容假借。综观张居正执政期间，一直重视法司，而将锦衣卫等特务机构均置于自己的控制之下，为的就是避免他们滥用私刑。

张居正主张及时行刑，同时也反对滥同刑罚，主张慎重。每年终审，经他裁定，奏请处决人犯的数目。万历初年（1573），全国上报死刑人犯千余名，经过三法司复审，然后在经过内阁终审，最后减免了很大一部分。万历四年（1576），实际批准行刑的只有54人。万历五年（1577），应处凌迟、斩等刑罚的犯人共有227人，最后经过严格审查，才下令处决37人。在他柄政期间，经他审定，然后奏请正法的犯人，最多一年也只有二百多人。由此可见，应杀和实杀之间的差额很大。张居正强调的明刑执法，真正的用意并不在于杀多少，而是以杀震慑的成分居多。

对可杀可不杀的人犯，张居正一直都强调，

必须先认真弄清楚案情，再做定夺；对案情复杂，一时难以决断的，宁可先羁押，也不能草率处决；对证据不全不实，或受株连的人，则主张"罪疑惟轻"，开启可生之路，等等。由此可以说，张居正不仅具有较高的法学素养，还对错假冤案有高度的防备和警惕，不遗余力纠正。

在朝议中抗言力争执法从严，却在司法中对判刑处罚表现出来的审慎，两者之间，似有矛盾，其实是统一的。张居正正确地理解了法家学说的真谛。仅是将重刑作为一种手段，用于达到"无刑"和"止杀"的目的。判刑的宽严，杀人的多寡，完全可以根据形势的变化而变化。尤其在掌握绝对权力的时候，大力推行法治，着重强调慎刑。片面强调和执行重刑，排斥教化，甚至杀戮过当，都会引起社会矛盾的激化，导致众叛亲离的结果，历史上这样的教训有很多。强调法治不等于多设冤狱多杀人。张居正在司法问题上，因事因时，比较巧妙地使用两手政策，反映出他政治上的成熟。

圣人智慧：

　　法律，是一个国家维护社会稳定的重要依据。当法律失去约束效果后，国家就会陷入混乱，人们就会变得无法无天，做出危害他人安全的事情，甚至会导致国家的不稳定。"依法治国""法治社会"中都有一个法，而这个法，在太平时期就是一种对人们的心理约束制度，但是到了国家濒临消亡的时候，就是一击重锤，帮助国家清理"淤泥"。

明代前期漕运的演变

　　明代的财政赋役制度中，漕运具有特殊重要的地位，因为它关系着国家的经济命脉，漕运的畅通或者停滞，对国计民生有着直接的重大影响。

　　所谓漕运，就是利用水道（河道和海道）调运粮食（主要是公粮）的一种专业运输。方式有河运、水陆递运和海运三种。这种粮食称漕粮，漕粮的运输称漕运。

　　历代漕运保证了京师和北方军民所需粮食，

有利于国家统一，并因运粮兼带商货，有利于沟通南北经济和商品流通，但它又是人民的一项沉重负担，运费代价过高，尤以漕运徭役，征发既众，服役又长，以致失误农时，故亦有众多弊端。漕运起源很早，秦始皇北征匈奴，曾自山东沿海一带运军粮抵于北河（今内蒙古乌加河一带）。汉建都长安（今陕西西安），每年都将黄河流域所征粮食运往关中。联结黄河、淮河、长江三大水系，形成沟通南北的新的漕运通道，奠定了后世大运河的基础。

朱元璋缔建明王朝，起初因为建都于南京，故经济中心和政治中心基本一致，可以就地征调赋税以满足财政需要。为了抵御和扫荡元蒙残余势力，虽然一度采用海运的方式运粮以供北防大军使用，但是所需用量，已从元代的三百多万石降到六七十万石。到洪武三十年（1397），因边军屯取得成果，军粮可以自足，便停止了海运。后来，因为朱棣篡位成功，他将首都迁到北京，由此恢复了经济和政治南北分离的局面，为此，

疏通了南粮北调所需的网道，建立了漕运仓储制度。明代漕运发展到一个新阶段。明初承元之故，以海运为主，河、陆兼运为辅。一由江入海，经直沽口至通州，或径往辽东；一由江入淮、黄河，自阳武县陆运至卫辉府，再由卫河运至蓟州（今天津蓟州区）。江南漕运，则由江、淮运至京师南京。以承运者而言，海运为军运，余皆民运。永乐年间因迁都北京，粮食需求日增，而海运艰阻，遂整治大运河，即从杭州湾通往北京的漕河。其办法：一是疏浚会通河，造漕船三千余只，以资转运。二是在运河沿岸淮安、徐州、临清、德州和天津五处建置漕粮仓库，亦称水次仓。

　　漕运方法历经改革，在明代趋于完善，计有：

　　①支运法（即转运法）。永乐十三年（1415）漕运总兵官推行。规定各地漕粮就近运至淮、徐、临、德四仓，再由运军分段接运至通州、北京。一年转运四次。农民参加运粮即免纳当年税粮，纳当年税粮则免除运粮，其运费计算在支运粮内。民运的比重约占支运的四五成。

②兑运法。宣德五年（1430）推行。各地漕粮运至淮安和瓜州，兑与运军转运；河南于大名府小滩兑与遮洋总海运；山东则于济宁兑与军运。军运的费用由农民承担。

次年，始定漕粮"加耗则例"，即按地区的远近计算运费，随正粮加耗征收，于兑粮时交给官军。起初兑运与支运并行，其后兑运渐居优势。

③改兑法（即长运法或直达法）。成化七年（1471）漕运都御史滕昭推行。由兑运的军官过江，径赴江南各州县水次交兑。免除农民运粮，但要增纳一项过江费用。成化十一年（1475）改淮安等四仓支运粮为改兑。自此，除白粮仍由民运外，普遍实行官军长运制度。

南北漕河长达三千余里，途经浙江、南直隶、山东、北直四省。除了运输指定的漕粮外，还形成了贯通我国南北的重要交通运输线。每年有粮船一万一千七百多艘，官军丁役十二万多人，以及民商船来往于其间。南方的稻米、丝绸等可以供应北方；而北方的棉、麦、豆、煤等也

可以销往南方。这样，漕河的功能具有了沟通南北经济的作用，这就导致沿河两岸兴起了不少工商业城镇。

　　为维持漕运，国家规定漕粮全征本色，不得减免，严格限制漕粮改折。只许在重灾、缺船或漕运受阻等严重情况下才实行部分的改折，折征时正、耗各项合计在内。漕运的费用由粮户承担，包括运费、运军行粮及修船费等，均按正粮加耗派征。由于漕政腐败，各级官府贪污聚敛，加耗杂派层出不穷，农民的负担极为苛重，通常为正粮的二三倍，甚至四五倍。承运者无论民运或军运，都是繁重的徭役。农民被佥点应役，荒时废业，艰苦万状，又遭风涛漂没，官吏勒索，势必负债赔纳，甚至家破人亡，被迫纷纷逃亡和反抗斗争。一般运军下层，亦遭受同样的苦累及长官的克扣，不断出现逃亡现象。

　　张居正鉴于历代漕运出现的问题进行了适当的改革，他认为每年的赋税都在开春后发运，那时水患严重，不是河水冲堤，就是河床干枯，就

让漕运在十月起运，到来年年初全部运完，这样可以减少水害。此方法让中央仓库的粮食装得满满的，足够十年之用。最后张居正提出修筑水利设施，任用著名水利专家潘季驯修治黄河、淮河，使黄、淮分流，减少水灾。

圣人智慧：

"水能载物"，从古代开始就被人们所重视，利用水运来完成一些事情，水运成了沟通国家经济和政治的重要运输方式，通过每代人对漕运的开发和管理，渐渐地，水利工程被各个朝代所重视，水利问题也成了每代朝政中的一项重要政策。因而历史上出现了很多有名的治水能臣，由此可见，水利工程历史悠久。

修订规章，严厉整饬漕政

"漕运"一词主要是指通过京杭大运河将江南等产粮之地的各种物资运往北京，以满足封建王朝统治阶层物质需求和北方经济社会的正常运

行，也有学者认为，广义的漕运还包括陆运、海运。"海运"则仅指狭义的海路运输，即通过长江出海口、淮安等地将江南富庶地区的粮食、物资经海路运往天津港，再经过陆路运至北京。明朝初年，最高统治者继承元朝的旧例，实行"河海兼运"的政策，但不久于永乐十三年（1415）罢海运、陆运而专营河运。明中后期，漕运积弊严重，海运有漕运不可比拟的巨大优势，然而，嘉靖、隆庆年间一度出现复海运的争论最终不了了之，到万历六年（1578）尘埃落定，明代最终由海洋走向了内河漕运。

明代中期以后漕运制度败坏，有自然因素，也有人为因素。如运河受黄、淮两水冲击，堤坝崩决，运道淤涸等自然原因；无论在漕政体制和规章制度方面，或在执行纲纪方面，长期以来都表现出不切实际和严重废弛的问题。因此，从隆庆元年（1567）开始，便着手进行整饬，直到张居正全面柄政开始，更是对其加强整饬力度，有效地扭转了漕政的弊端。

隆庆和万历年间，对漕运制度的修正，从以下几个方面进行：

一、严查漕运官兵在押运过程中的各种徇私舞弊的行为。

隆庆期间，遇到违法乱纪的官员，一律逮捕抄家。万历时期，对犯事的官军，不论得赃多少，一律发边关充军，再变卖家产抵偿。地方官吏有串通者，从严处理。同时接受地方官民的举报揭发，均给予银两回报。对因为自然灾害造成的损失，小事由本船各军分摊赔偿，大事则由所属分担，这样一来，漕总之下分属各卫组成的船帮对本卫本帮属下各船，均应负连带责任。同时不允许其他卫、帮分赔，其目的在于分明责任，避免株连。万历年间，更是在法律上对各级官兵如索要陋规常例，采取各种借口以敲诈兵役等，给予降级、发配边疆充军等处分。

二、加强漕运方面的人事管理。

隆庆后期规定：漕运官务必如期率船队前进，违者严罚降黜；河道官务必清理运道，加固堤坝，

保证船队顺利航行；沿岸自巡抚到县官必须逐站催促，如有延误，分别论处。隆庆五年（1571），因大批漕船未能按时入闸，总督漕运都御史、漕运总兵、漕运参将等三人，皆受到停俸戴罪的处分。万历六年（1578），淮安府通判、淮安水利道因治河不利，被张居正处以停职法办处分。同时授予河道总督潘季驯撤换和举劾属官的权力。待张居正柄政后，更是将漕运官员进行考察，纳入"考成法"。

三、完善各种管理措施。

隆庆六年（1573），张居正上台初，便采取了一系列健全漕运的措施。比如，为了避开每年三四月的黄河泛滥的汛期，以及七八月断流的影响，改定漕运的行程日期，船队提前一个月开帮过淮。嘉靖时期为三月分别过淮，万历改成二月。之所以改行程时间，是为了和自然情况打一个时间差，避开河道中的危险时段。此举一出，果然收到了很好的效果。万历元年（1573），总督漕运都御史上奏："漕运三百一十万一千五百石一

斗，尽数过洪。去岁三月过淮以为早，然尚有闰月，漕政更新，大计修整。"如果不发生异常的气候水情，不发生要害堤坝的溃决，此举措自能发挥重大的功效。如果要改为二月过淮，那么对于收兑、储运、修船、开帮、入库等环节都要提前安排。因此，对沿途官员的要求更为严格，不许逾期，不许挂欠，全力保证运河通畅。如能按时完成任务，各卫所担任漕运的军官，可被推荐为运官。这样带有督查考绩的规定，让漕运有了一定的起色。

四、改变漕运管理体制。

改革前，漕运体制中，存在一个职权交错、政出多门的问题。自景泰以来，既设有漕运总督，又设有河道总督，二者各成一体，但是往往因为意见不统一，相互之间踢皮球。万历五年（1576），张居正毅然将河道与漕运两个系统合并，主官的职衔为总理河槽，提督军务，兼带都察院都御史之衔，这样，就将河道和漕运方面有关的业务范围放在了一起，权力更加集中，效率大大增加。同时，又有举劾沿线官吏的权力。授予应有的权

柄，解除其掣肘，有利于效力奏功，这也是张居正一贯的用人之道。

圣人智慧：

漕运一直都是古代封建王朝治理国家避免不了的一项"国策"，运用有名的水利专家治河，也只能保一世太平，但是对漕运制度的修整可以最大限度地保证漕运的通畅运行。张居正也是看到了漕运制度的腐败才花费大力气去改革漕政制度，这也是为了更好地保证国家经济不出现偏差。

胡雪岩

中国古代智慧人物

陶红亮　主编

中国出版集团　现代出版社

图书在版编目（CIP）数据

中国古代智慧人物 / 陶红亮主编 . -- 北京：现代
出版社，2022.2

ISBN 978-7-5143-9733-8

Ⅰ．①中… Ⅱ．①陶… Ⅲ．①历史人物－生平事迹－
中国－古代 Ⅳ．① K820.2

中国版本图书馆 CIP 数据核字 (2022) 第 029270 号

中国古代智慧人物

主　　编	陶红亮
责任编辑	裴　郁
制　　版	冰河文化
出版发行	现代出版社
地　　址	北京市安定门外安华里 504 号
邮政编码	100011
电　　话	010-64267325　　64245264（传真）
网　　址	www.1980xd.com
电子邮件	xiandai@vip.sina.com
印　　刷	三河市元兴印务有限公司
开　　本	880mm×1230mm　　1/32
印　　张	15
字　　数	554 千字
版　　次	2022 年 5 月第 1 版　　2022 年 5 月第 1 次印刷
书　　号	ISBN 978-7-5143-9733-8
定　　价	99.80 元（全 2 册）

前言

胡雪岩（1823—1885），先后经历了清朝道光、咸丰、同治、光绪四朝。他以钱庄学徒的身份，通过用心经营，创造出中国商业史上的一个奇迹。俗话说"时势造英雄"，胡雪岩身处的时代，正是中国历史上最屈辱的时期，清政府的处境内忧外患，民主资本开始萌芽。胡雪岩就是在这样的环境下纵横于商场、官场、江湖之间，获得过"红顶"的殊荣，可谓富可敌国。

胡雪岩之所以有此成就，从他个人的角度说，他有着独特的商业嗅觉和商业谋略，他用心结交各方势力，以此来为自己的商业帝国服务。胡雪岩就好比战国时期的孟尝君，官场势力、商场势力、洋场势力、江湖势力、民间势力就可以看成其众多门客。他们之间相互扶持，有了这些势力做后盾，既能在关键时刻化险为夷，也能在乱世中立于不败之地。

胡雪岩一生为善，开设药铺惠及天下，对待朋友、员工真诚用心，开设典当行方便百姓，投资丝绸行为使小农经济承担风险。他的一生中除了"利"，重要的是有"义"。他之所以成为商业史上的一个传奇，就是因为他活得很有价值——利国利民。虽然晚年惨淡离世，除了外部环境因素外，最主要的就是心地太过善良，对邪恶太过包容。

本书根据胡雪岩相关真实事迹加以改编，就是为了让读者更好地了解胡雪岩的一生，学习他身上的优点，重视导致他最后结局惨淡的缺点，客观地阐述关于胡雪岩的经商为人之道。胡雪岩的一生不仅阐述了中国传统经商之道，更存在一种激励人们奋发图强的精神。希望读者可以从中获得人生的启迪，完善自己的价值观和人生观，汲取一代商圣的成功智慧，为自己加油。

目录

第二章　做人做事以诚信为本

第三章　圆润变通方为处世之道

第一章 立志高远敢想敢为

志向高远才能商场辉煌

衡量一个人的成功，不在于你的学历有多高，也不在于你有多少学识，更不在于你多有钱，最重要的是要有一定的眼界和大局观。一个人的成功，和眼光有很大的关系。只有志向远大并愿意付诸行动的人，才会有机会获得成功。

晚清时期有一位"红顶商人"，他叫胡雪岩，他的眼光就看得很长远。出身贫寒的他，在短短的一生中创造了中国商业史上的一个奇迹。他的出身，让他可以更好地适应所处的各种环境，商场、江湖、朝廷庙堂之间肆意纵横。清政府授予他戴红顶、穿黄马褂的殊荣，可以说是商人这个职业在清朝二百多年来的历史中的唯一。

胡雪岩的眼光是不是长远，重点可以看他做过哪些事情。比如胡雪岩全力帮助左宗棠西征这件事，也是胡雪岩的辉煌事件之一。在左宗棠西征这件事上，胡雪岩起到的作用在于保障了整场

战争的后勤工作，所谓"兵马未动，粮草先行"，可以看出后勤保障对一支军队或者一场战役的重要性。这件事本来就有很大的风险，赌对了，喝酒吃肉；赌错了，血本无归。然而，胡雪岩这个人的胆量实在很大，虽然他知道这件事的成败，不仅关系到左宗棠的仕途，同时也关系到自己的命运，但他还是去做了。

作为平叛战乱的统帅，左宗棠的主要精力都放在了军务上，后勤工作自然要托付给自己的得力亲信，正好身边有胡雪岩，他既有谋略，又有胆识，最重要的是对左宗棠忠心耿耿。胡雪岩为了帮左宗棠筹集西征的粮饷，不惜几次代表清政府向洋人借款。虽然他也知道其中的风险，但是他同样也知道，只有自己的靠山在朝廷的位置得到了巩固，进而才能帮自己巩固商业地位，这也是胡雪岩聪明的地方。经商不仅仅是商场的事情，同样也受官场的影响，商场、官场是紧密相连的，"朝中有人好办事"，说的就是这个意思，官商合作不一定都是坏事，做起好事来，所产生的正

能量对国家来说利国利民。胡雪岩和左宗棠的配合就很好地为"官商合作"正名。通过二人的配合，平定了叛乱，消除了国家的隐患。

"做天下人的生意"这样的经商思想，是很多商人的终生目标和愿望，但是真正做成的却寥寥无几。但胡雪岩就做到了。虽然只有短短的几十年，在历史的长河中，也就是昙花一现，可就是这样的昙花一现，对一个人来说，足够了。不是吗？

胡雪岩眼光敏锐，头脑清晰，处事果断，眼光长远，虽没有多少学识，在一些人的眼中，就是"土包子、泥腿子"一般的人，但是通过自己的努力，最后走上了巅峰。之所以没有落个善终，除了自身内在的原因，更重要的是当时的社会环境。时势造英雄，同时也会毁英雄。不管怎么说，胡雪岩的一生是一个传奇，从他的身上可以看到一个人想要成功，需要具备怎样的品质。胡雪岩的所谓的眼光体现在哪些地方？这些都是需要我们细细品读的地方。

胡雪岩一生利用各种势力为自己经商服务。在他看来，只要对自己商业计划有利的力量，他都会勇于争取。他看得很明白，人生活在世，面对复杂的社会势力，需要的是面对，而不是逃避。对社会上各种势力，他都可以做到精心栽培、用心经营，这也是他能发家的外在因素。

胡雪岩经常对下属说："天下的饭，一个人吃不完，只有联络同行，要他们跟着你的步伐。"他认为，商场唯有合作才能共赢，个人做得再优秀，也不会长久。从这点就可以看出，胡雪岩的眼光是多么深邃，看得又多么长远，甚至看透了商场的本质。同时，胡雪岩的眼光还有："做大生意的眼光，一定要看大局。一省的眼光只能做一省的生意，拥有看待天下的眼光，就可以做天下的生意，甚至可以不限地域，做到全世界。"想一想，在那个年代，一个拥有这样的经商思维的人，能不成功吗？

综观胡雪岩的一生，他的价值不仅体现在经商只为满足自己的私欲上，更将一个优秀合格的

商人的本质体现得淋漓尽致。他懂得钱财的真正价值：富而不忘本，经商不忘忧国，行大义，济困扶危，扶助洋务，救亡图强，经商的同时，也不忘为国家做贡献。

正是基于种种原因，胡雪岩才能将自己的生意做大做强，涉及的产业众多，地域之广，生意遍及天下角落，最终建立了自己的商业帝国。

胡雪岩从一介布衣做到人生的巅峰，可以说，他的经商之道，体现了中国传统经商文化的精髓，其中有些哲学思想沿用至今。如果了解过他的生平，你会对他有一些不同的见解，甚至对于他的有些做法感到气愤，但是他做了一个商人该做的事，从百姓和国家手里聚积的财富最后又都还给了国家，只可惜他的结局十分悲惨。

圣人智慧：

胡雪岩的一生可以说是辉煌的，他能成为这样的一个人，最重要的在于他自己的内心想法，他聪明，才思敏捷，精于算术，同时心怀天下。这样的人，在一些外因的促使下，走上了人生的顶峰。

冒别人不敢冒的风险

经商，风险是很大的，成功的商人都是冒险家，只不过所承担的风险有大有小而已。胡雪岩的胆识达到什么样的程度？有一次，王有龄来找他，说朝廷因为太平天国之乱，导致国库空虚，准备发行宝钞。何为宝钞？相当于现在的人民币。但是，在当时的社会环境和人民的意识中，只有金银才是畅通无阻的货币。人民对宝钞产生很大的怀疑。但是朝廷下了狠心，强行推广，每个省都定下了配额。

浙江巡抚因为省城各家大钱庄无人认购，就约了王有龄，请求他代为帮忙。王有龄只能向胡雪岩请教。胡雪岩详细地询问了发行宝钞的数量、目的，以及朝廷的意思，心里有了谱。在胡雪岩看来，宝钞的发行，重点在于"不信任"上，持有宝钞的人急于兑换成现银。思来想去，问题实际还是出在官府身上。发行宝钞的目的是充国库之急需，自然使用宝钞的人首先是官府。其中最重要的是

与作战有关的地方，比如军营。只要军营没人强行兑现，流落到民间的那部分，整个浙江加起来，自家的钱庄现有银两足以支撑。从此可以看出胡雪岩看问题的角度是多么深刻，对单独一件事来说，看透它的深度就能很好地处理这件事了。

胡雪岩因为有山西票号的先例，对宝钞有详细的了解。他认为，这是一个千载难逢的好机会，于是他让王有龄约了巡抚书办，请求书办草拟一文。胡雪岩提出了两点：一、与浙江有关的粮食采购、军械供应都由他本人来办。二、省内各项库粮押解、官府度支，都经由阜康账号。不出两个月，批文下来了，不仅同意了胡雪岩的条件，还特意指示，把江南大营的全部采办也交给胡雪岩一人。

这样一来，从一地的调度到另一地的调度也就只需在账面上划拨即可。这就将强兑现银的危险除去了。慢慢的宝钞因为胡雪岩在整个浙江省有了信誉。由于省内各项度支都经过阜康账号，阜康的账面暴涨，整体结算下来，一共有

二百五十万两的记录。

　　从以上来看，胡雪岩的成功不是虚谈，宝钞的作用对当时社会来说是一种未知，民众对新鲜的事物都会存在恐惧。当时很多大的钱庄都不敢接宝钞，没想到错失了良机。机会总是留给能抓住它的人，宝钞这件事对其他人来说是魔鬼，人人敬而远之，胡雪岩却不这样看。通过他对宝钞的认识，加上对当时社会的了解，他看到了宝钞背后不一样的机遇，于是他成功了，将自己的钱庄事业往上提了很大的一步，同时也让官府看到了他的价值，这对一个商人来说，就是财富。

　　香港首富李嘉诚，不也是看重房地产的前景，在没有人看好的情况下，先一步运作，最后成就了他的商业帝国。眼光和胆量，对一个商人的成功，缺一不可。冒他人不敢冒的风险，成就无人睥睨的成就，这就是胡雪岩的一场理性的豪赌。有人说，经商在一定的程度上就是赌博。没错，这种赌，赌的不只是钱财，还有一个人的胆识和决断。成功的人，除了必不可少的努力外，胆识、眼光

和运气都是必不可少的。没有成功，也不要气馁，至少经历过、尝试过，积攒一些经验，这也算是丰富了自己的阅历，人生也是很精彩的，不是吗？

风险这个东西怎么说呢？现在做什么事情都是有风险的，做股市，需要承担风险；做生意，也是需要承担风险的，就算是以前的"铁饭碗"，现在也没有了。风险在大部分人的眼中是恐慌、是灾难，但是在少部分眼光独特的人眼中，这就是机遇，就看你能不能很好地抓住。冒他人不敢冒的风险，需要面对的不仅是内心的压力，同样也要承受外界的压力，只有内心坚定的人，才能挺过来，风雨之后，必会见到彩虹。

圣人智慧：

胡雪岩的一生都是在冒险中度过的，独揽宝钞是在冒险，帮左宗棠借外债也是冒险，甚至团结行业与洋人对抗同样更是冒险。他的这一辈子都在赌，他赌对了，赢得了巨大的财富。这些"豪赌"在现在看来是一种运气，但是在当时的社会环境下，我们就可以看出胡雪岩拥有超强的胆识和过人的眼光。

独立自主创事业

　　胡雪岩曾经说过："想要做好生意，必须自立门户，从一点一滴开始有计划有步骤地去完成。"那么胡雪岩自立门户的依据来自哪里呢？

　　胡雪岩从小对算数很有天赋，对《九章算术》《算经》等爱不释手。他的心算速度极快，甚至超过了一般人惯用的算盘。平时他也不爱和小朋友一起玩耍，每天就是在地上算哪算的，因此有人叫他"胡算盘"。一日，胡雪岩和一群孩子在外面玩耍，路边有一棵李树，上面结满了果子，小伙伴们都上去摘果子，唯有胡雪岩站在一旁。有路人好奇上前询问他为什么不去摘果子吃，胡雪岩道："李树四月扬花，八月果熟，得而食之，方才味美可口，进七月过半，按说果实虽未熟，但也可勉强解馋，观此树果实累累，又临近路边，却得保全。由此可见，果必不佳。"说完，树上的小伙伴连声叫苦，纷纷下树，原来正如胡雪岩

所说，果实酸涩，不堪入口。这说明胡雪岩从小聪明机敏，善于观察思考，并懂得算数之道，这为以后的事业发展奠定了先天基础。后又经钱庄学徒的历练，对于钱财的掌握，深得精髓。

在经过钱庄的历练后，他想办属于自己的钱庄。他看准开钱庄不仅可以让自己有一个安身立命的生意，而且也是他可以大显身手的一个长久稳定的财源。之所以选择钱庄，胡雪岩的想法是：一、当时的社会环境。太平天国运动的兴起，兵荒马乱之中市面波动极大，一般生意会受到很大冲击。对钱庄来说，市面波动大，银价起落也大，低进高出的机会就多，银票兑现之间就有很大的赚头。二、即便一时没有本钱，但是他前期在王有龄身上的投资，他相信总有一天自己会收回来的，这就是眼光和识人的本领。从这点看，他将自己的前途投入了赌局，庆幸的是，他的第一次豪赌成功了。几年后，王有龄外放到浙江，胡雪岩依靠王有龄的资助，将钱庄不断壮大。

　　胡雪岩具有的这种既准确又长远的眼光，在当时的动荡社会里显得非常独特。很多人只考虑眼前的吃喝问题，没有人会想到在市面不稳的情况下还隐藏着发财机会。其实，任何经济发展时期，尤其是商品经济发展时期，金融业都是百业之龙头。自18世纪中叶，随着西方国家的侵入，用坚船利炮打开了封建中国的大门后，金融业也开始逐渐地发展起来了。据文献记载，到19世纪中期，京城等地遍布专理银钱汇兑的银号、钱铺、票庄、金店等。当时京城金融业以主营银钱存储的四大恒银号和专理往来汇兑的山西票庄最为著名。胡雪岩生活的年代，虽然内忧外患，战事不断，但是由于资本主义的经济侵略，刺激了中国资本主义生产关系的进一步发展，完成了中国由小农经济向近代城市商品经济转型。据史料记载，当时的上海已经成了中国金融中心，英、法、日、美等国家开设的银行有十多家，但钱庄生意依然是上海金融、贸易的支柱之一。如果没有了钱庄，进出口生意将陷入瘫痪。

　　由此可见，胡雪岩的眼光是多么精准，不管是因为他熟悉钱庄的生意往来，还是他小小的年纪就看透了当时社会的本质，这说明他选择的钱庄生意必将是很有前途的行业。眼光的独到在一定的程度上可以弥补管理上的一些不足，不外乎就是能力大小。能力大者，通过钱庄生意就可以达到财产的积累；能力小者，也可以挣得一份不错的产业，至少一段时间吃喝不愁。

　　在胡雪岩创办钱庄时，他将目光转向了生丝生意。他本身对生丝生意不是很了解，但是身为浙江人，他知道当地的生丝业被洋人挤兑得很艰难。不管是为了发财还是出气，胡雪岩将目光转向了生丝业，通过手里的资金大量收购市面上的生丝，等到洋人采购时发现，大量的生丝都在胡雪岩的手里。胡雪岩通过一点小小的手段，就让洋人吃了一个不小的亏，用现在的话说就是给洋人挖了一个大坑。洋人在浙江吃了胡雪岩的亏，就把眼光对准了上海的生丝业。于是胡雪岩来到上海，联合当地的生丝业同行又狠狠地打压了一

下洋人的气焰，虽然也有亏损，但是这样的做法大大地鼓舞了中国商业的士气，促进了民族资本的发展。

独立自主创业的思想是最近这些年才兴起的，国家也在大力倡导这种行为。这种想法和国情相关，鼓励人们通过自己的双手走上小康之路。但是这个想法在胡雪岩所处的时代，从人们的思想中脱颖而出，不得不说，胡雪岩拥有不同寻常的思想，看待事物的眼光别具一格，正是他的不寻常，成就了他的辉煌。钱庄行业的创办，对胡雪岩来说，这是他熟悉的领域。在熟悉的领域做起事情来可以说游刃有余，所以在选择独立自主创业时，最好选自己熟悉的领域，这样比较保险，如果你没有敏锐的商业嗅觉和独到的眼光，最好的创业就是在熟悉的一行另起炉灶，因为这样，你有熟悉的经验、人际，可以让你更好地在行业中占有一席之地，不至于最后血本无归。

圣人智慧：

胡雪岩的选择，就当时的社会背景来说，是一种

必然的趋势。胡雪岩也明白，只有自己当老板，自
己说了算，才能将利益最大化，给人打工永远不会
有出头之日。他对自己也充满了信心，相信自己可
以闯出不一样的未来。

从卑微处起步更益于立身

胡雪岩出生在杭州，在他少年时期，家道中落，经亲戚介绍，年轻的胡雪岩在杭州的一家钱庄做起了学徒。学徒的活儿不是很重，就是有些受委屈。三年学徒，不仅钱庄管吃住，还会教他一些管理钱财和为人处世的技巧。学徒在日常琐事上，负责扫地抹桌，打水倒尿，干一些跑腿的事情。

胡雪岩聪明，手脚利索，平时活儿没少干，但挨骂是常事，不过倒没有挨过打。平时老板用不着他的时候，他也会帮伙计们干一些跑腿的事，通过与小商小贩的接触，胡雪岩的嘴上功夫长进不少。不过，胡雪岩从来不敢在老板面前显山露水，反而给老板少言少语、聪明机灵的印象。

有一次，店里来了一个小鱼倌，光着脚，提着个小木桶，木桶里有四条大鲤鱼。小鱼倌点名要见店里的胡大人。伙计们都说没有这个人，于是要赶他走，这时，店主出来，好奇地询问究竟。

小鱼倌说："上个月小的在东门外遇到胡大人，他见我的鱼虽好，就是没人买，就和小的聊起来。小的说家里就靠这卖鱼的钱过活了，鱼卖不出去，小的如何回家交代。他就叫小的听他的话行事。小的的鱼果然很快就卖光了。小的的爹爹夸了小的，还特意让小的送来两对鲤鱼拜谢。"

店主就叫伙计将胡雪岩喊来，小鱼倌一看到胡雪岩就大喊："就是他，就是他！"

老板沉着脸问："胡雪岩，怎么转眼你就变成胡大人啦？"

胡雪岩心里咯噔一下：不老实交代，老板可真要不高兴了。

原来，店里有一个伙计常带他去东门附近办事，他在街上就注意到这个呆头呆脑的小鱼倌了。虽然小鱼倌的鱼都是新鲜的好鱼，但是他的脑子就是不转弯，每上来一个询问价格的人都被高额的鱼价吓退，不仅价高，还不讲价，于是大家都一个个地摇头而去。鱼卖不出去，小鱼倌急得都要哭了。胡雪岩看见了，就上前询问。听了小鱼

倌的诉说，胡雪岩忍不住笑了："世上哪有不能讨价还价的买卖？你不让人家占点儿便宜，人家凭什么非要买你的？"正好，那天领胡雪岩出去的伙计要到都统衙门办事。都统衙门他们常去，所以和账房、书办都很熟。胡雪岩就瞅准机会，对账房先生说："我表弟家世代捕鱼，那鱼个个新鲜。我想都统走南闯北，什么风味没有尝过？要是漏过了咱杭州湾这第一美味，岂不遗憾？"账房先生知道他机灵，对这个小家伙颇有好感，就允诺他道："我许你表弟先供衙门三月，不过价钱上你可得给采办的人体己一点儿！"胡雪岩明白，心想："不就是每次少卖几文钱嘛，这话好说。"

胡雪岩回到东门外，对小鱼倌说："你跟我来，我今天把鱼全给你销出去。"小鱼倌听了高兴坏了，匆匆忙忙跟着他走。到了都统衙门，胡雪岩吩咐小鱼倌："价钱你就照我说的给，对买鱼的人你就说：'是都统大人爱吃这鱼，特意吩咐账房先生去订购的。'"

就这样，胡雪岩帮着小鱼倌将鱼给卖了。小鱼倌开心地回到家，将事情告诉了自己的父亲，父亲连连夸他，并让他带上几条鱼来感谢胡雪岩，于是就发生了小鱼倌上门找"胡大人"这件事。老板听后，心里很是高兴，施惠于人，这种小事不算什么，难得的是胡雪岩小小的年纪，就有这样的思维，并且还可以把事情做成，从这点就可以看出胡雪岩是经商之材。

老板心里是这么想，嘴上却不说，还有意再考一考胡雪岩。他问道："你姓胡就是了，怎么就成了大人？"

胡雪岩倒会解释："禀告老板，小的的一个堂哥就叫达仁。通达的达，仁义的仁。"

从此，胡雪岩正式结束了学徒生活，成为店里的一名伙计。那时钱庄里的伙计，被称作跑街。跑街要干的事，就是为钱庄招揽生意和讨要债款。

当时的杭州，有很多候补、捐班的官吏。所谓捐班，就是花钱买官。买官的人有两种：一种是读死书，考不上功名，家中有些产业的人；另

一种就是做生意有钱的人。捐班要花很多钱，捐了后又不能马上补实缺，所以在候补期间，他们中的许多人都是两手空空，只能向钱庄借贷度日；即使补了缺，上任时打点也需要钱，还得向钱庄借。

胡雪岩现在干的工作，主要就是招揽这样的生意以及督促他们到期还钱。这帮捐班候补的人，虽然身在落魄之中，但是臭架子很大。他求你借钱的时候，你是大爷。当你要债的时候，他是大爷。所以这样的工作想圆满，既需要小心面对，还应该在适当的时候硬气一些，软硬兼施才行。

有一次，胡雪岩遇到一个顾客，这个人姓蔡，据说他在上海道有亲戚。钱庄通过胡雪岩给他贷了一笔，约期为两年内还清。可是等到第二年年底，姓蔡的也没有还清借款。经过详细打听，才知道，这个姓蔡的，虽然候补上了，但是实缺却毫无动静。这段时间，他将借贷来的钱挥霍一空，家里人都管不了。这把胡雪岩着急坏了，于是找朋友一起商量。他的这个朋友姓夏，中年人，整日少言寡语，做事倒是很稳当。姓夏的朋友听说后，告诉他：

"人要一怕事儿，事儿就跟着来了。"于是就给胡雪岩出了一个主意，首先要好好打听一下姓蔡的情况，看看他说的后台是否确有其事，如果没有，就请衙门的朋友帮忙，去姓蔡的家里咋呼一下，争取从他家里人入手，吓唬吓唬他的老婆就可以了。没想到这个办法很管用，胡雪岩顺利地把借贷出去的钱要了回来。

圣人智慧：

胡雪岩从小事做起，磨炼自己的本事，总结经验，学习如何与人处事交流，为以后的发展奠定基础。同时，在钱庄学徒伙计的工作中，展现出他吃苦耐劳、聪明伶俐、思维敏捷的优秀品质。从卑微之处做起，脚踏实地一步一步成长。

锲而不舍坚持做下去

从小就听大人教导我们："做事情要有恒心。"但是有的人对这句话的理解不是很透彻，有的也会将其当作无聊之谈。做事为什么要有恒心？这是因为好的事情没有一下子就成功的，比如学习、工作。有句话叫"活到老学到老"。一辈子都要学习，这是一个过程，同时也是锻炼人的一个过程。只有每天不停地做，才能从中体会人生百态。

胡雪岩可以说是晚清最大的商人，甚至富可敌国。他的一生可以说是奋斗的一生，从白手起家，到"红顶商人"，一步一步地走过来，靠的是一个"义"字。从资助王有龄开始，就是因为心中有一个"义"，再到左宗棠、古应春、刘有才、尤五等，他的一切成就可以说都归于他的"义"。当一个人心中的"义"最大化后就变成了个人魅力，当一个人有了个人魅力，那么他做事也会顺风顺水。

人的一生很是短暂，区区不过几十年，如果

能有一件事可以让你锲而不舍地做下去，那么对人生来说，也是没有遗憾的。胡雪岩一生就是因为一个"义"，当杭州城光复后，他开设粥棚，赈济灾民；在自然灾害、瘟疫肆虐的时候，办药铺，免费为百姓送去药物，为左宗棠的军队提供大量的行军散、诸葛丹等药物，保证军队的战斗力。种种义举，让他获得"胡大善人"的称号。这都是他的"义"。可以说，对朋友，胡雪岩是用真心去结交，朋友有难，二话不说该出钱出钱，该出主意出主意。他身边的人都感激他，都能体会到他的"义"。

他的"义"一直伴随他的一生。在晚年家破人亡之前，都在替朋友、替家人做安排，遣散了他的"十二金钗"及所有的用人，甚至为了让自己的小妾能有一个好的归宿，不惜将其托付给自己的朋友做妾。有人会说，他的这个行为很不齿，但是从他的角度来说，可以理解为，他是珍惜两个人之间的感情。在当时的年代，女人最好的归宿就是找一个好的人家，自己破产了，总要为跟

了自己多年的女人找好归宿才行。胡雪岩的这种做法也可以理解为"义"的一种，就好像一个得了不治之症的男人泪流满面地劝自己的爱妻改嫁一样，虽然不舍，但是也希望对方有个很好的归宿。这样的举动不能不说也是一种"义"的表现。

这些都是个人情感方面的"义"，可谓是"小义"。胡雪岩不惜联合上海杭州生丝同行对抗外国洋行的举动，这体现了他的"大义"。虽然他把这种"大义"当作生意来看，也为他赢得了很大的收益，但是当时的社会有很多的商人，为什么就没有人这样做？对抗洋人，要的是胆量和智慧。虽然他的举动看似有些保守不开窍，但是他这么做的用意完全出自对人民的"大义"着想，尤其是在最后即将破产的时候，他对古应春说过，他明知道手中的这些生丝会要了他的命，但是如果为了自己活，那么就要牺牲成千上万的家庭，为此他无法轻易做出决定。要知道商人是以利为主的，在危急关头，谁会在意其他人的生死？也只有胡雪岩这样讲义气的人才会做到这一点。一

次，他和古应春闲聊时感慨道：西方国家在保护自己的商人，只有清政府没有把商人的地位放在心上；外国的商人出了问题，本国政府会出面干涉，维护自己商人的利益，而在中国，胡雪岩凭借一己之力在为国家争取颜面，政府不仅不知道感激，在危险的时候还冷脸相对，拖后腿。

人的一生，坚持一样东西是很难的，尤其是"义"这个东西。胡雪岩做得就很好，他说："在家靠父母，出外靠朋友，我在家也是靠朋友。"他在做钱庄跑堂的时候，就把人性研究得很是透彻明白，他知道与人相处需要的是什么，他也知道真心付出不一定都会得到好的回报，但是他把"义"研究得更加透彻，同时也运用在实际当中，虽然也有走眼的时候，在自家的典当行养了一个白眼狼——宓本常，但是真心对他的朋友还是很多的。不管是官场上，还是江湖中，人们对他的印象都是很好的，都折服于他的"义"中。

对商人来说，利益为重，做事总喜欢以钱开道，满身的"铜臭味"，有些人对胡雪岩很是不悦，

乱说闲话，作壁上观的太多，只因为心中的那一份嫉妒。金钱开道的商人有很多，但是做好事的人却太少了。尤其是做到"取之于民，用之于民"的善人更少，锲而不舍地做好事的商人更是少之又少。做慈善，也是一种"义"的体现。有的人披着慈善的外衣做坏事，有的人却真心在做慈善，不管以何目的做善事，都是为了造福一方百姓，都属于"大义"的一种。

圣人智慧：

胡雪岩的一生，有他锲而不舍的追求。作为商人，利益当先是没有错的，但是在获得利益的同时，也要去表达一些善意，资本最好的作用就是将散落的财物聚到一起后投放到对民众有利的地方，这样才能让民族延续下去。

专心致志才有收获

胡雪岩能建立起庞大的商业帝国，其中最重要的因素就是他找到了很有前途的靠山，先是王有龄，后有左宗棠。在王有龄落魄的时候，对他的资助可以看出胡雪岩的眼光有多么地长远。为了资助王有龄，胡雪岩失去了工作，但是胡雪岩并没有后悔自己当初的决定。多年后，知道王有龄有了一定的势力后也没有主动去巴结，只是默默地为他感到高兴。这样的心性是常人不具备的，这也证明他的前途是不可限量的。

有人说胡雪岩眼光毒辣，会看面相，对王有龄的投资是有目的的。其实胡雪岩也只是一介凡人，他资助王有龄，也仅仅是为了帮助朋友。读过《胡雪岩传》的人都了解，胡雪岩和王有龄是在吃茶的小店里认识的，深交在酒桌上，也就是相当于现在的饭店的性质。胡雪岩因为工作关系经常出入这样的场所，除了谈生意，就是听听书，

热闹热闹，再加上胡雪岩能说会道，于是结交了很多朋友。当有一天他注意到王有龄的时候，发现这个人的气场和环境格格不入，对他产生了好奇，经过多方打听，对王有龄有了一定的了解后，主动上前搭讪，被拒后也没有放弃，还是对他很友好。等到王有龄的态度有些放松后，胡雪岩邀请他去喝酒，一顿小酒过后，两人的关系逐渐升温，通过聊天，胡雪岩认为王有龄是个很有志向的人，就因为王有龄说了一句"补官一定要当县令，这样可以有一番作为"，让胡雪岩心生助力的想法。当时的胡雪岩也只是单纯地想弥补一下王有龄的"遗憾"而已，也没有想过他会不会成功。胡雪岩将五百两银票放在王有龄的手上时，王有龄问他为什么对自己这样好？胡雪岩是这样回答的，"不想看见朋友有难处，不然自己睡觉都不踏实"。就是这样简单朴实的话，真心地将王有龄当作朋友。后来王有龄发达了，回到老家做官，邀请胡雪岩到家里做客，两个人聊起以前的事情，胡雪岩决定自己开钱庄，王有龄虽然对他的决定很震

惊，但是一如既往地支持他，将公款交给胡雪岩打理，这就是信任。

就这样，两个人互相帮助，不仅王有龄的官越做越大，胡雪岩的生意也得到了很大的发展。可以说，利用权力生钱，再用钱来巩固扩大权力。两个人的目的同时达到，这其中重要的就是信任。直到杭州被太平军包围，王有龄以死明志的时候，胡雪岩的生意可以说是达到了地方首富的程度。王有龄的死给了胡雪岩很大的打击，不仅是两个人友谊上的重创，同时胡雪岩还失去了靠山。为了继续生活，胡雪岩只能再次寻找靠山，于是将目光转向了当时很有潜力的左宗棠身上。也正是因为他资助左宗棠的军队打仗，担任后勤工作，帮左宗棠快速地崛起，因而奠定了胡雪岩商界的地位。

胡雪岩对靠山是忠诚的，尽心尽力的。从胡雪岩为左宗棠的军队提供军火，赠送疗伤的药物，为其创建造船厂等行动上就可以看出来，胡雪岩对左宗棠的态度是多么的坚定和认真，作为回报，

左宗棠对胡雪岩的一些商业行为和个人爱好都是睁一只眼闭一只眼，甚至面对关于投诉举报胡雪岩的信件也置之不理。左宗棠在晚年曾经说过一句话："我的成就里有胡雪岩的一半。"这就能看出胡雪岩对左宗棠所做一切，可谓尽心尽力。

"专心致志才有收获"，正因为胡雪岩对靠山的忠心，才成就了自己商业上的地位。"专心致志"是因，"收获"是果。胡雪岩和左宗棠的关系用在职场上也是可以的，现在的职场都讲究站队，也就是寻找一个好的领导做靠山。领导都喜欢忠心的下属，没有人会喜欢"墙头草"一样的人物。作为下属，只要你全心全意地辅助领导，拒绝各种诱惑，那么你的回报也是不可限量的。至于怎么样去做，就看自己的能力大小了。

只有付出了，才有可能得到回报，没有付出，是永远都不可能有回报的。"天上掉馅饼"的事情是一种美好的心愿，是虚无缥缈的。人就应该脚踏实地一步一步地去实现自己的价值，执着也要用对地方。不管做什么事，都要摆正自己的心态，做事

情要有恒心，坚持下去就会得到自己想要的东西。

世界上没有一样东西是可以轻松得到的，《西游记》中唐僧师徒四人经过九九八十一种磨难才求取到真经。唐僧也是一介凡人，面对一路上的各种诱惑和艰难，如果没有坚定的信念，他无法走到佛祖的面前。唐僧对佛法的忠心，让他成了一代圣僧。当唐僧面对女儿国国王的诱惑时，他差点儿就动摇了，最后也是因为对佛法的执着，让他重新踏上了"征程"。如果唐僧止步于女儿国，那么就没有后面弘扬佛法的场面了，对唐僧来说，也就是失败了。

圣人智慧：

当一个人专心做一件事的时候，他是最有魅力的，也是最容易成功的。胡雪岩的成功在于寻找正确的靠山，通过一心一意地为靠山办事来达到自己的目的，最后他成功了，成了晚清著名的"红顶商人"，其中有他自己的努力，更是借助两个靠山的势力发展起来的。综观胡雪岩的一生，可以看出，他成也在靠山，败也在靠山。

选定目标就要义无反顾

　　人的一生有很多的选择，有些选择是无法改变的，比如性别、家庭等，但是在成长的过程中，大部分的选择是可以根据自己的意愿来决定的，虽然属于自己的成功之路不止一条，但最容易成功的路是自己最熟悉的路。胡雪岩既然立志从商，那么他的选择便是从钱庄开始，因为他在钱庄干过很多年，对钱庄他最为熟悉，因此在与王有龄的一次聊天中，他用坚定自信的口吻说："我要开一家自己的钱庄。"这个决定吓了王有龄一跳，因为开钱庄需要很大的资本才可以，对一穷二白的胡雪岩来说，这是一个遥不可及的梦想。虽然被吓到，但是王有龄对这个恩人的决定还是很支持的。再说胡雪岩，不愿意做官的他，喜欢自由，他认为做官没有自己的空间，每天都要去衙门里"打卡"上下班。但是商人就不一样了，数钱的感觉更好一些，时间也自由。所以，他选择了从

商这条路，商业之路在当时的社会环境下是很难有成就的。当时的社会，外有强敌虎视眈眈地盯着，内有腐败的清政府把控着，在这样的环境下，胡雪岩想要成事，在他看来就要选好靠山。

人在选择的时候，往往瞻前顾后，"吃着碗里，看着锅里"。就像买衣服一样，面对品种繁多的服饰，每一件都想买，但是钱只够买一件的，这个时候就要做出选择，找到最合适自己的那一件才行。选择好了就要"买定离手"，不能轻易地改变。

左宗棠之所以西征，是因为当时的新疆的回民发生叛乱。

从左宗棠西征这件事来看，胡雪岩在其中起了很重要的作用，如果没有其全力协助，左宗棠是否能收复新疆还不一定呢。从胡雪岩的角度来看，帮助左宗棠完成收复新疆的任务，就是在实现自己的价值。从商人的角度看，如果帮助左宗棠取得胜利，那么左宗棠在朝中的地位会更加巩固，这样的话，对自己的事业也会起到很好的促进作用。事实证明，胡雪岩的努

力没有白费，左宗棠回到朝中就为胡雪岩申请了黄马褂和红顶。胡雪岩因此成了晚清时期唯一的一位"红顶商人"。

当你选定了目标，你就要义无反顾地去完成，不可半途而废。这不仅可以给自己带来明确的方向，同时还能节约时间。每个人在一生中都会有很多的目标，确定目标是为了让自己有一个方向去奋斗。少年以学业为主，进入社会以后就要以事业和家庭为主，如何选择自己的道路，可以根据自己的兴趣爱好，也可以按照合适的专业来选择。迷茫的人就是因为没有清晰的目标，尤其是站在人生的十字路口时，只能东张西望，不知道该往左还是该往右。在你观望选择的时候，目标明确的人早已经从你的身边越过，距离也就越来越远。选择目标很简单，但是坚持下去很难，世上没有一条路是平坦的，就算是水泥路，经过时间的侵蚀，也会出现裂痕。所以坚持走自己所选择的路，奔着选定的目标一直走下去，才有机会成功。

圣人智慧：

胡雪岩努力帮助靠山实现其价值，进而达到自己经商的目的。不管是面对王有龄还是左宗棠交代下来的任务，他都完成得很圆满，在他的心中是不愿辜负朋友的嘱托，但是在世人眼中，他的做法可以称得上最强辅助。

想到做到抢占先机

在上学的时候我们学过一篇课文叫作《想与做》，具体内容无法详细描述，其中的意思是：想与做，缺一不可，只想不做，为空想也；只做不想，没有方向。可以说，只有想明白后再去做，才会有目标，才会有动力，才会成功。在这点上，胡雪岩做得就很好，他想得远，看得清，做得稳，所以他成功了，成了当时晚清唯一的"红顶商人"。想他人不敢想，做他人不敢做的事，抢占先机。

胡雪岩让自己新招募的"挡手"刘庆生去给巡抚黄宗汉的手下刘二送银票，并拜托他一些事情。其间，刘庆生宴请刘二，在席中说明了胡雪岩的用意。刘二看在与胡雪岩交情的份上答应了，临散席时，交给刘庆生一张"户部官票"，说是将其存在阜康钱庄。刘庆生回来向胡雪岩复命的同时，说了"户部官票"的事。在刘庆生看来，

这种新出的银票还没有在市场中流通，不知道真假，所以不敢做主，拿给胡雪岩定夺。

胡雪岩看着手中写着满汉合璧的"户部官票"四字的皮纸所制的票钞，对刘庆生说："生意越来越难做，不过越是难做，越是机会。庆生，这官票上头，将来会有好多花样，你要仔细想一想。"

"我看，将来官票一定不值钱。"

胡雪岩认为他的话太武断了，信用要靠大家维持，如果官票不是滥发，章程又定得完善，市面使用，并无不便，再加上钱庄、票号的支持，官票应该可以维持一个稳定的价值，否则，流弊不堪设想。他要刘庆生去"仔细想"的，就是研究官票信用不佳时，可能会产生的各种弊端，以及如何避免，甚至如何利用这些弊端来赚钱。

"你要记住一句话，"他说，"世上随便什么事，都有两面，这一面占了便宜，那一面就要吃亏。做生意更是如此，买卖双方，一进一出，天生是敌对的，有时候买进占便宜，有时候卖出占便宜。会做生意的人，就是要两面占便宜，涨

到差不多了，卖出；跌到差不多了，买进，这就是两面占便宜。"

刘庆生也是聪明人，只是经验少些，所以听了胡雪岩的指点，心领神会，自觉获益不浅。但如何才知道涨跌呢？当然要靠自己的眼光了，而这眼光又是哪里来的呢？

他把他的疑问提出来请教，胡雪岩的神色很欣慰："你这话问得好。"

他说："做生意怎样的精明，十三档算盘，盘进盘出，丝毫不漏，这算不得什么！顶要紧的是眼光，生意做得越大，眼光越要放得远，做小生意的，譬如说，今年天气热得早，看样子这个夏天会很长，早早多进些蒲扇摆在那里，这也是眼光。做大生意的眼光，一定要看大局，你的眼光看得到一省，就能做一省的生意，看得到天下，就能做天下的生意，看得到外国，就能做外国的生意。"

这一说，刘庆生随即想到王有龄。胡雪岩就是有眼光，在王有龄身上"肯放资本"，才有今天，于是欣然意会："我懂了，我懂了！"

　　因为有此了解，他对"户部官票"的想法就不同了，这时认为官票一发出来，首先要帮它站稳，真如胡雪岩所说的"信用要靠大家来维持"，自己即能够做阜康的主，便在这一刻就下了决心，要尽力支持官票。

　　过了两天，钱业公所发"知单"召集同业开会，要商量的就是官票如何发行。值年的执事说："现在上头交下来，二十万两银票，十万千钱票。规定制钱两千抵银一两，十万千就等于五万两银子，一共是二十五万两。"值年的执事停了一下说，"大小同行，如何派销，请大家公议。"

　　你一言，他一语，相持不下。刘庆生以后辈新进，不敢率先发言，等那些同业中有面子的人都讲过了还未谈出一个结果，他觉得该自己当仁不让了。

　　"我倒有个看法，说出来请同行老前辈指教。"他说，"官票刚刚发出来，好坏虽还不晓得，不过我们总要往好的地方去想，不能往坏的地方去想。因为官票固然人人要用，但利害关系最密切

的是我们钱庄，官票信用不好，第一个倒霉的是钱庄，所以钱庄要帮官票做信用。"

"道理说得对啊！"值年的执事大为赞赏，望着刘庆生点点头说，"你这位小老弟，请说下去。"

受了这番鼓励，刘庆生越发神采飞扬了："阜康新开，资格还浅，不过关乎同行的义气，绝不敢退缩。是分派也好，是认也好，阜康都无不可。"

"如果是认，阜康愿意认多少？"值年的执事看出刘庆生的态度，有意要拿他做个榜样，便故意这样问。

刘庆生的心算极快，而且当机立断，已有了肯定了答复："阜康愿意认销两万。"

"好了！"值年的执事很欣慰地说，"开头难、开头难，有人开了头就不难了。如果大同行都像阜康一样，就去掉十八万，剩下七万，小同行分分，事情就成功了。"

于是有人认一万五，有人认一万，小同行也两千、三千的纷纷认销，总结下来，二十五万的份额还不够分派，反要阜康匀些出来。

那值年的执事姓秦，自己开着一家小钱庄，年高德劭，在同业中颇受尊敬，由于刘庆生的慨然相助使他能圆满交差，心里颇为满意。而刘庆生也确实做得漂亮，同业都相当佩服。因此，阜康这块招牌，在官厅、在同行，立刻就很响亮了。

这些情形很快传到了胡雪岩耳朵里，他深感欣慰。

圣人智慧：

胡雪岩的判断力和执行力与众不同，他能看清事物的两面性，从中寻找商机，在其他人还没有醒悟之前，将事情做了出来，这就是一个人的眼光。李嘉诚也是依靠房地产起家，在其他人未能发现商机之前，挣得第一桶金。

第二章 做人做事以诚信为本

努力抓住第一次机会

人的一生，总会有很多机会出现在自己的面前，如果你能很好地把握住，那么会使你的人生产生不一样的变化。很多人在面对第一次机会出现的时候很恐慌，不知所措，因而错失了良机。胡雪岩就是一个能抓住机会的人。在他很小的时候，因为家道中落，为了生活，只好给人家放牛，有一次在放牛的过程中，捡到一个包裹，胡雪岩打开一看，很是吃惊，因为包裹里是一大堆银子，足足有百余两之重。对当时的胡雪岩来说，这就是一次选择，一个是抱着回家自己留着花，另一个就是原地等苦主前来领取。在一般人看来，这笔钱财属于意外之财，肯定会高兴地占为己有，因为贪婪是人的本性。胡雪岩当时的做法却是在原地等待，因为母亲的教导让胡雪岩明白，这些东西既然不是自己的，就一定不能拿，而且失主此时也一定是着急得要命，肯定在四处找寻遗失的包袱，所以他决定原地等待失主。

　　胡雪岩把包袱藏到草丛里，然后等待失主。一直等到太阳快下山了，终于，有一个人神色慌张地跑了过来，开口就问："小哥，你有没有看到我丢的东西？"胡雪岩并未直接回答，而是很沉稳地反问："你丢了什么？"来人说："丢了一个蓝色的包袱。"胡雪岩听他这么说，才继续问他："里面都有些什么东西？"来人一听就知道东西找到了，否则这个少年怎么会这样问呢？于是赶忙把里面的东西一一说来。胡雪岩见他说得分毫不差，这才将包袱取出还给了失主。包袱失而复得，失主当然非常高兴，于是从中拿出两样东西，对胡雪岩说："这个给你，算是对你的酬谢。"胡雪岩连忙拒绝说："不要不要，这本来就是你的东西，我又没有做什么，本来就是该还给你的。"失主听后大为感动，于是告诉胡雪岩说："我姓蒋，在大阜开有一家杂粮店。你这么好的小孩子在这里放牛可惜了，如果你愿意跟我出去，我收你当徒弟……"

　　胡雪岩说："我现在不能答应你，要回去问

母亲。如果母亲同意的话，我当然乐意跟你去。"
蒋老板一听，更是觉得这个徒弟他收定了，所以
就说："好好好，我把地址留给你，如果你跟母
亲谈妥了，就过来找我。我那边给你安排好一切
事情，你都不用担心，我一定会好好教你。"

胡雪岩回家以后，把整个经过告诉了母亲。
母亲听后十分高兴，儿子有这么好的机会当然要
去，这是求之不得的好事。于是胡雪岩14岁的时
候，独自一人离开绩溪胡里村，按照地址找到大
阜的蒋老板，开始了在杂粮行的学徒生涯。

胡雪岩因为当时的一个决定给自己带来了第一
次机会，从一个无业游民变成了企业员工，这可以
说是胡雪岩的第一次机会，他因为自己的善良开启
了商业之路。这次机遇扩大了他的视野，让他从
一个农村娃，走向了城镇，接触到了不一样的世界。
这样的改变就是因为他的一次正确的举动。

努力抓住第一次机会，有可能就可以让你走
上人生的巅峰，当你拥有了第一次机会，你要学
会珍惜它，机会虽然被你掌握了，如果不能很好

地去珍惜，也会溜掉。机会往往出现在善良的人身边，人只有善良了，才会带来好运气。胡雪岩的身上就很好地体现了"善良的人运气不会差"。从他进入杂粮行开始，他就保持着勤奋刻苦的状态，事事都做到完美，不偷奸耍滑，努力学习经商之道，不管是店主还是其他伙计对胡雪岩都赞不绝口。这也是一个员工应该做的——爱岗敬业，团结同事，一起为了事业去努力。胡雪岩通过自身的努力，得到了大家的认可，这对他来说是一种鼓励。

　　胡雪岩的勤快在大阜杂粮行里自不必说，老板交代的事情，当然一丝不苟；老板没有交代的事情，能做也尽量去做。现在很多年轻人不是这样，总是先看老板给自己多少钱，然后才去做多少工作，这样的人不会有什么发展。胡雪岩明白，老板的态度怎样，那是老板的事情，但机会对自己是何等的难得，既然出来了，就要好好学，学到手的东西才是自己的。对一个公司来说，只有为公司创造出业绩的员工才会被重视，同样也因为

工作能力强被老板认识和赏识，才会有更好的发展。一上来就看工资做事的人，不会有长远的发展，就像胡雪岩一样，把东西学到手才是打工的最终目的，不管是经营经验，还是为人处世的方法，这些东西自己掌握了，如果想自己做老板，你也会有一个清晰的方向。打工是给自己当老板做的铺垫，只有铺垫得厚实，做起老板来才会更稳定。

机会总是在人的面前飘过，就看你能不能抓住它，大部分的机会会给你的生活带来一定帮助或者改变，效果一时可能不太明显，但是会像一个推注器，帮你改善困境，在享受机会带给你欢乐的时候，也要心存感恩，学会付出。

圣人智慧：

胡雪岩用自己的行动告诉我们，做事要讲良心，不是自己的不要过多地去惦记，是自己的要牢牢地握在手里，机会总会在自己的面前飘过，就看你能不能抓住。有的机会是自己创造的，有的机会是上天安排的，不管什么样的机会，等它来到你的面前，请一定要紧紧地抓在手中。

从大阜到金华

　　胡雪岩在杂粮行工作两年后，迎来了自己的15岁生日。在这一年中，一位金华的客商来杂粮行谈生意，可是刚到大阜就病倒了。说到金华，我们就会想到金华火腿，不错，这位客商正是一家金华火腿行的掌柜。他在大阜举目无亲，无人照顾，拖着病体又回不了金华，心里十分着急。身体本来就不好，再加上急火攻心，病情更加严重了。胡雪岩心地善良又是个热心肠，得知此事后，就赶到他的病榻前，一连多日给他端药送饭，忙前跑后，照顾得十分周到。在胡雪岩的精心照料下，没过多久，客商的身体就痊愈了。这位客商十分感动，就问杂粮行的蒋老板怎么会有这么好的徒弟。蒋老板于是把自己包袱失而复得的经过，以及胡雪岩在自己店里的表现跟他细说了一遍。金华火腿行的掌柜听后大为感叹，就主动问胡雪岩："我们那里比大阜好玩得多，你随我一起到

金华如何？"胡雪岩还是同样的态度："这个不行，要问我们的老板。老板同意，我才可以答应你。如果老板需要我在这里，虽然我想去，但是也不能跟你走。"胡雪岩说得多好！

胡雪岩把金华掌柜的意思告诉了蒋老板，蒋老板欣然答应，因为金华火腿行要比自己的杂粮行规模大上许多，对胡雪岩而言也是一个更好的机会。一个好老板，看到自己的伙计有更好的前途，没有不高兴的，再怎么讲也是他培养出来的人才。于是，胡雪岩从大阜来到了金华。

人生是什么？人生就是不断做阶段性的合理调整。身处什么位置，就做什么样的事情。就拿胡雪岩来说，在家放牛，就要像个放牛的，要把牛照顾好；在外做学徒，就要像个学徒，要让老板满意。就算别人问话，该怎么回答，也一点都不能出差错。如果胡雪岩在杂粮行里好吃懒做，就算他照顾了金华火腿行的掌柜，掌柜的也不会主动去要他，顶多给点钱表达一下谢意就是了。像胡雪岩这样勤奋好学，做事

不挑肥拣瘦、粗活细活都干得很好的员工，哪个老板都喜欢。

有句话叫作"不求人，格自高"。求人的时候，会感觉自己矮他人一头。胡雪岩不求人，人家却反过来求他。这是完全不一样的。现今社会有一个行业叫作"猎头"，他们的工作就是将合适的人才放到合适的位置。他们的目标人物大部分都是行业中的佼佼者，然后为其寻找更好更适合的位置。如果你被猎头盯上了，本身就说明你有很大的价值，这样，你不用去求人，更好的位置就会来找你。在这个过程中自身就要做到尽职尽责，展现自己的业务能力，重要的是自己对工作的态度。胡雪岩做得就很好，为广大的打工者做出了一个好的榜样。打工不可耻，打工是在为自己当老板总结经验和丰富阅历，合格的打工者才能成为一个好的老板。

胡雪岩在进入金华后，就接触了银票。这是因为金华火腿行业的规模很大，与杭州的钱庄多有来往，用钱赚钱，钱滚钱，当然比用人力赚钱

来得容易。所以，胡雪岩暗下决心，一定要到钱庄去当学徒。

从这里可以看出，胡雪岩给自己定下了一个新的目标，就是到钱庄里去做事。从放牛娃，到小公司员工，再到大型企业，胡雪岩是靠什么一步一步地往上走的？靠的是他的勤奋刻苦，任劳任怨，将工作做得近乎完美，同时他的优良品格也为他增加了"分数"，这样的员工，虽然学历不是很高，但是也照样会有老板喜欢。

人生就是阶段性的合理调整。当你实现了一个目标，就要为自己再定一个新的、更有高度的目标，这样才会更有动力。胡雪岩在金华的工作中也是任劳任怨、勤勤恳恳，很快赢得了大家的认同。对一个打工者来说，你要尽快地适应工作环境，不要等待，只有亲自去完成，才能让老板注意到你，成绩越突出，老板对你的印象也就越深。

作为一个员工来到新的环境，你需要的是学习和融入，认真地研究你不懂的事情，把每个细

节都摸清楚，等到你当了老板后就很清楚下属的对错得失，因为这些都是自己实践出来的，而不是从老师那里学来的。现在的年轻人受到等价交换价值观的影响，总认为出多少力气挣多少钱。大部分人都没有想过如果我做得好，对行业的情况研究得深一些，有机会的话就可以挑大梁了，成为公司的中层管理者，甚至是高层管理者，更甚至自己出去创业。

　　当一个人通过努力得到了机会时，他会格外珍惜，认真去对待，卖力地去表现。胡雪岩在金华就是这样，因此，老板对他也是格外器重。这样一来，他自然会发展得很顺利。当然了，一门心思地埋头苦干也是不行的，要学会适当地活泛一下心眼，搞点小动作，这样会很快地落入老板的眼中，被发掘的概率就越大。胡雪岩为了进钱庄工作就提前做了很多准备，在金华上班的时候，就和钱庄的伙计关系很好，当他打听得知钱庄的学徒要算钱算得很快，要算盘打得很熟，要写字写得很漂亮时，他二话不说，马上开始每天暗自

练习书法，练习珠算、心算。最后如愿地进了钱庄。

圣人智慧：

作为员工，你不仅要踏实肯干，任劳任怨，同样地要私下做一些相应的准备工作，用来迎接更大的挑战，机会都是给有准备的人留着的，胡雪岩就做到了这一点，所以才能如愿地进入钱庄工作。

如愿以偿进了钱庄

胡雪岩通过金华火腿这个平台进入钱庄，这是他前期工作做得好，通过自己的表现引起钱庄人的注意，因而获得了机会。要说前期他都做了什么，反而让钱庄的人来给他送机会呢？一般人有了这样的想法，可能就会直截了当地问：你们那里需要学徒吗？我能不能去呀？但胡雪岩虽然心里有此打算，却没有开口，这是他很了不起的地方。胡雪岩碰见钱庄前来收账的人，总是问长问短：你们钱庄有没有学徒啊？他们都学些什么啊？都做些什么事啊？他专问这些，对自己想去的事情却绝口不提。当他打听得知钱庄的学徒要算钱算得很快，要算盘打得很熟，要写字写得很漂亮时，他二话不说，马上开始每天暗自练习书法，练习珠心算。因为用心，当然进步很快。

胡雪岩在与钱庄的人核对账目时，都不用算盘，全靠心算报账，而且算得又快又准。钱庄的

人自然很快注意到他，称赞这个小孩子真是不得了，怎么算得这么快？这时他又拿起算盘，啪啪啪一打，更快！这样一来，钱庄的人对他更加刮目相看。钱庄的人见胡雪岩又勤快又好学，不由得跟胡雪岩的掌柜谈论起他来。掌柜把以前的事一说，客商觉得胡雪岩不光勤快好学，而且还拾金不昧、诚实守信，于是马上说："我们钱庄就需要这样的人，你愿不愿意把他让给我呢？"一个人确定了方向以后，不要先考虑眼前有没有机会，而要先做好自己能做的准备，等到一切准备充足了，机会自然水到渠成。

有时，证明自己的最好办法就是行动，让行动来告诉他人你是什么样的人，虽然看起来有些虚伪做作，但是这对有本事的人来说，就是展现自己价值的机会，不需要张口去求，只要你的工作态度和个人价值被老板欣赏，自然就可以获得很好的资源。

胡雪岩的职场经历为我们提供了一个很好的参考。有人说，职场上的尔虞我诈很残酷，没错，

好的资源总是有限的，主管的位置只有一个，僧多粥少的残酷性就体现出来了，适当合理的竞争对公司发展来说是一种良性循环，胡雪岩在这方面做得就很好，为了自己的目标，通过自身的努力去实现，做到不害人、不伤人的同时获得他人的认可，他的行为为我们身在职场的朋友提供了一个很好的参考。

胡雪岩进入钱庄时，正好赶上是傍晚，所以第一次到阜康钱庄是从后门进去的。为什么不走正门？对钱庄来说，门户安全至关重要，为了防盗，打烊后都是大门紧闭，任何人不准从正门进出。休息一晚，第二天一早就被叫去面试，最后安排到了金库当学徒。按照钱庄的规矩，学徒进门要"闭关"，为期两个月，"闭关"又叫作"坐功"，就是整日待在金库中，练习算银票、包银圆、串铜钱。坐功的考验期是一个月，如果一个月遵守规则，表现不错，就算合格；如果一个月表现不行，会再观察一个月，如果还是不行，直接辞退走人。这就相当于现代企业里的考核期。胡雪

岩的这个经历告诉我们，只有经得起"严格"考验的人，才会有出人头地的机会。胡雪岩在钱庄当学徒时，对分内之事更加勤快，每天早早起床，先替老板端水洗脸倒夜壶，然后扫地抹桌买早点。开店营业时，有客户来办业务，他总是站在一旁，见机做事，从来不用吩咐。

之后，胡雪岩被杭州阜康钱庄于掌柜正式收为学徒。胡雪岩由于勤奋，学习的东西牢牢记在心中，深得上级信任，在阜康钱庄做了半年之后调任"巡街"，相当于银行业务员，主要为钱庄做推广、送账单、报信等工作。又过了几年，胡雪岩比起其他的"巡街"办事更加灵活，而且效率高，于是升任管家，也就相当于办公室主任的职位。自从胡雪岩当上办公室主任后，钱庄的生意更是蒸蒸日上，很多客户因为赏识胡雪岩的为人于是把钱存到了阜康钱庄。

通过自身的努力，一步一步地走上更高的职位，随着职位的升高，接触的事物不同，眼界也就越来越宽。职场本来就是许多人一起相互博弈

的地方，有的人能当上主管，有的人却还是原地踏步，这就和一个人对工作的态度和努力的程度有关了。胡雪岩能坐上管家的位置，这都是通过自身的努力争取来的。能把一个钱庄管理得井井有条，同样也说明了他的个人魅力在职场中可以起到很好的辅助作用，如果胡雪岩只有工作上的能力，为人处世不好，那么也不会有很多人将钱存到阜康钱庄来。

有一天，阜康钱庄的于掌柜找来胡雪岩，说道："我年事已高，也快退休了，但家无子嗣，想将钱庄交给你打理！"胡雪岩当场拒绝，说道："掌柜，目前钱庄当务之急，其实最主要是招揽更多的客人，我在管家这个岗位恰好可以帮助银行多拉业务。你年纪也不算大，况且也有远方亲戚可以先联系是否合作接管。我认为这件事，还是等你以后真的退休再决定也不迟。"听了这番话，于掌柜心里则暗暗下了决定，退休后要把钱庄交给胡雪岩接管，因为他是真的能为阜康钱庄着想的接班人。

能坐上管理位置的人，不仅能力强，同样情商也很高，有时候，领导会用语言试探你的为人，那么这个时候要说话谨慎一些了，想好了再回答，不然辛苦得来的一切就会瞬间失去。作为一个老板，他欣赏的不只是一个人的才华，同样对一个人说话、办事的能力也很看重，尤其是语言表达能力，这就需要很高的情商来保证了。

圣人智慧：

当你进入自己梦寐以求的公司，更应该努力，更应该珍惜这次机会，在工作中要做到精益求精，脚踏实地地去完成领导交给你的每一项任务，不要挑肥拣瘦，只有证明了自己的能力，你才会获得更好的发展。先付出，后才有回报。

以我信义交挚友

胡雪岩的一生，重在一个"义"字，不管是为人，还是在处事上，很明显地用"义"打头，闯出了自己的一片天地。他因为一个"义"加上眼光，将自己的投资放在了一个落魄的候补官王有龄身上，通过对王有龄雪中送炭，成就了以后的事业。看似资助王有龄的事和"义"没有关系，充满了利用色彩，但是仔细想一想，单纯的利益关系不会让一个人死心塌地地对另一个人保持信任，更何况是在官场和商场。跟有义气的人做生意，对合作伙伴来说，就是一种心安，是可以把后背交给对方的安全感，这样在尔虞我诈的商场中，不至于太累，不需要一面防着对手，一面又提防身后有人"捅刀子"。

胡雪岩和王有龄之间的关系就是这样，王有龄被胡雪岩的"义"感动，把关于钱财的事物都交予胡雪岩去办理，最后成就了两个人在官场和

商场中的地位。如果不是杭州被太平军围困，导致王有龄自尽身亡，我相信，在胡雪岩的帮助下，王有龄的仕途会再提升一个台阶。

胡雪岩的"义"体现在什么地方？历史上有一个关于"帮别人打伞"的故事，就能很好地体现出"义"举带来的好处。

有一天上午，胡雪岩正和几个分号的大掌柜商谈投资的事情。店里的掌柜们最近做了一些投资，大家多少都盈利了，只不过有的大掌柜赚的利润少。胡雪岩教训他们下次投资时必须分析市场，不要贸然投入资金。胡雪岩话音刚落，外面便有人禀告，说有个满脸焦急的商人有急事求见。原来，这个商人生意亏损，急需一笔资金来周转，为此，这个商人打算将全部财产用很低的价格抵押给胡雪岩，希望从他这里拿到一笔救命的款项。胡雪岩不敢怠慢，让商人第二天来听消息。等商人走后，胡雪岩连忙吩咐手下去打听是不是真有其事。手下很快就赶回来，证实商人所言非虚。胡雪岩于是连忙让钱庄从分号急调大量的现银。

第二天，胡雪岩将商人请来，不仅答应了他的请求，还按市场价来购买对方的产业，这个数字大大高于对方转让的价格。那个商人惊愕不已，不明白胡雪岩为什么连到手的便宜都不占，坚持按市场价来购买那些房产和店铺。胡雪岩拍着对方的肩膀让他放心，告诉商人说，自己只是暂时帮他保管这些抵押的资产，等到商人挺过这一关，随时来赎回这些房产，只需要在原价上再多付一些微薄的利息就可以。胡雪岩的举动让商人感激不已，商人二话不说，签完协议之后，对着胡雪岩深深作揖，含泪离开了胡家。

商人一走，胡雪岩的手下可就想不明白了。大家问胡雪岩到嘴的肥肉为啥不吃，不仅不趁着对方急需用钱压低价格，还主动给对方多付银子。胡雪岩喝着热茶，讲了一段自己年轻时的经历："我年轻时，还是一个小伙计，东家常常让我拿着账单四处催账。有一次，正在赶路的我遇上大雨，同路的一个陌生人被雨淋湿。那天我恰好带了伞，便帮人家打伞。后来，下雨的时候，我就

常常帮一些陌生人打打伞。时间一长，那条路上的很多人都认识我。有时候，我自己忘了带伞也不用怕，因为会有很多我帮过的人为我打伞。"说着，胡雪岩微微一笑："你肯为别人打伞，别人才愿意为你打伞。那个商人的产业可能是几辈人积攒下来的，我要是以他开出的价格来买，当然很占便宜，但人家可能一辈子翻不了身。这不是单纯的投资，而是救了一家人，既交了朋友，又对得起良心。谁都有雨天没伞的时候，能帮人遮点雨就遮点吧。"众人听了之后，久久无语。后来，商人赎回了自己的产业，也成了胡雪岩最忠实的合作伙伴。在那之后，越来越多的人知道了胡雪岩的义举，官绅百姓，都对有情有义的胡雪岩敬佩不已。胡雪岩的生意也好得出奇，无论经营哪个行业，总有人帮忙，有越来越多的客户来捧场。

从这个小故事就可以看出，胡雪岩用自己的"义"在交朋友，他将"义"发挥到骨髓里，简单的一个"义"举，不仅为自己留下了好名声，

同时对自己的事业有很大的帮助，不仅让自己的事业更进一步，还获得了很多的合作机会。胡雪岩曾经说过，天下的生意，就应该天下人来做，在一个行业里没有一个人可以独大，只有合作才能达到共赢。在距清朝百余年后的今天，国家也在倡导"共赢"原则，这就说明，"共赢"的思想是正确的，作为一个商人，信义和利益的叠加才能走得更远更稳健。如果胡雪岩没有信义的经营理念，那么他也不会有"红顶商人"的成就。

胡雪岩的故事已经成为历史，但是他身上应该有现代人吸取的优点。"信义"在经商中就像一种黏合剂，它可以把合作的双方紧紧联系到一起，在合作中，少一分猜疑，多一分真诚。不仅仅是商场上，做人应该同样重视"义"字。随着生活水平的提高，人们对"义"字越来越淡薄，甚者有些人心中没有了"义"的信念，做起事情来，毫无顾忌。

胡雪岩的心中有"信义"，他帮助的人最后

都成了他的挚友，他的"义"感动了很多人，有朋友，有亲人，有合作伙伴，甚至百姓。对国家的"大义"和自我的"小义"都被他发挥得淋漓尽致。

圣人智慧：

胡雪岩的一生，走的是"义"，通过他的善举，帮助了很多人，也获得了很多的财富和友情。生意交往中，有"义"有"信"会给对方带来莫名的信任，在人与人交往中，心中带着"义"会给对方以安全感，"义"展现的是个人魅力。

钱庄老板和"坐办"

在清朝时期，江浙地区是全国知名的富庶之地，清政府年年向江浙地区征收大量的粮食。这些粮食都由运河运往北京。后来因为运河水浅不利行船，无奈只能先转运到上海再到北京。这件事正好是王有龄这个海运局"坐办"的事情。只不过王有龄刚上任就赶上了浙江地区干旱，收成大减，眼看日期将至，粮食却收不上来，王有龄着急啊。于是派人来请胡雪岩到家中商议，毕竟如果不能按时足量送到北京，罪责难逃啊。

胡雪岩听完后仔细想了一下，说："雪轩兄，我有一计，你听听看怎么样？"

"你快说！"

"哪儿的米不都是米吗？浙江的或者是上海的都一样，不如在上海就地买米，然后交接，只要足量不就没事了吗？"

王有龄一听，果然妙计，拍手称赞其为孔明在世。

　　胡雪岩连称不敢，又接着说："这事需要保密，不能让其他人知道，一是这批米的数量太大，万一泄露消息，难保粮商不抬高物价，到时候多花钱不说，差价太大也不好交差。二是这办法毕竟与朝廷政令不合，怕一旦暴露，朝廷会怪罪。"

　　王有龄点头称是："对，这事一定要小心谨慎，不能出现任何差错。还有什么需要注意的地方吗？"

　　胡雪岩想了想："首先需要得到巡抚大人同意，不过这点应该没有问题，因为交不上粮，他也逃脱不了干系。其次要找一家钱庄先垫上这笔款子。关键是找到上海的大粮商肯卖给我们米才行。"

　　王有龄说："找哪家钱庄好呢？"

　　胡雪岩想了想："不如就去我以前上班的那家钱庄吧，对他们来说这是件好事，相信问题不大。"

　　就这样二人分头行动，王有龄去找巡抚，胡雪岩来到以前的钱庄，对老板说明了来意，老板认为这是和官府联络的好机会，于是很痛快地答应了这件事。

　　第二天，王有龄和胡雪岩、钱庄老板三人来

到了上海。通过多方打听，知道漕帮手里有十几万石米想出手。胡雪岩亲自登门拜访了漕帮的老大魏老爷。

胡雪岩一进门就以后辈之礼相见，给了漕帮老板很大的面子。谈吐颇为得体，赢得魏老爷的好感和欣赏，最后才谈正事。

"小老弟打算买多少呢？"

"十几万石应该够了！"

魏老爷子一愣，随口问道："不知小老弟要这些米粮有何用？"

胡雪岩也不隐瞒，当下把朝廷催粮的事说了。魏老爷子见胡雪岩如此直率，不由得高看他一眼。魏老爷子随后叫来了自己的关门弟子尤五，让他俩商量买米之事。在胡雪岩临走前，魏老爷子告诉弟子，这个小兄弟极为义气，不可为难，尤五也是性情中人，与胡雪岩谈得很是投缘，最后十几万石米粮以极低的价钱谈好了。

这件事圆满完成，不仅对王有龄的帮助极大，同时还让胡雪岩交到了两个江湖的好朋友。由此

可见，做生意决不可有欺诈之心。胡雪岩正是以诚相待的心态使这笔生意做得如此顺利。

从帮助王有龄买米这件事上，就可以看出胡雪岩的思维是多么灵活，不按常理出牌。"浙江和上海的米都是米，有什么不一样。"一句话让人跳出了固定思维，其实这是一件极为简单的事情，浙江因为干旱导致收成减少，不能按量供应朝廷。这件事的重点就是米粮的数量，王有龄的想法被局限在浙江了，只是想到本地完成任务，却忘了全国不止浙江一地产米，也不是全国各地都干旱。所以，哪里的米粮都是一样的，既然本地的粮食不够，那就把目光放到外地，去寻找可以满足条件的地方。这件事就好像脑筋急转弯一样，跳出固定思维，发现原来问题的答案很简单，这也说明了胡雪岩思想上的变通。

圣人智慧：

"经商必读胡雪岩"，这句话肯定了胡雪岩在经商中的作为，为经商的人提供了一个很好的榜样，要吸取他在经商中圆融变通的处事方法和"戒欺"的经营理念。

货真价实有声誉

胡雪岩之所以开"胡庆余堂"，是因为在当时太平军被清军赶出杭州城后，留下了一个烂摊子给胡雪岩，大灾后必有大疫。胡雪岩一进杭州城做的第一件事就是掩埋尸体。经过一年多战乱的杭州城里到处都是腐烂的尸体，如果处理不当，必招致瘟疫。为此，胡雪岩提前购买了大量的散丸药，将城中的中医都请来，一起制作防止瘟疫的药剂，免费任人取用。果然，疫情得到了控制，人们的气色渐渐好了起来。

除了发药，胡雪岩还设立粥厂，赈济灾民。从此胡雪岩有了"胡大善人"的称号。经历过这场瘟疫后，胡雪岩有了一个想法，那就是自己开一家药铺。联想到左宗棠有一次和他说过战场上免不了死伤，由于战事紧急，受伤的人得不到及时治疗，小毛病会变成大毛病。想到这里，胡雪

岩突然有了想法，为什么不做一些既简便又有效的药，可以减少士兵们的痛苦。

胡雪岩找到刘善才老中医说明了心中的想法，希望他能出来主持，胡雪岩对刘中医说："开这个药铺，我不是为了赚钱，赔钱也要干，这事意义重大，不能不搞，一个好的药铺，既可以供应行军，又可造福乡里。"刘中医被他的善举所感动，沉思了半天说："我主持可以，但是要按照我的原则来办。"刘中医的原则，胡雪岩知道。刘中医一向瞧不起医术好、医德坏的医生。胡雪岩一样瞧不起这样的医生，所以很痛快地答应："好，就按刘中医的原则去办。"

药店起名"胡庆余堂"，出自《周易》"积善之家，必有余庆；积不善之家，必有余殃"，既合胡雪岩开药铺之初衷，又与药号的营业特色相称。胡雪岩特意拿出十万两广征天下古方。同时，为了保证药品的货真价实，胡雪岩亲自书写"戒欺"两字来警示药铺的工作人员，"戒欺"二字的下面还有几行小字："凡百贸易，

均着不得欺字，药业关系性命，尤为万不可欺。余存心济世，誓不以药品劣品弋取厚利。唯愿诸君心余之心，采办务真，修制务精，不致欺予以欺世人，是则造福冥冥，谓诸君之善为余谋也可，谓诸君之善自为谋也可。"这段话是胡庆余堂经营的宗旨，也是胡雪岩开办药铺的初衷。"戒欺"反映在生产上就是"采办务真，修制务精"。"采办务真"的"真"，指入药的药材一定要"真"，力求"道地"，从源头就优选药材质地；"修制务精"的"精"是精益求精，其意是员工要敬业，制药精细。在经营上，"戒欺"的体现是"真不二价"，向顾客正言胡庆余堂的药童叟无欺，只卖一个价。胡雪岩对药品的要求就是严格把关，因为他觉得，其他商品卖假货，最多图财，卖假药的可是会要人性命。因此，胡雪岩要求药店的员工，一定要坚持以货真价实来取信于顾客。

药材的采购上，一直都是派内行到产地去坐庄收购：人参、鹿茸、虎骨，全来自关东；麝香、

贝母等自云贵川收购等，哪儿的物产一定要到哪儿采购，其他地方的一律不要。进口药材直接从外国订购，即使是药材辅料，要求也极为严格。

药品的加工，完全按照药方要求去做，切、磨、烘、炮、炒、浸，该怎么办就怎么办，绝不含糊。新药材往往有毒，对人身体有害，所以要经过特殊的水制、火制、水火炮制等多种制法，去掉毒性，又使药效不流失。如果哪个环节没有做好，坚决扔掉，绝不以次充好。

胡氏避瘟丹是胡庆余堂的独家产品，解头晕胸闷、治腹泻腹痛。此药一成，首先在左宗棠的军队中使用，效果极好。这个药品由 74 种药物制成，每味药都用上好的材料。其中有一味药石龙子，也就是蜥蜴，为了追求药性，所选的是"铜石龙子"，金背白肚，后背有一条黄线，还必须是杭州的灵隐、天竺、韬光一带所产。为此，胡庆余堂雇用了大量的人前去捕捉。后来，灵隐寺的和尚们知道是胡庆余堂入药用，便全寺出动，每年都为胡庆余堂义务捕捉。

　　药物这个东西，必须保证货真价实，不然会对身体产生危害。胡雪岩的做法在当时可以说是一种善举，从这点上可以看得出来，胡雪岩是心存大善之人，他的功德无比巨大，好的药品必定会带来好的信用和声誉，虽然在当时的社会环境下，真实可靠的药品成本很高，不会挣来很大的收益，但是胡雪岩宁可赔钱去做真药，也不会弄虚作假，他的心中装的是大义，装的是人性至善。历史上对他的一生有很多褒贬不一的评价，单纯地从这点出发，他的行为可以称为至善商人。

　　当时的清政府面临着内忧外患的情况，太平天国运动导致了大量的死伤，人命在战争中的价值是微乎其微的，胡雪岩通过自己的努力来尽可能地保证生命的延续，通过胡庆余堂出产的真药为社会造福，往大了说是为了国家和百姓，往小了说，给自己的打造了一个好的口碑，为自己的商业帝国打造了很好的品牌效应，促进了事业的发展。

圣人智慧：

胡雪岩能开药铺，并且严把质量关，做到货真价实、真不二价的程度，从这点可以看出，胡雪岩对药品这行真的是做到了用心良苦。他的行为不管是在当时，还是现今都产生了很重要的影响。他对药铺的经营理念可以扩大到所有的药品当中，重视药品食品的真实性，不为了盈利而出卖自己的良心，这点，值得所有商人去学习。

严把产品质量关

在胡庆余堂的营业大厅中挂着一块面朝顾客的巨匾，上面写着"真不二价"。

胡雪岩告诫伙计们："修合虽无人见，存心自有天知。"还把它请人写成对联悬挂于堂前。对联中的"修"指的是加工炮制生药材；"合"，指的是组合药材，制成成药。传统秘方很多，外人是不能看的，自然十分神秘。所以这就给奸商有机可乘，以次充好，牟取暴利。为此，胡雪岩下决心要制药者讲究职业道德。为了证实胡庆余堂的药是真品，胡雪岩让员工当着百姓的面亲自制作一种丹药，名叫大补全鹿丸。

大补全鹿丸是由鹿身上的30多种珍贵药材提炼而成，还必须是雄性梅花鹿。为了保证质量，胡雪岩专门买下一块地方养了一批东北梅花鹿。因为销量极好，引起不法商人的仿造，还造谣说，胡庆余堂的全鹿丸其实是用驴代鹿，用的全是驴身上的东西。

　　胡雪岩选了一个好日子，大张旗鼓地宣传胡庆余堂在这天要制作全鹿丸。然后让伙计们穿上"制服"，给梅花鹿披红戴花，游行半日，为的是让杭州城里尽人皆知，然后回到鹿苑，在众目睽睽之下把鹿杀了，取其有用之处送到药厂。这才平息了"以驴代鹿"的谣言。

　　可以说，胡雪岩在经营药店的过程中，展示出来的善心是无疑的，他对生命是有敬畏之心的，与当时的"人命如草芥"的观念正好相反。他说过一句话："假货只是会让人失去财富，但是假药会害死人。"这句话就表明胡雪岩有着一颗淳朴善良的心，是心系百姓的一位商人。随着药店的名气越来越大，生意越来越火，杭州城方圆几十里的医生都指定病人去胡庆余堂取药。几年的时间，胡庆余堂就成了立足江浙、蜚声全国的一流药店。

　　胡雪岩之所以建立胡庆余堂药店，是念及天下百姓的艰辛。于是下令各地钱庄，另设胡庆余堂分店，有钱少收钱，无钱白看病白送药。他知道，

身处乱世之中，常有瘟疫蔓延，兵匪交战，伤残无数，百姓流离失所，这些都需要用药。即使赔钱，他为了天下苍生也要大开方便之门。

胡雪岩在对待药品质量问题上，可以说达到了一个医者本身真正的意义，虽然是商人，但行的却是侠义之心。关于"真不二价"还有一个小故事。

有一天，胡雪岩将伙计们叫到一起给大家讲了这个故事。

据民间传说，古代有一个叫韩康的人，一直靠采药和卖药为生。生意本来很好，但是自从市场上出现了假药，他的生意就一落千丈，甚至到了吃不起饭的地步。可是，韩康知道自己卖的药都是自己亲自采集上等真货，于是他既不报虚价，也绝不降价，并称自家的药"真不二价"。

时间一长，人们都知道自己买的是假药，虽然便宜，却不治病，而韩康的药服用一两次就有疗效。因此，宁愿多花钱，也要买他的真药。

"真不二价"是一种品质的保证，同时也是

一种底气，对自己的产品的一种信心。真的敢说自己的商品"真不二价"的商人，都是用良心去生产，严格控制产品的质量，保证每份产品都是真实有效的。

圣人智慧：

人都有贪小便宜的心理，往往会忽略产品的质量。胡雪岩看重的却是质量的好坏，在他看来做什么事情都要讲良心，做生意如果昧着良心发展，迟早有一天恶果会降临到自己头上。现在的商人能有这样的觉悟，真的很少。

不计较自我得失

做生意考虑的就是做什么生意，行情怎么样，能挣多少钱。在资本少的时候，与人合作是不错的选择，但是怎样合作，利益怎样分配，这些问题都是做生意要考虑的。一般的合作者挣了钱都想让自己占大头，将利益最大化。这无疑是杀鸡取卵，虽然能得到巨大的收益，但是却坏了名声，以后很难会有人再与之合作，等于就是自断手脚。

胡雪岩在利益分配上选择宁愿自己吃亏，甚至倒贴，也要满足合伙人的利益，在他看来，义比利重。就拿第一次做生丝生意获得成功后，分配成果来说，他的做法获得了合作者的赞同和钦佩。

赚是赚了十八万银子，然而，不过说来好听，甚至于连账面上的"虚好看"都没有。因为合伙的关系太多，开支也太大。除了跟尤五、古应春分了红利，还要跟郁四再分，付了各处的利息，

还要为王有龄弥补海运局的亏空，加上裴丰言和嵇鹤龄那里都要打点。这一下已经所余无几，却还要开销杭州、湖州、同里三个"门口"所欠下的"宕账"，仔细一算，除了阜康钱庄的本钱，依旧是一整笔债务以外，还有万把银子的亏空。

照理不应该如此！落到这样的地步，总有个原因，当然是自己的做法有了毛病。这个毛病不找出来，令人寝食难安。

为此，他虽然一整夜未睡，脑子里昏昏沉沉的，但精神却异样的亢奋。

快中午时，古应春和刘不才相偕来访，一见面，古应春失声说道："小爷叔，你的气色好难看！是不是病啦？"

刘不才开过药店，对伤风发烧之类的毛病也能诊察，当时伸手一探他的额头，又叫他伸舌头出来看了舌苔，很准确地做出了判断："睡得太少，用心过度，是虚火上升。好好吃一顿，舒舒服服睡一觉，精神马上就好了。"

"一点不错。"胡雪岩有意将他遣开，"请

你替我去约一约庞二，晚上叙一叙。回头四五点钟，你到浴德池来找我。"

等刘不才一走，胡雪岩将预先一张张计算好的单子取了出来，挑出古应春的一张交给他，照胡雪岩的算法，古应春应该分一万五千多两银子。

"小爷叔！"古应春略看了一看，将单子推了回去，"第一，你分得我多了。第二，现在不要分，我们仍旧在一起做，商量商量以后怎么个做法，才是正经。"

胡雪岩脱口答道："我正就是不晓得以后怎么个做法。"接着便皱起了眉不断摇头。

这态度很奇怪，古应春大为惊疑，"小爷叔！"他很吃力地说，"你好像有啥难言之隐似的。大家自己人，你尽吩咐，有啥'摆不平'，我的一份不必计算在内。"

"老古，"他便索性问道："你直言谈谈，看我做生意有啥毛病要改？"

"毛病是谈不到。不过，小爷叔，中国人有句话叫作'业精于勤荒于嬉'，这个'勤'字照

我讲，应该当作敬业的敬，反过来'嬉'字不做懒惰解释，要当作浮而不实的不敬来讲。敬则专，专心一志，自然精益求精。小爷叔，如果说你有失策之处，我直言谈，就是不专心。"古应春又说，"人的精力到底有限，你经手的事情到底太多了，眼前来看，好像面面俱到，未出纰漏，其实是不是漏了许多好机会，谁也不得而知。"

他一路说，胡雪岩一路点头，等他说完，随即答道："有好几位都这样劝过我，不过没有你说得透彻。我刚才在想，忙了半天，两手空空，总有个毛病在哪里，你说我不专心，这就是我的毛病。不过，也不能说两手空空。"

他没有再说下去，说下去怕古应春多心，他本人两手空空，还亏下了账，但相交合作的朋友，都有好处。这盘账要扯过来算，还是有成就的。

圣人智慧：

商人总是以利为主，没有人愿意起早贪黑地忙碌都是在为他人做嫁衣。胡雪岩带领着中国丝行第一次对抗外国人胜利后，虽然挣到了钱，但是分配完了还

是亏空，面对这样的情况，胡雪岩还是以义当头，尽量满足与他合作的这些朋友。

顾客乃养命之源

胡雪岩在经商生涯中，发现和总结了很多商业秘密和技巧，他曾说过：冷语伤客六月寒，微笑迎宾数九暖。如果对客人冷眼相对，一副高高在上的样子，甚至恶声恶语，那么不管你的商品再好，装修得再漂亮，也不会有人光顾。现代讲究微笑服务，一个简单的微笑就会让顾客感到亲切，从而在心理上接受自己的产品。在买东西的同时，因为你的一个微笑，会让顾客的心中生出暖暖的感觉。

在当今的商品经济中，商品只有人买或者只有交易了才会产生价值，不然就是废品，不管你的商品说得多好，没有人买也不行。所以，在同类商品中怎样才能脱颖而出，除了相同或类似的营销手段外，还要讲究服务，尤其是微笑服务。为什么这样说，除了在自动售购机上购买外，其他的情况都是需要人与人之间的交流，西方有句

话叫："顾客就是上帝。"说的就是要尊重顾客。与西方这句话相对应的东方大国中，清朝晚期的"红顶商人"胡雪岩也说过相同的话——顾客乃养命之源。何为养命？只有自己的父母才会生养自己。胡雪岩的意思是，企业要把顾客当成自己的衣食父母，平时对自己的父母怎样，就该怎样对顾客。这句话和西方的"顾客就是上帝"对比一下，是不是感觉更有人情味、更亲切？说到胡雪岩这个人，他不仅有官场的支持，还有"活财神"的美誉，但他从未以势压人，胡庆余堂也不像其他药店那样店大欺客，反而是热情待客。在胡庆余堂，只要是学徒，在刚进店的时候都要学习怎样接客，怎样招呼客人。这些都是胡庆余堂不同于其他药店的地方。

　　胡庆余堂刚开业时，胡雪岩头戴花翎、身穿官服，亲自接待客人。有一次，一个来自湖州的香客在自己的店里买了一盒辟瘟丹，他打开一看，脸上立刻露出了不满的神色。恰巧胡雪岩在一旁看到了客人的脸色，当即上前审视药品，表示这

个药确实有不合格之处，并一再向客人道歉，命令店员再换新药。胡雪岩将新换的药亲自拿给那位客人，并表示了歉意，这样的态度让客人感到十分满意，看到胡雪岩这么认真地对待自己，心里大为感动。回到湖州以后，他逢人便讲胡庆余堂的服务是多么周到，胡老板为人是多么和善。这无疑给胡庆余堂好好地做了一次广告。

为了彰显胡庆余堂"顾客乃养命之源"的宗旨，胡庆余堂还专门设置顾客休息的座椅；在流行病流行的暑热时期，免费为客人提供解暑的药汤和药物；在远近的香客赶到庙里烧香，并且大批涌入杭州城的时候，胡庆余堂便降低药品的价格；如果有急诊病人，哪怕是寒冬也要准时接待。有时候半夜三更也有人敲门求医，值夜班的店员一定遵照店规为病人现熬汤药，并且仔仔细细地做好每一步，其细致程度令人称叹。正是胡雪岩将"顾客就是养命之源"这句话体现在日常工作中，把顾客摆在第一位，所以胡庆余堂的生意很是兴隆。

胡雪岩的思想在当时很有前瞻性，他不仅目光远大，在经商的细节上做得也很到位。"顾客就是养命之源"这句话不管用在任何时候、任何地点、任何企业都是行之有效的。在当今社会，不管是实体店还是直播带货，讲究的就是人与人之间的沟通，需要真诚，需要细致入微，需要微笑，从而拉近与顾客之间的距离，顾客相信你，才会购买你的商品，从而达到一种信任。不过现今社会的商品质量大多数都无法和胡雪岩的胡庆余堂相比，虚假的多，真材实料的少。现今的经营者只学到了"顾客就是养命之源"的皮毛而已，大部分商家追求的是利益，而忘记了产品的质量才是企业生存之本。

胡雪岩之所以敢给自己的胡庆余堂定下这样的店训店规，除了他真心为民外，他的雄厚资金支持他可以这样做"赔本"的买卖。在胡雪岩晚年的时候，他的商业大厦倒塌之际，唯独留下了胡庆余堂传承至今，不管经过多少次的改变，胡庆余堂的精神永远地保留至今，可以说，这是不

可思议的。同时也说明，"顾客乃养命之源"的理论，不会因为时间而改变。只有将顾客的心情照顾好了，才会心甘情愿地让人掏钱买下自己的商品。人与人之间讲究的是一种信任，同时也是一种尊重。

圣人智慧：

胡雪岩的"顾客乃养命之源"，不仅是嘴上说说，还用到了日常生活中，在细微之处显真章。胡庆余堂的这种做法，在当时，乃至今朝都实属罕见。可以说，世上只有一个"红顶商人"，也只有一个为百姓、为顾客着想的商人，同时这样的商人也是值得尊敬的。

时时处处急人所难

　　与大多数商人的经营模式不同，胡雪岩经商的模式走的是上层路线，也就是和官府合作。在胡雪岩看来，"抱大腿，远比自己奋斗要快捷，其中的收益更大"。最初，胡雪岩结识了王有龄。王有龄在官场频繁升迁，官至浙江巡抚。胡雪岩的生意也水涨船高，越做越红火。不料，1861年底，太平军攻破杭州，王有龄以身殉节。胡雪岩在官场失去了靠山。

　　就在这时，左宗棠被曾国藩荐任浙江巡抚，督办军务。胡雪岩经过详细调查和思考决定结识这位左宗棠大人。不得不说，胡雪岩的眼光很准，先是依靠王有龄打开了自己的商业之路，成为浙江首富，现在又看准了左宗棠，认为他会成为自己最大的靠山。于是，胡雪岩就主动前去拜见左宗棠，又是送银子又是送粮食，作为自己的见面礼。左宗棠率领楚军来到人生地不

熟的浙江，要钱无钱，要粮无粮。因此，胡雪岩的银子和粮食，无异于雪中送炭，让左宗棠大为感激。毕竟，在兵荒马乱的时代，有钱也难买到食物，大米真是比金子还贵重。通过交谈，左宗棠认为眼前的这个富商很有本事，不光是言谈举止，为人处世也很老练，再加上他的富商身份，对胡雪岩很是满意。随后，左宗棠给朝廷奏报，请求调一批人到他的大营。在请调名单里，胡雪岩的大名排在第一位。左宗棠称胡雪岩"急公募义，勤干有为"，很熟悉浙江的情况，请求将他调到楚军大营听候差遣。朝廷自然照准。于是，胡雪岩便成了楚军的后勤总管，主持杭州城解围后的善后事宜及浙江全省的钱粮、军饷。从此，左宗棠和胡雪岩开始了长达 10 余年的政商合作。

胡雪岩作为一个商人，能进入晚清名将左宗棠的眼中，正是因为胡雪岩抓住了时机，这个时机就是左宗棠初来浙江，根基未稳，正需要本地人支持的时候，胡雪岩带着自己满满的诚

意找到了左宗棠，雪中送炭比锦上添花的作用
要好用。

　　胡雪岩正是有了左宗棠的信任，在楚军中如
鱼得水。俗话说，"兵马未动，粮草先行"，左
宗棠率领楚军南征北战，胡雪岩就是他的经济支
柱。有了这根经济支柱，左宗棠打起仗来就更有
底气。1873 年，时任陕甘总督左宗棠奉命远征新
疆。远征新疆说来简单做来难。左宗棠经过测算，
8 万西征军每年共需 800 多万两白银。而那时，
朝廷财政十分困难，主持朝政的洋务派大臣将有
限的资金投入北洋水师的建设中，再无余粮供给
远征新疆的左宗棠部队。要钱？没有。左宗棠深
感绝望，感慨西征大业"将如海市蜃楼，转眼随
风变灭矣"。走投无路之际，左宗棠想到了胡雪岩，
请他出面向外国银行借钱。胡雪岩义无反顾，为
西征军的军费东奔西走，以江苏、浙江、广东的
海关收入作担保，共借得 1870 万两白银，解决了
左宗棠的大难题。左宗棠赞叹："雪岩之功，实
一时无两。"有了钱，好办事。左宗棠率领西征军，

经过两年奋战,成功收复除伊犁之外的新疆全境。

西征新疆,是左宗棠与胡雪岩合作最成功的一个案例。左宗棠在胡雪岩的支持下,成功收复新疆,完成了千古功业;胡雪岩也功成名就,被朝廷授予布政使衔(从二品),赏穿黄马褂,官帽上可佩二品红色顶戴,成为著名的"红顶商人"。从胡雪岩的角度来看,他找到靠山后,一定会为靠山好好做事,尽自己最大的努力完成领导左宗棠交给的任务,从而取得领导的信任。在职场上,不管领导交给的任务有多难,作为下属,都要尽自己最大的努力去完成,这是证明自己能力的时候,也是自我锻炼的机会。如果说胡雪岩的能力只有一省之力,就算是投靠了左宗棠,完不成西征的任务,早晚也会被左宗棠踢出团队。这就是机遇和能力缺一不可,才有可能达到人生巅峰。也正是胡雪岩解决了左宗棠西征的"后顾之忧"才证明了自己的能力,从而和左宗棠开启了长期的合作模式。

圣人智慧：

　　胡雪岩在选择靠山的时候，也是经过一番调查和思索的，通过谨慎的挑选，选中了有前途的左宗棠，正好又碰上左宗棠有难处的时候，及时地送上了他所需要的东西，获得了重用和青睐。

第三章 圆润变通方为处世之道

圆融的红顶商人

"圆融"一词，来自佛教语。破除偏执，圆满融通之意。引自《楞严经》卷十七："如来观地、水、火、风，本性圆融，周遍法界，湛然常住。"在这里用来描述一个人为人处世的方式，通过这样的方式来达到一种平衡，在错综复杂的人际关系里维持平衡。能做到这一点的人很少。一个人的生命是有限的，一个人的才智和力量也都是有限的，凡能成大事者，必是朋友四面环绕，八面玲珑，齐聚周围的力量成就自己的丰功伟绩，如此圆融处世却不是人人都做得到的，这不仅仅是一种人际交往更是一种处世的智慧。胡雪岩之所以成了晚清有名的"红顶商人"，他就把圆融之道发挥得淋漓尽致。

胡雪岩曾说："治我损我，拆我的烂污，那是行不通的，甚至让你没有好下场，但是你只要尚有可用的地方，饭总是大家一起吃的。"这就

是他"能大能小是条龙"的处事名言的有力诠释。就是得益于这种圆融的处世才使胡雪岩在商场、官场、洋场等各个阶层呼风唤雨，如鱼得水般来去自如，并拥有富可敌国的财富。

正是因为胡雪岩始终遵守商业竞争的游戏规则，对急于得利的同行给予忍让和宽容，以德报怨，留人后路，并给予力所能及的帮助，使同行唯他马首是瞻。在面对不是很熟悉的生丝市场时，胡雪岩大胆启用小船主，只因为这个人为人老实、忠厚、人缘好，对生丝生意很熟悉，就投资了一千两白银聘请他当丝行老板。他任人唯贤善待人才，使官、商、江湖、洋场中的能人贤士皆视其为朋友知己，对他的生意给予心甘情愿的鼎力相助。

"能大能小是条龙"不只是胡雪岩的人生哲学，更是世人需要学习的一种处世艺术与智慧。俗话说"水至清则无鱼，人至察则无徒"，在现实生活中，若钉是钉铆是铆有着分明的棱角则难以有长久立足之地，而如若太过圆滑，蝇头小利

也不放过的话，那这一路上恐怕要有太多的对手了。胡雪岩是智慧、宽容、谦逊、干练融为一体的智者，"体察了人心的喜怒哀乐，顺遂了人们的爱憎欲恶，做到这两点，万事无不可遂，人心无不可得"。胡雪岩的这句话不失为是他人生处世哲学最为精辟的诠释。

胡雪岩的圆融处世之术是他事业成功的法宝。亦正亦邪，内外兼修，利用自身独特的行事风格与为人处世的方法，掌握与运用了一套套成功的行商处事之道。圆融处世，在遇到各种困难的时候，才可以应付自如，左右逢源，达到化险为夷的地步。综观胡雪岩的一生，正因为圆融之道，让他结识了各行各业的朋友，从而保障了自己商业帝国的运作。

如果说，大家还是不太理解圆融之道，那么就举一个职场上的小例子来解释一下：

王强是一个计算机专业的博士，回国打算为互联网事业做出自己的贡献，面试了几家公司都不是很理想，有的公司提供的职位，王强觉得有

点低；有的公司则怀疑他的能力，毕竟王强一直在学习，没有实践经验。王强为此很是苦恼，思来想去，突然大脑灵光一闪，想到一个好办法。第二天，他只拿着自己的专科学历去找工作。很快，他就被一家招计算机维护人员的公司录用了。计算机维护对他来说实在是小菜一碟，但他到公司后，依旧认真工作，完全了解了公司的工作流程后，他就开始充分发挥自己的专业特长，除了做好本职工作，他还对计算机的程序进行检测，发现程序有错误时及时向领导汇报并加以改正。一段时间后，领导觉得很奇怪，能对计算机编程运用得如此熟练不是一个专科生能轻易做到的。领导便找他交谈，这时，他拿出了自己的本科证书，老板指着他笑了，给他加了薪并对他的工作进行了调整。

　　在新的工作岗位上，王强仍然是尽职尽责，虽然工作对他来说只是小试牛刀。工作了一段时间，领导发现王强往往能提出有创新且实用性很强的建议，而这是在公司工作几年的本科生都做不到的。带着疑问，领导又找他谈话，这次他才

掏出硕士学位证递给领导，领导很是震惊，当即把他调到了合适的工作岗位上，并交代同岗位的老员工对他好好栽培。1 个月后，老员工找到领导反映，这个新员工不仅不用培养，反而总是为他们出主意，带领整个部门圆满完成任务。这次，领导找到王强开口就说："你是不是还有什么事情瞒着我？把你的证书都拿出来吧。"王强这才把博士学位证亮了出来。

王强在公司的表现已经很出色，虽然还未拿出博士学位证，但他的才能已经充分展现出来，当他拿出证书后，领导就更加信服。从此，公司的重要研究项目都交由他主管，遇到难以定夺的事情，领导还会主动征求他的意见。他在公司的地位也日益凸显。

一个人寻求和创造能够展现自身实力的机会要比寻找与自己实力相匹配的工作岗位更为重要。只要实力能够得以展现就不愁得不到合适的工作。实力是人们事业之途的开路先锋，有了实力才能"事"途顺畅。

圣人智慧：

胡雪岩出身贫寒，在他打工期间，他明白一个道理，只有踏实勤奋的工作，才能迎来属于自己的辉煌。他在打工生涯中，就已经将圆融的道理融入自己的骨髓当中了，也正是这种实干精神让他一步步走向事业的巅峰。

变通才是最好的方法

所谓的变通，说通俗一点就是，不要把鸡蛋都放在一个篮子里。成大事者必须灵活如脱兔，不断地变换自己的位置和做事的角度，以便让自己处于优势之中。胡雪岩就善于变通，他能审时度势改变自己的做事手法，达到最终获利的效果，同时还能另辟出路，有出奇制胜之效。

做生意要以变应变，根据具体情况做出灵活反应。胡雪岩在驰骋商场一步步走向鼎盛的过程中，他灵活机动，四下出击，真可谓是一动一套招式，而招招式式都能为自己点化出一条财路。

胡雪岩为自己的蚕丝生意和帮办王有龄湖州官府的公事，几下湖州，结识了湖州颇有势力的民间把头——当时正做着湖州"户房"书办的郁四。胡雪岩凭着自身的仗义和识见，也因为他帮助郁四妥善处理了家事，深得郁四敬服。为了报答胡雪岩，郁四做主，将芙蓉姑娘介绍给

胡雪岩做妾。胡雪岩答应了这门亲事，除了因为女色，更看重芙蓉姑娘家的祖传秘方。胡雪岩经商手法活络，他才不会固守钱庄这一种行当，在乱世中，他一下就看出药店生意将是一个相当不错的财源。其一，军队行军打仗，转战奔波，一定需要防疫药。其二，大战过后定有大疫，逃难的人生病之后要救命药，只要货真价实，创下牌子，药店生意就不会差。而且，开药店还有济世行善积德的好名声，容易得到官府支持，在为自己赚钱的同时，还能为自己挣得好名声，这就是胡雪岩认准开药店的理由。虽然自己不懂这行生意，但可以借助行家为己效力。想妥这些之后，胡雪岩请郁四帮忙，摆了一桌"认亲"宴，就在认亲宴上便谈妥了药店开办的地点、规模、资金等事项。

胡雪岩的"胡庆余堂"就这样立起来了。在其后的几十年中，"胡庆余堂"成为名闻天下的老字号药店，素有"北有同仁堂，南有庆余堂"之说。胡庆余堂药店不仅成为胡雪岩的一个稳定

财源，也为他挣来了"胡大善人"的好名声，为他的其他生意也带来了极好的影响。

一个钱庄老板，在本业之上还要去做蚕丝生意销"洋庄"，在做蚕丝生意的同时又想起开药店，胡雪岩四面出击，不断为自己广开财源的灵活劲头，确实不能不让人叹服。事实上，做生意最没出息的大概就是死守一方天地。一笔生意再大，也只能有一次的赚头，一个行当再赚钱，也只是一条财路。因此要广开财源，生意才有更大的发展。胡雪岩说，做生意要变通，这里的变通，自然包括很多方面，但不死守一方，灵活出击，而且想到就做，绝不犹豫拖延，应该是这"变通"二字的精义所在。

胡雪岩不仅生意上变通，在"站队"的角度上也很是变通。有道是："灵活变通是最好的生意经。"对善于变通的生意人来说，这个世界上没有挣不了的钱，只是暂时没有找到合适的办法而已。胡雪岩在帮王有龄解决解运漕米难题时，经过一番努力，终于与松江漕帮达成协议，先由

松江漕帮在上海的通裕米行垫付十几万石大米，以解浙江海运局漕米解运难以按时完成之困，待下一步浙江漕米解运到上海，再以等量大米归还松江漕帮。这个时候，胡雪岩又提出了另一个方案，他与王有龄商量，想将松江漕帮那批大米改垫付为直接收购，即让信和先借出一笔款子，买下松江漕帮的大米在上海交兑，完成漕米交兑任务，而浙江现有来不及运到上海的那批漕米，自己囤积起来。之所以会改变方案，是因为在此期间，胡雪岩听到了一个消息，洪秀全已经开国称王，自立国号为太平天国。洪秀全改江宁（今南京）为"天京"，定尊号为"天王"，置百官，定朝仪，发禁令，并由天官丞相林凤祥、地官丞相李开芳率领一路兵马出征，夺取镇江，从瓜洲北渡，攻陷淮扬，已成北取幽燕之势。时局的这一变化，意味着朝廷与太平军之间将有一场决定胜败的大战。而且，在胡雪岩看来，局势会向有利于朝廷方面的方向发展，关键只看朝廷的练兵和粮饷办得如何。本来胡雪岩想通过这次囤积的粮食大赚

一笔，但是最后他又否定了这个方案，因为担心自己的信誉受损，江湖上做事，说一句算一句，答应人家的事，不能反悔，不然叫人家看不起，以后就吃不开了。

可见以不变应万变也是成大事的一个很重要的原则。一方面，变要看是针对什么。以一般商人的眼光看，把米囤积起来自己赚也是无可厚非的，一来商人图利，有的赚就尽可去赚，只要不违法，就可以；二来漕帮此时本来就急于脱货求现，以解燃眉之急，改垫付为收购，也许还正合他们的心愿，也算不得是不守信用。但是，这样变却是于道义不合，也与胡雪岩说一句算一句的行事手法相违背。这种变化很显然只是为了自己打算，从自己的利益出发而不想想别人，本身就不是诚信君子所为，本身就是不讲信义也没有信用。这样的人，自然也就叫人看不起了，也自然不会有人和你合作了。对胡雪岩这样精明的商人来说，不会不知道其中的利害关系。所以，还是坚持以不变应万变，照原计划进行。

圣人智慧：

胡雪岩的变通，同样适用于现今的商场中，他的变通中带有诚信，这是因为诚信在他的眼中要比任何赚钱的机会都重要。侧面也可以看出，胡雪岩是个经得住金钱诱惑的人，有道是"君子爱财，取之有道"。

做事低调避免树大招风

人常说树大招风，人满招妒。历史上多少英才俊杰恃才傲物招人妒忌，全因不懂得在进、退、藏、显等方面适度地把握自己。胡雪岩之所以能在官与商之间游刃有余，在时与势之中追逐名利就是因为其深深明白树大招风，人满招妒的道理，懂得适时地进退。

在生意场上，胡雪岩倒霉时，不会找朋友的麻烦；得意时，也不会忘记照应朋友，就是他如此懂得适时地进退才没有受到同行的排挤与妒忌，而是安好地把生意做大做红。在商言商，胡雪岩深深懂得生意场上致命的打击就是自招人妒，所以他总是设法联络同行互惠互利，顾及同行的利益，真心实意地合作，从而免去同行对自己占据半壁江山的生意的妒忌。

西方列强用大炮轰开了清王朝的"鸡蛋壳"后，就把中国当作副产品和工业原料的供应地，南方

所产的生丝大量外销。瞅准这一机遇，胡雪岩也开始做生丝生意，后又得到左宗棠的支持，生丝生意做得更大。但钱庄出身的胡雪岩对丝业是个外行，于是他便寻求居湖丝产地、对生丝颇为内行的庞云合作。为避免招其妒忌，胡雪岩向庞云虚心学习关于生丝行业的行情，并给庞云多半利润，面对如此互惠互利的合作庞云自当甘愿携手，资金充足、规模庞大、联系广泛，最终使丝业在市场上形成气候。

胡雪岩还向庞云传授了经营药业的经验，使得庞云在当地开了镇上最大的药店——庞滋德国药店。胡雪岩如此互惠互利的利益分享，不仅免去了庞云的妒忌还使其尽心尽力地完成合作。不仅如此，胡雪岩在发迹之时还不忘时时提携帮助同行商人，从而免去他们的嫉妒，并给予他们更好的发展前途。

胡雪岩的生意之所以能够雄踞半壁江山，就是因为其懂得做生意先要做人，不可一味地纠缠于是非名利之中，要根据现实状况适时地调整自

己，把握好进、退、藏、露的适度，力求不招人妒，从而使自己的生意一直处于良好的循环状态。一个真正懂得经商之道的人不会只考虑自己的利益，更不会为了自身利益而损害别人的利益，而是时刻顾及别人的利益，并给予慷慨的帮助。

太过的锋芒毕露必会自招同行嫉妒，所以要适时地懂得进、退、藏、露。生意场上不可总想着所有的好事与便宜全独占，即使是同行也要学着分享利益，不忘他人。时刻注意商场的细微变化，一旦对别人的生意构成威胁形成敌对关系，就要及时想办法化敌为友，这是胡雪岩纵横商场不自招人妒的智慧所在。生意场上，没有永远的朋友只有永远的利益，所以，利字当前不自招人妒不失为一种较为明智的自保方式。

胡雪岩看到太平天国兴起的局势下各地涌出不少团练，也就是地方武装，守土自保。尤其是太平天国最严重的江浙一带，自从上海失守后，人心惶惶，团练就是要扩充军队，人有的是，但是缺少的是武器。胡雪岩正是看中这

一点，才决定利用自己的官场优势，做起了军火生意。

在一次和古应春交谈中，胡雪岩得到一个消息，那就是英国当时有一批要卖给太平军的武器就要运到上海了。他决定把这个生意抢下来，于是对古应春说："英国人肯不肯把洋枪洋炮卖给我们？"古回答说："英国人只要有钱赚，不在乎买家是谁。你打算要什么？我好去和他们谈。"胡雪岩作为门外汉对军火的事情一窍不通，于是大胆地让古应春看着办，胡雪岩只要洋枪不要洋炮的话一出口，就让古应春感到奇怪。胡雪岩知道他是怎么想的，在他没有开口询问之前就说，之所以要枪不要炮，是因为浙江巡抚黄宗汉手下有一个叫龚振林的会造炮，虽然他造炮的手艺很好，但是怎么也比不上洋炮的威力，如果我们大肆购买洋炮，就是断了人家的财路，因而引起不必要的纠纷，到时候他们要是鸡蛋里挑骨头，万一最后连我们手里的洋枪也不买了，岂不是绝了这条财路？

　　胡雪岩有句话说得好，同行不妒，什么都能成功。虽然看似缩小了市场，实际上却为开辟另一市场做出了必要的让步。只有这样，在新的市场中，没有同行的嫉妒和反对，也没有竞争，营造出良好的经营空间，赢得更大的利润。商场竞争是残酷的，更需要遵守规则。在下一个决断的时候，将同行的利益考虑其中，"天下饭，天下人吃，只有联系同行，要他们跟着自己走，才能走得通。所以，捡现成要看看，于人无损的现成好捡，不能抢了他人的饭碗。将心比心，多为同行考虑，不能好处独占，不然会引起同行的反弹，最后变得孤立无援"。胡雪岩是这样想的，也是这样做的。他的商德之所以被推崇，很重要的一点就是他没有吃独食，喜欢分享，有一种"有钱大家赚"的心态。这样的心态，在商场激烈的竞争中很是难得，因为他知道，做事要低调，要会变通，不能大包大揽，要懂得分享，自己吃肉，也要留点汤给同行，因为人在饥饿的时候，最容易失去理智。

　　胡雪岩的智慧和心态值得现代经商之人学习，现代人在挣钱上有一种"魔怔"，认为钱越挣越多就是好，甚至一个行业的钱都是自己的才好。大禹治水的方式和胡雪岩的低调有点相似，河道宜疏不宜堵，这里面的"疏"是疏通的意思，也可以看作利益上的分享。

圣人智慧：

　　"人怕出名猪怕壮"，经商之人想要让自己的生意做得长久，就要学会让出一部分利益给同行，胡雪岩在这方面做得就很好，在他的经商理念中，同行的利益远远大于自己的，留一口吃的给同行，会得到同行们的感激和臣服。

敌人也可以是朋友

将敌人变成朋友，说起来容易，但是做起来就需要动一动脑筋了。胡雪岩在这方面做得就很不错，因为他知道，在生意上，没有真正的朋友，也不是到处都是敌人。既然大家同吃一碗饭，所图的不过就是一个利字，有麻烦最好摆在明面上，不然私自暗动，对谁都没有好结果。所以，胡雪岩在为人处世中总会想方设法地将不管是明面上还是私底下的敌人通通转化成朋友。

有一次，王有龄去杭州拜见浙江巡抚黄宗汉，没想到却吃了一次闭门羹。黄宗汉说有要事在身，不方便见他。要知道，自从王有龄当上湖州知府以来，他将上下关系疏通得相当活络，逢年过节，上至巡抚大人，下至巡抚院守门，以及浙江官场各位官员，他都极力打点。以往来巡抚院都是黄宗汉笑呵呵地出来迎接他，没想到，这次却拒他于门外，这让王有龄很是奇怪。

王有龄于是转头来到胡雪岩府上，将事情和他一说，胡雪岩便回答道："事有蹊跷，等我查明原因再说。"正好胡雪岩有一个朋友在黄宗汉的手下当师爷，这个人姓何。一问才知道，原来黄宗汉有个表亲周道台，从中作梗。他对黄宗汉说，湖州今年的收成特别好，但是王有龄孝敬您的银子却没有变化，这是摆明不把巡抚放在眼中。于是就有了王有龄吃巡抚黄宗汉闭门羹一事。

这个嚼舌根的小人是谁呢？为什么要针对王有龄呢？

原来，这个周道台是黄宗汉的表亲，还只是一个没有实缺的候补道台，只不过仗着黄宗汉的面子，狐假虎威惯了。前任湖州知府走了以后，周道台极力争取，最后因为没有王有龄的银子多而落败，因此对王有龄怀恨在心，常常在黄宗汉面前说他的坏话。

胡雪岩将这个事情和王有龄一说，王有龄一脸的苦涩，他对胡雪岩说："今年湖州的收成不好，

所以给巡抚大人的孝敬没有变，没想到因此得罪了他，雪岩，快给我想一个办法吧。"

胡雪岩这时微微一笑，从怀中掏出一张空存折（相当于现在的支票），填上两万两银子的数目，派人送给黄宗汉，并说王大人早就把这笔钱存在钱庄，只是还没有来得及告诉他。

这就把巡抚黄宗汉哄高兴了。剩下的就是周道台这边了。

打压不是胡雪岩的作风，"以德服人"才是最高境界。

经过一番谋划，胡雪岩请来何师爷，与其深谈一夜。胡雪岩在谈话中得到一个重要消息，原来周道台正偷偷地和浙江藩司与洋人洽谈一笔大生意，还是军火生意。在当时，做军火生意也没什么，关键是他没有和上边打招呼，最重要的是事情还"暴露"了。

之所以军火生意在当时盛行，是因为太平天国运动以后，尤其是沿海各省纷纷开始办洋务，购买战舰大炮。为什么不自己造呢？那是因为当时浙江

财政空虚，无力建厂造船，只好向洋人购买。这种事正好是分管财务的藩司的职责所在。按理说，下属办事需要和上司，也就是巡抚打声招呼，得到许可后才能办事。只不过，浙江藩司和巡抚黄宗汉素来不和，所以也就没有通知上司。藩司做事这么大胆的原因是因为自己的靠山是军机处的文煜。之所以拉上周道台一起做，一是因为周道台和巡抚黄宗汉之间的关系；二是购买大炮战舰的事情重大，不汇报的话有些心虚，而周道台能言善辩，是和洋人交涉的好帮手。再加上其中的利润巨大，周道台财迷心窍，也就瞒着自己的表亲答应了这件事。这事本来十分机密，可是不巧被何师爷所知，也是因为胡雪岩打听，不然何师爷也不会说这件事。

胡雪岩将这个"秘密"告诉王有龄，王有龄大喜，认为应该马上告诉巡抚黄宗汉，让他去处理。可是胡雪岩有自己的想法，拒绝了这个提议，说："这事这么做不地道，这样算是把人家逼上了绝路，万一传出去，对我们的名声也不好，不如这样……"

这天深夜，周道台被敲门声惊醒，打开门一看，原来是何师爷。何师爷二话没说，直接递给他两封信。周道台一打开，内容着实吓得他一身冷汗，脸色苍白。原来这两封信竟然是告发他的，信中不仅列举了众多他的劣迹，还有提到他向洋人购买船只大炮的事情。等他看完信，何师爷才说话："今天下午，有人从墙外扔进巡抚院，让侍卫发现了，正好我路过，接过来一看，觉得大事不妙，特意深夜前来告诉你。"

周道台一听就傻了，赶紧拉住何师爷的手不放开，跪求其指点迷津。何师爷故意深思一会儿，说："黄大人恨的是藩司，他并不反对买船。现在既然和洋人商量好了，也就是不买不行，然而要是买的话，府院一时没有这么多银两，要解决这件事，必要一位巨商相助。"

周道台"哇"的一下就哭了，"我在浙江无亲无故，也不认识什么巨商啊，这是天要亡我吗？"

何师爷看着他哭泣无助的样子暗暗发笑，不过面子上却安慰道："湖州王大人甚受黄大人器重，

再加上王大人有一个姓胡的好兄弟，那可是有名的浙江巨商，你可以向他求救。"

一听到王有龄，周道台脸色变了又变，何师爷趁机道明其中的利害关系，听得周道台又惊又怕，再加上走投无路，第二天一大早就来到了王有龄府上。

王有龄听完周道台的来意，想了想说："这件事本来我不打算插手，今天周兄求到我这儿，我也愿意协助，只不过所得好处，我一分不取。周兄若是答应，兄弟立刻就办。"

周道台一听，还以为自己听错了，赶忙声明这是自己的一份好意。两个人推辞一会儿，周道台无奈拿着礼金回去了。

王有龄来到黄宗汉府上，对黄宗汉说，我兄弟胡雪岩愿意借钱给浙江购船，事情可托给周道台办理。黄宗汉一听又有油水可捞，立即答应了。

周道台见王有龄做事厚道大方，自觉惭愧。办完购船之事，亲自到王有龄府上负荆请罪，从而二人成为莫逆之交。

圣人智慧：

生意场上充满了竞争，如何在其中自由地游走，这就要看你的思想和处事是不是圆通。生意场上充满了利益矛盾，没有谁是真心帮助你，如果无法避免，有几个敌人也没有关系，尽量做到化干戈为玉帛，在人生道路上多一些援助，少一些牵绊。

有钱大家一起赚

　　有钱大家一起赚，这句话说出来很容易，做起来却很难。这是因为人都有贪欲，尤其是求富欲强烈的人更是难以做到，人人都想着把最多的钱挣到自己的兜里，因而变得自私自利，在商场中各自为战。反而最后发现，自己得到的远远不如投入的。

　　胡雪岩在经商中，很重视同行之间的利益，有的时候甚至认为同行的利益高于一切。不得不说，作为一个商人，能有这样的想法，在境界上就高人一等。最能表现胡雪岩"有钱大家一起赚"的事就是丝战中联合同行一起对外，从而赢得了胜利，让整个丝业同行们都得到了最大的利益。

　　胡雪岩在看好生丝生意时，就有了和洋人抗衡的想法。他认为，要把利益最大化，就要以垄断优势求得商业主动权。丝业生意的价格就应该由行业来定，而不是由洋人来定。但是胡雪岩考

虑到，做生意就怕心不齐。跟洋人做生意，就要定好价，愿意就愿意，不愿意拉倒。这样一来，商业的主动权就到了本地丝行的手里。想要达到这样的目的，只能想办法联络同行，让他们跟着自己走，至于想脱货求现的，要不卖给我，要不就谁也不卖，需要多少银子，就拿货物抵押，保准叫他挣得比现在多。

俗话说，万事开头难，有人领头，就会有人跟着。具体的做法因情况而变。后来正好有一批丝运到了上海，恰逢小刀会起义，胡雪岩从官场上得到消息，政府因为洋人资助小刀会，建议对洋人实现贸易封锁，教训一下洋人。只要政府出面封锁，上海的丝就可能抢到手，所以现在宜静不宜动，等待时机出手，必定能挣不少钱。想要做到这一点，必须掌握上海生丝生意的绝对控制权，和庞二联手就可以获得绝对的优势。

庞二的家族是南浔丝行的龙头，控制着上海丝一半的生意。胡雪岩就派爱"玩"的刘不才去和庞二联络感情。起初，庞二还多有疑虑，但是

经过了解和调查，认为胡雪岩属于重感情讲义气的商人，对胡雪岩的品性很是佩服，尤其是听了胡雪岩说的有钱大家一起赚的一番豪言，决定和他联合。单说庞二这个人，他也是性情中人，并且很有担待，认准你了，就完全信任你，所以委托胡雪岩全权处理自己的丝行生意。这样的话，胡雪岩手中就有了绝对的优势，在和洋人谈价钱时，就有了底气，最后当然是我方大胜，不仅挫败了洋人的气焰，还让跟着自己的丝商们大大地赚了一笔。

胡雪岩的举动赢得了丝行商人发自内心的尊重。在他看来，一个人挣钱不是长久之策，人都有私心和贪欲，在利益面前很容易让人失去理智，如果不知进退，一味地自己挣钱不管同行，早晚会被同行所抛弃。

正是因为胡雪岩明白商场中不能过多地树敌，才会联合同行，有钱一起赚，不仅获得了巨大的经济效益，同时还赢得了名望，掌握了行业的主动权，成为行业风向标似的人物。

在对抗洋人的商战中，虽然胡雪岩一力促成了同行的联盟，但是对当时的社会环境并没有起到任何的帮助，晚清时期的政府面对洋人只会卑躬屈膝，完全失去了一个天朝大国的尊严。在这样的环境下，即便有人勇敢地站起来反抗也是徒劳无功的，甚至会遭到清政府的抵抗，通过胡雪岩的一生可以反映出当时的清政府是多么懦弱，虽然大部分中国人在压迫下艰难地活着，但是总有一些有骨气的人站出来，这证明中国人并没有完全被生活压倒，总会有一些英雄般的人物站起来反抗的。

胡雪岩就是一个这样的人，虽然富有，但是骨子里的豪气并没有被金钱所腐蚀，面对洋人的压迫，他选择反抗。生丝大战中，胡雪岩带领同行一起对抗洋人，获得胜利，为中国人争了光，在死气沉沉的水中溅起了一次波浪。胡雪岩有钱一起赚的想法赢得了同行的信任，同时也在告诉我们，只有团结在一起，才能很好地去面对困难，团结就是力量。

　　"有钱大家一起赚"，这句话中释放出很多代表友好的含义，同时也表现出说出这句话的人身上的豪气和个人魅力。话好说，事难做。敢说出这样的话，就表示他有一定的把握去获得成功。商战是没有硝烟的战争，一个人的力量无法和国家抗衡，一群人的力量同样无法和国家抗衡，但是一群人在一起可以抱团取暖，总比一个人面对强大的压力要好得多。不管什么生意，说白了都是人和人之间的交流和协作。放弃一部分的利益给同行们，这也显示出一个人的大爱，也会赢得同行们的尊重，一群人中总归需要一个领头的人来带领大家一起去面对，"有钱一起赚"。

圣人智慧：

　　胡雪岩本身就是一个重视朋友的人，这样的人心中必存大爱，同样也有一种情怀。他在人生的格局中，走出了属于自己的特色之路，同时，他的心中带有强烈的爱国之情，敢于领导大家站起来反抗洋人，这就是爱国。

八面玲珑摸透对方心思

当胡雪岩第一次见到左宗棠时，左宗棠因为听说过胡雪岩一些不好的传言，对他有些反感，因此没有给他什么好脸色。在经过一番交谈后，尤其是知道胡雪岩带来了一万石粮食后，左宗棠态度有了很大的变化，请胡雪岩升炕，吩咐下人上茶，就说明左宗棠已经在心中对其义举有些敬佩。

等听差将盖碗茶移到炕几上，胡雪岩道谢坐下。左宗棠徐徐说道："有这一万石米，不但杭州的百姓得救，肃清浙江全境，我也有把握了。老兄此举，出人意表，功德无量。感激的不止我左某一个人。"

"大人言重了。"

"这是实话。不过我也要说实话。"左宗棠说，"一万石米，时价要值五六万银子，粮台上一时还付不起那么多。因为刚打了一个大胜仗，犒赏

弟兄是现银子。我想，你先把你缴来的那笔款子领了回去，余数我们商量一下，怎么个付法？"

"大人不必操心了。这一万石米，完全由光墉报销。"

"报销？"左宗棠怕自己是听错了。

"是！光墉报销。"

"这，未免太破费了。"左宗棠问道，"老兄有什么企图，不妨实说。"

"毫无企图。第一，为了王中丞。第二，为了杭州百姓。第三，为了大人。"

"承情之至！"左宗棠拱拱手说，"我马上出奏，请朝廷褒奖。"

"大人栽培，光墉自然感激，不过，有句不识抬举的话，好比骨鲠在喉，吐出来请大人不要动气。"

"言重，言重！"左宗棠一迭连声地说，"尽管请说。"

"这批米，绝不是为朝廷褒奖。光墉是生意人，只会做事，不会做官。"

"好一个只会做事，不会做官！"这一句话碰到左宗棠的心坎上，拍着炕几，大声地说。赞赏之意，溢于言表。

"我在想，大人也是只晓得做事，从不把功名富贵放在心上的人。"胡雪岩说，"照我看，跟现在一位大人物，性情正好相反。"

前半段话，恭维得恰到好处；对于后面一句话，左宗棠自然特感关切，探身说道："请教！"

"大人跟江苏李中丞正好相反。李中丞会做官；大人会做事。"胡雪岩又说："大人也不是不会做官，只不过不屑于做官而已。"

"啊，痛快，痛快！"左宗棠仰着脸，摇着头说，一副遇见知音的神情。

胡雪岩见好即收，不再奉上高帽子，反而谦虚一句："我是信口胡说，在大人面前放肆。"

"老兄，"左宗棠正色说道，"你不要妄自菲薄，在我看，满朝朱紫贵，及得上老兄识见的，实在不多。你大号是哪两个字？"

"草字雪岩。风雪的雪，岩壑的岩。"

　　"雪岩兄，"左宗棠说，"你这几年想必一直在上海，李少荃的作为，必然深知，你倒拿我跟他比一比看。"

　　"这，"胡雪岩问道，"比哪一方面？"

　　"比比我们的成就。"

　　"是！"胡雪岩想了一下答道："李中丞克复苏州，当然是一大功；不过，因人成事，比不上大人孤军奋战来得难能可贵。"

　　"这，总算是一句公道话。"左宗棠说，"我吃亏的有两种，第一是地方不如他好，第二是人才不如他多。"

　　"是的。"胡雪岩深深点头，"李中丞也算会用人的。"

　　"那么，我有句很冒昧的话请教，以你的大才，以你在王中丞那里的业绩，他倒没有起延揽之意？"

　　"有过的。我不能去！"

　　"为什么？"

　　"第一李中丞对王公有成见，我还为他所用，也太没有志气了。"

"好！"左宗棠接着问，"第二呢？"

"第二我是浙江人，我要为浙江出力；何况我还有王中丞委托我未了的公事，就是这笔买米的款子，总要有个交代。"

"难得，难得，雪岩兄，你真有信用。"左宗棠说到这里，喊一声，"来呀！留胡大人吃便饭。"

照官场中的规矩，长官对属下有这样的表示，听差便得做两件事，第一件是请客人更换便衣；第二件是准备将客人移到花厅甚至"上房"中去。

在正常的情况下，胡雪岩去拜客，自然带着跟班。跟班手中捧着衣包，视需要随时伺候主人更换。但此时只有胡雪岩一个人，当然亦不会有便衣。左宗棠便吩咐听差，取他自己的薄棉袍来为"胡大人"更换。左宗棠矮胖，胡雪岩瘦长，这件棉袍穿上身，大袖郎当，下摆吊起一大截，露出一大截沾满了黄泥的靴帮子，形容不但不雅，而且有些可笑，但这份情意是可感的，所以胡雪岩觉得穿在身上很舒服。

圣人智慧:

　　正是因为胡雪岩对人情世故研究得透彻，说起话来才会符合对方的心理，让开始不太待见他的左宗棠，慢慢地对他有了改变。也通过交谈，了解了左宗棠的为人品行，这为以后更好地合作奠定了基础。所以要从语言的交流上，尽可能地了解对方的一切。

第四章　广交朋友做天下生意

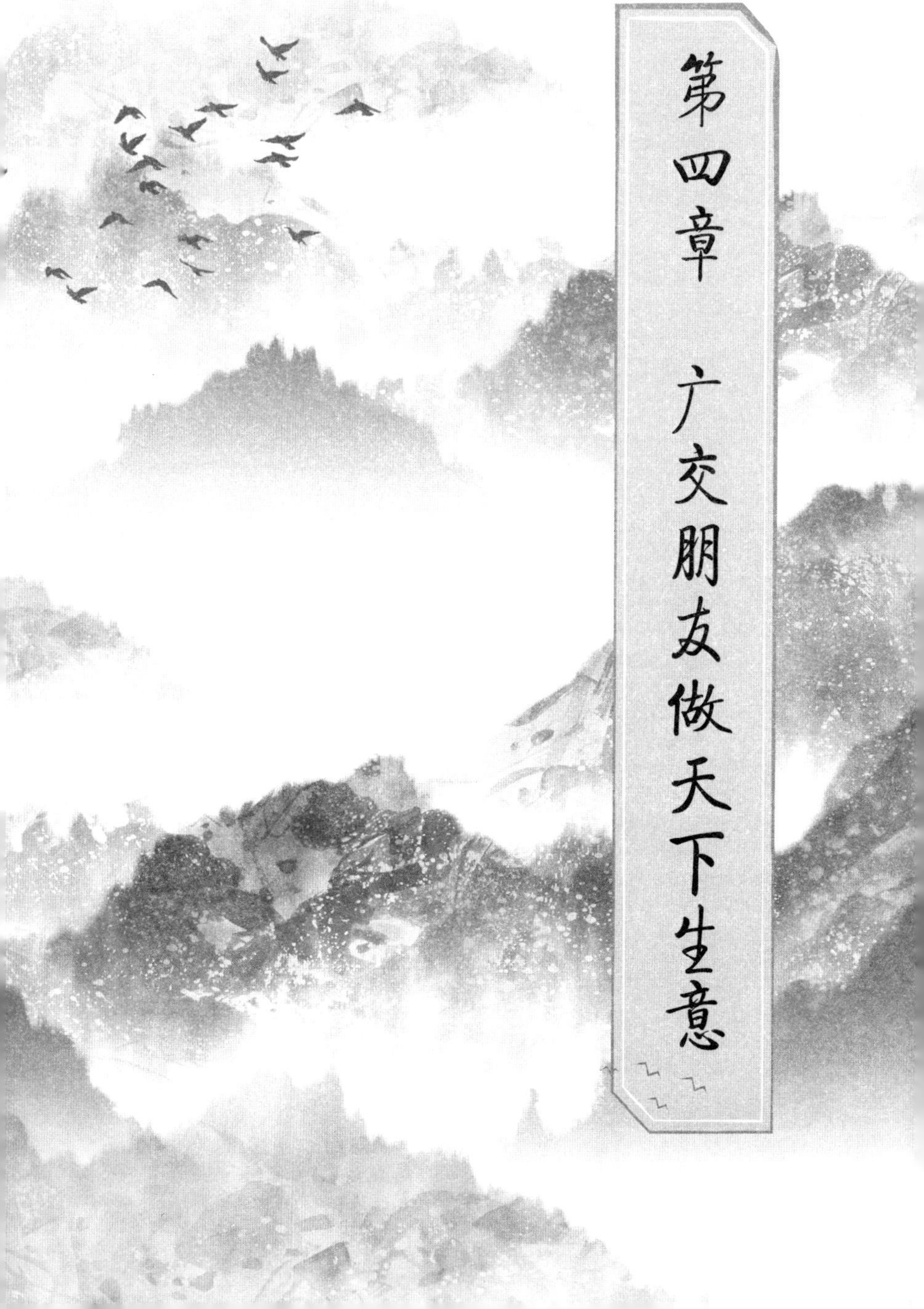

投资人脉编织财脉

有句话说人脉就是钱脉，做生意的根本就是人与人之间的事情，所以人脉多了，生意也就好做了，不管是渠道还是消息，都可以第一时间得到。当时的社会环境下，胡雪岩要发展自己的商业之路，必须有官场和洋场的势力才可以，一是可以保驾护航；二是外销，当时的清政府只有官府有能力，百姓没有购买力。

胡雪岩在洋场中有古应春等人帮忙与洋人周旋，在官场上只有王有龄和嵇鹤龄两个人。只不过这两个人的职位有点低，官场上的势力与胡雪岩的远大目标不对称，所以才抛下诸多生意来苏州找何桂清。因为听说官场上有调动，胡雪岩希望何桂清来接任，见面后又是拉关系，又是送银子、美女，只为了有人可以对自己的生意保驾护航。

胡雪岩正打算从苏州回去的时候，碰见了嵇鹤龄，于是他们坐到一起闲聊。

嵇鹤龄问到时局："上海的情形怎么样？"

"小刀会不成气候，只是有洋人在后面。看样子，上海县城，一时怕难收复。"胡雪岩说，"这种局面一长，无非便宜了洋人。"

"怎么呢？"嵇鹤龄近来对"洋务"很关心，所以逼视着胡雪岩问，"你倒说个道理我听听。"

"第一，租界本是一片荒地，有地无人，毫无用处，现在这一乱，大家都逃到夷场去避难，人多成市，市面一繁荣，洋人的收入就多了。第二，现在两方面都想拉拢洋人，鹬蚌相争，渔翁得利，洋人乐得从中操纵。"

"怎么个操纵法？"

"无非'见人说人话，见鬼说鬼话'，你要想他帮忙，就得先跟他做生意。现在两江总督怡大人，决定断绝他们的货源，我看这个办法，维持不长的。"

话锋一转，又谈到浙江的政局。嵇鹤龄亦认为黄宗汉的调动，只是日子迟早而已。最明显的迹象是，黄宗汉自己亦已在做离任的准备。

该他收的好处，固然催得甚紧，不该他得的好处，亦伸长了手在捞。这都是打算随时卷铺盖走人的模样。

"那么，大哥，你看何学使有没有调浙江的希望？"胡雪岩很关切地问。

"这哪里晓得？现在也不必去管他！"

胡雪岩很坦率地说了他所以特感关怀的原因。上海的生丝生意结束以后，他虽说决定了根本宗旨仍然以做钱庄为主，但上海这个码头，前程似锦，也不大肯放弃。他的想法是，有了官场与洋场的势力，商场的势力才会大，如果何桂清放了浙江巡抚，以王有龄跟他过去的渊源，加上目前自己在苏州与他一见投契的关系，这官场的势力，将会无人可以匹敌，要做什么生意，无论资本调度、关卡通行，亦就无往不利。

"所以我现在一定要想办法看准风头，好早做预备。如果何学使放到浙江是没有希望的事，我的场面就要收缩，抱定稳扎稳打的宗旨，倘或放到浙江是靠得住的，我还有许许多多花样拿出

来。"胡雪岩又说，"不是为此，我丢下上海、杭州许多等着料理的杂务，跑到苏州来跟小狗子这种人打交道，不发疯了吗？"

这一说，嵇鹤龄自然要为他认真去想了。他点点头，没有立即开口，喝着酒细细思量。

"我想有希望的。"嵇鹤龄先提了句使胡雪岩高兴的结论，"现在他们乙未这一榜，声气相通，团结得很，外面的几个缺，抓到了不肯轻易放手的。照这样说起来，何学使去接浙江，大有可能。再还有一层，此公亦愿意自己人去接。"嵇鹤龄一面说，一面拿筷子蘸着酒写了个"黄"字，自然是指黄宗汉。

"何以见得？"聚精会神在倾听的胡雪岩问。

"这就跟我接雪公的海运局，是一样的道理。"

"啊！'一语惊醒梦中人'！"胡雪岩恍然大悟，拍案说道，"岂止有希望，简直十拿九稳了。"

他接着提出更深一层的看法，黄宗汉为人阴险工于心计，目前虽红，但冤家也不少，既然在浙江巡抚任内有许多"病"，自然要顾虑到后任

谁属？"官官相护"原是走遍天下所通行的惯例，前任有什么纰漏，后任总是尽量设法弥补。有些人缘好的官员，闹了亏空，甚至由上司责成后任替他设法清理，也是屡见不鲜的事。只是有两种情形例外，一种是与后任的利害发生冲突，不能不为自己打算；一种就是前后任有仇怨，恰好报复。

"是的！我的看法也差不多。"

"但是，"胡雪岩却又提出疑问，"如果上头对何学使想重用，而江苏的许巡抚又要调动，那么，何不将何学使放到江苏，岂不是人地相宜，顺理成章吗？"

"不会！这有两个道理，第一，何学使在江苏常常上奏折谈军务，颇有伤及许巡抚的话，他们是同年，不能不避嫌疑，所以即使上头要派他到江苏来，他怕人家说他上折谈军务是有取而代之的心，一定也不肯就的。"嵇鹤龄喝了一口酒又说："其次，江苏巡抚要带兵打仗，而且目前是军功第一，布政使吉尔杭阿在上海打小刀会，

颇为卖力，照我的看法，许巡抚倘或调动，多半是吉尔杭阿接他的手。"

这一番分析下来，胡雪岩就更放心了，何桂清一定会当浙江巡抚，不过日子迟早而已。

圣人智慧：

胡雪岩的为商之道在于人脉的累积，在他看来人脉不仅是自己的摇钱树，同时还是自己的保护伞。不管是在官场还是在商场，人脉多了，消息自然也灵通起来。对职场上的人来说，人脉的重要性是不可缺少的。

交人交心才能获真心相助

人与人之间相处，处的是情感，利益永远不会成为人与人之间的纽带，最多算一条麻绳而已。唯有情感才能永远牢固地将两个人拴在一起。牢靠的情感代表着愿意为对方着想和付出。胡雪岩交朋友，不管是什么身份、什么地位，他都会用心去结交。真心付出，总会有所回报。

从嵇鹤龄对胡雪岩谈论胡自身的不足来看，嵇鹤龄把胡雪岩真的当成了朋友，对他没有看不起的意思，这才是真的朋友。

胡雪岩半羡慕、半感慨地说："你们的这支笔，实实在在厉害。小时候读蒙馆，记得读过两句诗：'别人怀宝剑，我有笔如刀。'当时心里在想，毛笔哪有宝剑厉害？现在才知道有些笔上刻的那句话'横扫千军'，真正一点不错。"

"也不见得那么厉害！"嵇鹤龄由此想到了胡雪岩的不足之处，"有句话我早想跟你说了，

依你现在的局面，着实要好好用几个人，牡丹虽好，绿叶扶持，光靠你一个人，就是三头六臂，到底也有分身不过来的时候。"

这句话搔着了胡雪岩的痒处，"是啊！"他拍着大腿说，"我也久已想跟大哥讨教了。而且也做过打算，我想用两个人，一个是能替我出面应酬的，这个人有了，就是刘不才。另外一个是能够替我办笔墨的，在湖州有个人姓黄，本说要跟我一起到杭州，后来因为别样缘故，打消了此议。我看他的本事也有限。如今我要跟大哥商量，"他很吃力地说，"这些人，我实在也还不知道怎么用法？"

嵇鹤龄将胡雪岩的情况想了一遍，很清楚地看出来他的"毛病"，于是从远处说起："我说句很老实的话，你少读书，不知道怎么把场面拉开来，有钱没有用，要有人，自己不懂不要紧，只要敬重懂的人，用的人没本事不妨事，只要肯用人的名声传出去，自会有本事好的人投到门下。"

接着，嵇鹤龄由"千金市骨"的故事，谈到

孟尝君门下的鸡鸣狗盗之徒。胡雪岩一面听，一面心潮起伏，有了极多的启示。等嵇鹤龄谈完，他不住赞叹颇有茅塞顿开之感。

"我懂了！"胡雪岩连连点头，"我这样奔波，不是一回事儿！要弄个舒舒服服的大地方，养班吃闲饭的人，三年不做事，不要紧，做一件事就值得养他三年。"

"你真的懂了！"嵇鹤龄极其欣慰地说，"所谓'门客'就是这么回事。扬州的盐商，大有孟尝遗风，你倒不妨留意。"

胡雪岩不答，心里在细细盘算，好久，他霍地站了起来："就是这样了！这一趟回去，我要换个做法。"

"怎么换？"

"用人！"胡雪岩一拍双掌说，"我坐镇老营，到不得已时才亲自出马。"

"对了！要这样子你的场面才摆得开。"嵇鹤龄又说，"我帮你做！"

"自然。"胡雪岩说，"大哥就是我的诸葛亮。"

"这不敢当。"嵇鹤龄笑了,然后又仿佛有些不安地,"你本来是开阔一路的性情,我劝你的话,你自己也要有个数,一下子把场面扯得太大,搞到难以为继,那就不是我的本意了!"

"大哥放心!"胡雪岩在这时才有胜过嵇鹤龄的感觉,"只要是几十万银子以内的调动,决不会出毛病。"

"只要你有把握就行了。"嵇鹤龄站起身来,"我回去了。早早替你把那封信弄出来。"

嵇鹤龄和胡雪岩交谈完就回去了。他的话对胡雪岩来说,犹如醍醐灌顶,让他明白了用人的重要性,其中讲的典故也给胡雪岩带来了启示。这就是真心交友换来的财富。这也是无价的。要知道一般人是不会和你说这些的,只有真正对你好的人才会告诉你你的缺点,并提出解决办法。胡雪岩的出身决定了他不会有太高的眼界,虽然很有理想,但是没有太多学识成了他的短板。嵇鹤龄的一番话,让他明白了以后的生意该怎么样去处理,也明白地告诉了胡雪岩人才的重要性。

　　嵇鹤龄为什么会对胡雪岩说这些话，这么交心呢？正是因为胡雪岩在他不如意的时候真心相助，换来了嵇鹤龄的信任，当胡雪岩是自己的知己。所以才会有这段话的出现。

　　"仅有志向，不能识人、用人，此之谓'志大才疏'，像那样的人，生来就苦恼！"嵇鹤龄停了一下又说，"不得志的时候，自觉埋没英才，满腹牢骚，倘或机缘凑巧，大得其发，却又更坏！"

　　"这……"聚精会神在倾听的胡雪岩失声而问，"什么道理？"

　　"这个道理就叫'爬得高，跌得重'！他能爬上去是靠机会，或者别的人有意把他捧了上去，被捧上了台，要能守得住，也不是件容易的事。这一摔，摔下来就算不送命，也跌得鼻青脸肿。所以这种志大才疏的人，怎么样也是苦恼！"嵇鹤龄又说，"历史上，有许多草莽英雄，因缘时会，成王称帝，到头来一场春梦，性命不保，说起来大多是吃了这四个字的亏。"

　　这番议论，胡雪岩心领神会，大有领悟，每

次跟嵇鹤龄长谈，总觉得深有所得。当然，也深深领受了朋友之乐，不过这份乐趣，较之与郁四、尤五，甚至王有龄在一起的感受，是大不相同的。

"说实在，我的见识，实在在大哥之下。"他心悦诚服地说，"为人真是不可不读书。"

"'世事洞明皆学问'，光是读死书、做八股，由此飞黄腾达，倒不如一字不识，却懂人情世故的人。"

圣人智慧：

人与人之间需要的是真诚相待，互相考虑、互相帮助，少一点自私，多一点付出，生活才会更加的美好。"交人交心才能获得贵人相助"说的不仅是职场上的人，夫妻之间也很合适。

交情和义气是经商资本

　　胡雪岩出身贫寒，最后成就了一番伟大的事业，创建了一个庞大的商业帝国。他是怎么做到的？不是偷不是抢，胡雪岩依靠的是自己用心结交下来的人际关系。可以说，胡雪岩的身价是通过人与人之间真心交往换来的。

　　很多书中有关于他的传言。有的说，在胡雪岩还是钱庄的小伙计的时候，遇见了落魄的王有龄，感觉他是一个有才之人，于是为了他，胡雪岩偷偷挪用"公款"资助王有龄进京去活动。他这是为自己的未来在做投资。

　　胡雪岩不和一般人见识，对落魄之人另眼相看，这足以见得其慧眼如炬，更具侠义热心。不管胡雪岩的钱出自哪里，通过他对一个不是很熟悉的人就敢借钱给他，让他完成心愿这件事上，可以看出胡雪岩的本性。虽然是一个商人，但是他的心中比同行要多出一份"义气"。大部分商

人的眼中都只有单纯的利益；胡雪岩的眼中虽然也有利益，但是在利益的旁边却站着一个叫"义"的东西。他常说，在家靠父母，出门靠朋友。想要结识真正的好朋友，就要付出自己的真心。世上的人没有傻子，如果你心存歹念，你的朋友早晚会离你而去，如果你是一个对朋友有"义"的人，那么你身边的朋友就会越来越多，真心实意地去帮助你。

胡雪岩一生中，虽然有王有龄和左宗棠两位贵人的扶持走上了人生巅峰，但是如果没有像古应春、刘有才等人的协助，胡雪岩一个人是不可能撑起一个商业帝国的。正是因为有了交情和义气作为胡雪岩行商生财的资本，才让他建立起属于自己的一番霸业，成为晚清有名的"红顶商人"。

交情有时候不是故意而为之，也有可能是不经意间的一个举动让别人感激终身。有道是"好人有好报"，你发自真心的一次举动，没准在以后的某一时刻就会收到意想不到的惊喜。胡雪岩

资助王有龄，也是在一念之间做出的选择，结果
让胡雪岩获得走上巅峰的资本。

圣人智慧：

　　交情和义气支撑着胡雪岩事业的发展。单从人性
的角度来说，个人魅力会让自己身边的朋友越来越
多，生意或者感情都是人与人之间的相处，拥有正
能量的人会让自己的"运气"变得越来越好。

投其所好，察言观色

职场上人与人交锋，看的是脸色，听的是隐语，说的是官语，就是没有真心话。"忠言逆耳"这个词在职场中很伤人，同时也不会有什么好的结果。投其所好，胡雪岩就做得很好，在郁四爷的家事上，胡雪岩的一番操作，就帮郁四爷解决了"心患"，正是因为察言观色后，投其所好的结果。胡雪岩回到湖州，见到郁四爷，和他说的一番话，细细品，就能看出胡雪岩在说话办事上的技巧。有的时候帮朋友的忙，也就是在帮自己的忙，人情债是世上最难还的债务。

胡雪岩来到郁四的家门口，郁四急忙迎了上去，执手相看，两人似乎都有千言万语，却又不知从何说起。好半天，胡雪岩才说了句："四哥，你不要难过！"

不说还好，一说正说到郁四伤心之处，眼泪簌簌地流个不住，顿足哭道："做人真没有意思！"

　　"四哥，四哥！"胡雪岩连声呼唤，"不必如此，不必如此！"就这样解劝着，他半搀半携地把郁四扶到里面，接着阿兰姐出来拜见，虽是初见，久已闻名，所以礼数甚恭，好好敷衍了一阵，接着重治酒肴，留客便饭。

　　胡雪岩在席间只听郁四诉苦，很少说话，一则是要多听，二则此时也不便深谈。等郁四倾吐了心里的愁郁，精神显得振作了些，他才说道："四哥，我有几句心腹话想说。"

　　"噢！"郁四懂了他的意思，"到我钱庄里去坐。"到了聚成钱庄，郁四那间密室里没有第三者，两人靠在烟榻上，聚首密谈，胡雪岩的第一句话是，"四哥，阿七到底是怎么回事？"

　　"唉！"郁四长叹一声，又息了好一会儿才说："我不晓得从何说起这件事。"他摇摇头，又叹口气。

　　"四哥，"胡雪岩开门见山地说："我替你把阿七弄回来！"

　　一听这话，郁四仰直了头看着胡雪岩，仿佛弄不懂他的意思，当他在说笑话。

"四哥，你不要管这些个。你说的难处，我都知道。第一，怕阿兰姐跟阿七不和。第二，怕阿七心里有气，故意拿乔。这些都不是难处，包在我身上，安排得妥妥帖帖，只看四哥你自己。如果你一定要唱一出《马前泼水》，那就不必再谈。否则，一切归我来办。你倒说一句看！"

"有你这样的好朋友，我还说什么？"

"那就行了，我就要你这一句话，你请躺一躺，我跟世龙说句话，马上就回来。"于是胡雪岩离榻而起，把陈世龙找到，拉至僻处，密密嘱咐了一番，等陈世龙领计而去，他才回到原处。

"四哥，"他说，"我话先说在前面，谈到你的家务，只怕我言语太直，你会不会动气？"

"这叫什么话？你我的交情，哪怕你就责备我不是，我也要听你的。"

"既然如此，我就老实说了，大家都说令媛厉害得很，可有这话？"

"有的。"郁四点点头，"我也在防她。"

"至亲骨肉，时时刻刻要防备，那就苦了。

打开天窗说亮话，人为财死，鸟为食亡，为来为去，为两个钱。我劝你不如趁此机会分家。女儿也得一份，叫她不必再想东想西，岂不爽快吗？"

"嗯，嗯！"郁四慢慢点头道："这倒也是个办法。你再说，你总还有话。"

"分家也有个分法。"胡雪岩说，"我先要问你，你自己总也有过打算吧？"

"我哪里有什么打算？阿虎一死，我的心冰凉，恨不得出家做和尚！"

"那么，一样样地谈。我先请问，你衙门里的差使，将来怎么样处置？"

遇见胡雪岩，他就懒得去伤脑筋了，直截了当地摇摇头："我不晓得。"

"好，我再请问第二件。"胡雪岩说，"你又如何替令媳打算？"

"这件事我最为难！"郁四放下烟枪，"你想想，她今年才19岁，又没有儿子，怎么个守法？"

"她自己的意思呢？"

"她当然要守。"

"四哥，我说句老实话，我们又不是啥书香门第，不妨看开些。"

"你说得透彻。我主意定了，还是劝她嫁得好，有合适的人，我把她当女儿嫁出去，好好陪嫁。不过，"郁四皱眉又说，"万一她一定要守，怎么办？"

胡雪岩早就替他想到了，"凭四哥你在外头的面子，百年以后，不怕没有人照应府上。不过清官难断家务事，你们自己族里要出花样，外人就很难说话了。"胡雪岩先这样把症结点明，然后才替他谋划。胡雪岩的想法，如果阿虎嫂愿意守节，应该有个在郁四百年之后可以照料她的人，这个人就是未来的当家。郁四得找一个年轻、能干而最要紧的是忠厚的人，收为义子，改姓为郁，不必顶他的香火，只是继承他的世袭差使。此人受恩必须报答于郁四的，就是将来照应阿虎嫂，以及阿七可能为郁四生下的小儿女。

这是面面俱到的办法，郁四完全同意。难题是这个可以"托孤"的人，不容易找。

"你再说说看，我分家的事怎么样？"

"女儿原是分不着的，不过家私是你所挣，你愿意怎样用，谁也管不着你。我的意思，你先提出一笔来给女儿，也是你们做父女一场！"话说得很含蓄，意思是这一来可以绝了阿兰姐觊觎娘家之心，省去多少是非。郁四本来当局者迷，一直以为女儿是一番孝心，现在才有些明白，觉得此举是必要的，所以连连点头："我分一百亩田，提两万现银给她。也要把话说明白，叫他们夫妇拿良心出来。"

说到这样的活，胡雪岩不便接口，停了一下说："此外你应该做三股派。阿虎嫂如果一定要守，自然该得一股，阿七将来会有儿女，也该得一股。另外一股留在你自己手里，慢慢再说，有这一股在手里，大家都会孝顺你，千万不要分光！还有一层，等分好了，一定要禀请官府立案，以绝后患。"

圣人智慧：

当给人出主意的时候，也要看着对方的脸色随机

应变。这是因为，虽然主意你是帮人家出的，但是这个主意是站在自己的角度，没有在当事人的角度去看，往往有些话说出去会引起当事人的反感，所以在你说出意见时，一定要看清当事人的表情，随时调换。

拍马屁也是一种学问

现在的职场上，有一种人非常让人不齿，那就是喜欢拍领导马屁的人，这样的人看似没什么本事，却受到领导的重用。其实拍马屁也是一种学问，它讲究的是头脑灵活，察言观色，能说会道，这不是一般人可以做得来的，这样的人一般情商都高。胡雪岩说话的本事就很高，每一句话都可以说到人的心坎里，让人听起来还很舒服、很自然。

有一次，王有龄接到一个棘手的案子，新城出现了聚众闹事，并杀害了当地县官。这件事影响很恶劣，朝廷严旨查办。王有龄和胡雪岩商量以安抚为主，但是这个安抚的差事需要有人去办，正好有一个候补人员是最适合的人选，但是这个人的脾气很倔，当着王有龄的面说，他只出主意，不办事。这是因为身为候补官员，几年都没有事情做，好事轮不着，弄不好就会要命的事谁去做？

正好打听到这位姓嵇的"候补老爷"家中正在办丧事，于是胡雪岩借了王有龄的一套官衣前去吊唁。

"敝上姓胡，特来拜嵇老爷！拜托你递一递帖子。"说着，胡雪岩从拜匣里取出一张"教愚弟胡光墉拜"的名帖递了过去。胡雪岩在院子门口等消息。过了一会儿，听见嵇家的跟班在说："不敢当，不敢当！敝上说，跟胡老爷素昧平生，不敢请见，连帖子亦不敢领。"

这拒人于千里以外的态度，是胡雪岩早就料到了的。他不慌不忙地往里走去，直入灵堂，一言不发，点燃了线香，在灵前肃穆地往上一举，然后亲自去上香。

等嵇家的跟班会过意来，连忙喊道："真不敢当，真不敢当！"

胡雪岩不理他，只管自己恭恭敬敬地跪在拜垫上行礼。嵇家的跟班慌了手脚，顺手拉过一个在看热闹的、胖胖的小姑娘，把她的头一按，硬摁着跪下，"快磕头回礼！"

这把嵇家上下都惊到了。

就这时嵇鹤龄出现了，"是哪位？"他一面掀起门帘，一面问。

"这位想来就是嵇大哥了！"胡雪岩兜头一揖。

嵇鹤龄还了礼，冷冷地问道："我与足下素昧平生，何劳吊唁？"

"我是奉王知府的委托，专程来行个礼。"胡雪岩张开两臂，看看自己身上，不好意思地笑道："不瞒嵇大哥说，从捐了官以来，这套袍褂还是第一次穿。只因为初次拜访，不敢不具公服。"

"言重，言重！不知足下光降，有何见教？"

话是很客气，却不肯请客人坐，意思是立谈数语便要送客出门。不过他那跟班却很懂礼数，端了盖碗茶来，说一声："请坐，用茶！"这一下嵇鹤龄不能不尽地主之谊。

等一坐下来，胡雪岩便是一顿恭维，兼道王有龄是如何仰慕。他的口才本就了得，这时又是

刻意为之，俗语道得好"千穿万穿，马屁不穿"，因而几句恰到好处的恭维，胡雪岩就把嵇鹤龄的傲气减消了一半。

"嵇大哥，还有点东西，王知府托我面交，完全是一点点敬意。"说着，他掏出一个信封，隔着茶几递了过去。

嵇鹤龄不肯接，"内中何物呢？"他问。

"不是银票。"胡雪岩爽爽快快地把他心中的疑惑揭破，接下来又加了一句，"几张无用的废纸。"

这句话引起了嵇鹤龄的好奇心，撕开封套一看，里面是一叠借据，有向钱庄借的，有裘丰言经手为他代借的，上面或者盖着"注销"的戳子，或者写着"作废"二字。不是"废纸"是什么呢？

"这、这、这怎么说呢？"嵇鹤龄阵脚大乱，而尤其令他困惑的是，有人抬进来两只皮箱，他认得那是自己的东西，但不应该在这里，应该在当铺里。

于是嵇鹤龄急急喊他那跟在箱子后面的跟班：
"张贵！怎么回事？"上当铺的事，都归张贵经手，
但是他也不明白是怎么回事。

被请到一边，悄悄听完经过的嵇鹤龄，微顿
着足叹气："唉！我从来没遇见过这种事。现在
怎么办呢？"

"老爷！"张贵交代了一句，"本息一共是
二百三十二两六钱银子。"嵇鹤龄点点头，又去
陪客。

"仁兄大人，"他略带点气愤地说，"这是
哪位的主意？高明之至！"

"哪里，哪里！"胡雪岩用不安的声音说，"无
非王知府敬仰老兄，略表敬意，你不必介怀！"

"我如何能不介怀？"嵇鹤龄把声音提高，
"你们做这个圈套，硬叫我领这个情，拒之不可，
受之不甘。真正是……"他总算把话到口边的"岂
有此理"四个字咽了回去。

他要发脾气，也在胡雪岩意料之中，因此，
胡雪岩笑嘻嘻地站起身来又作揖："老兄，我领罪！

是我出的主意，与王知府无干！说句实话，我倒
不是为老兄，是为王知府。他深知老兄的耿介，
想有所致意而不敢，为此愁眉不展，我蒙王知府
不弃，视为患难之交，不能不替他分忧，因而想
了这么一条唐突大贤的计策。总之，是我荒唐，
我跟老兄请罪！"说到这里又是长揖到地。嵇鹤
龄不知道这番措辞雅驯的话，是经王有龄斟酌过
的"戏辙儿"，只觉得他谈吐不俗，行事更不俗，
像是熟读《战国策》的，倒不可小看了这个"铜
钱眼里翻跟斗"的陌生人。

　　于是他的态度和缓了，还了礼，拉着胡雪岩
的手说："来，来，我们好好谈一谈。"

　　一看这情形，胡雪岩自觉嵇鹤龄已入掌握，
不过此刻有两种不同的应付办法，如果只要他愿
意，替王有龄做一趟新城之行，事毕即了，彼此
漠不相关，那很好办，就地敷衍他一番就行了；
倘或想跟他做个朋友，也是为王有龄在官场中找
个得力帮手，还须好好下一番功夫。

圣人智慧：

语言的魅力就在于通过巧妙的语言文字，将自己想要表达的含义，用一种听着舒心的方式说出来，既能让人明白含义，又不引起他人的反感。在职场中，会说话的人要比埋头苦干的人更得领导器重。站在领导的角度，更喜欢有真本事，又会拍马屁的人。

在人脉上进行一定投资

俗话说："在家靠父母，出外靠朋友。"胡雪岩对这句话深有感触。他出身穷苦，如果不是依靠像王有龄这样的朋友，他是无法成为首富的。胡雪岩常说："我在家也靠朋友，所以不能不为朋友着想。做生意靠的是人缘和齐心。"在企业中，员工上下一条心，都有着共同的梦想和意愿，有一个共同的努力目标，才能把企业做好。胡雪岩的成功，除了自己优秀外，外部力量对他的帮助也有重要作用。这里说的外部力量就是指人脉。所以经营好自己的人脉，在一定程度上会让自己有意想不到的结果。

胡雪岩之所以成功，无疑与他广泛的人脉关系有关。他有自己的与人相处的原则：

第一，重情义。生意场上，他很重视朋友之间的利益，在和朋友合作的过程中，宁愿自己吃亏赔钱，也不会让朋友跟着白忙活，该给对方多少就给多少。

　　第二，为别人着想。比如松江漕帮看在胡雪岩的面子上，为帮助王有龄解决漕米的麻烦，瞒下了自己的困难，宁可委屈自己。胡雪岩看在眼里记在心中，自己已经知道漕帮的困难还装聋作哑，那就是"半吊子"，这是胡雪岩不允许的事情。

　　第三，有句话叫"得饶人处且饶人"。胡雪岩没有嫉恨当初信和钱庄将其开除的事情，反而在王有龄得官之后，还账之时避开了风头。

　　第四，重人轻财。就拿考察刘庆生来说，发现他是一个人才后，在决定用他的一刻，年薪从几两一下涨到二百两银子，这在当时可以说属于"高薪"聘请了。要知道刘庆生当时只是一个站柜台的伙计。如此重人轻财的举动，怎么会得不到员工的忠诚？

　　就拿嵇鹤龄接替王有龄海运"坐办"一职来说，胡雪岩通过"收服嵇鹤龄"，达到了以下几个目的：第一，救了新城地方一场刀兵之灾。第二，帮了王有龄一个大忙。第三，好人出头，使得嵇

鹤龄不致有怀才不遇之叹。第四，促成了一份良缘。第五，自己交了一个亲如手足的好朋友。

可以说，胡雪岩在人际上的投资是巨大的，同时也是值得的。既认识了朋友，又巩固了自己的商业地位，而这种人际关系的投资是最可靠的，因为利益中带有情谊，就好像用泥土改的房子远远没有混凝土材料的房子坚固一个道理。混凝土之所以坚固，是因为其中不单单只有水泥（利益），同时还包括石子、沙料、钢筋等（情感）。人都是有感情的动物，都会思考，单纯的利益只能维持一时的关系，当面对更大的利益诱惑时，关系就会土崩瓦解。因为有胡雪岩的帮助，嵇鹤龄成功地补上了官缺，在庆功宴上，胡雪岩和嵇鹤龄之间的一段对话就从侧面很好地说明人际投资的重要性。

刘庆生奉了胡雪岩的指示，送来一千两银票、五百两现银，另外一个存折上还有三千五百两。

"二弟！"嵇鹤龄把存折托在手里说，"我觉得沉重得很，真有点不胜负荷。"

这是说欠他的情太多了，怕还不清。

"自己弟兄，何必说这话？"胡雪岩答道："而且水帮船，船帮水，以后仰仗大哥的事还多。"

"这用不着说，你的事就是我的事。海运局的内幕，我还不大清楚，要你帮我的忙，才能顶得下来。"

圣人智慧：

在人脉上的投资，胡雪岩做得是滴水不漏，既不会有失颜面，同时又会让朋友感到真心付出，正所谓先付出，后才有回报。人都是有感恩之心的。

第五章 知人善任的用人之策

什么人能做什么事

　　不管什么样的公司，都会有很多的部门，每个部门的职责不一样，所在的员工的工作性质就不一样，有管事的，有跑腿的，有管账的，等等，每一项工作都需要合适的人才承担。在挑选人员时，注重的是有没有能力胜任工作。

　　有时过于看重资历、背景、学历等，其结果常常使平庸之辈占据要职，毫无建树。而一些有才之人却得不到应有的重用，怀才不遇，长期受压抑，由压抑而生怨气，怨气生而离心离德。如果实行这样的用人策略，商业活动的前景必然衰败。

　　事实上，德才兼备的人才自然是最为理想的人选，但是毕竟这样的人才不多见。根据每个人的天资、秉性、爱好等因素，中国古代兵书上将人分为"智者""勇者""贪者""愚者"四类。社会就是由这些人组成的，他们在生活和社会中

发挥的作用也不一样，关键是能否很好地驾驭他们，"智者"动脑，"勇者"出力，"贪者"胆大，"愚者"平凡。

才德不可兼具，行事特点又各不相同，就需要"因其至情而用之"。胡雪岩在其商业活动中，以上四种人才皆常用。他明白各种人才的脾气秉性，适当地加以引导利用。

从胡雪岩的出身和经历来说，他最缺少的就是"智"，也就是知高远、断正误的能力。也许有人会说，胡雪岩那么精明的人，怎么会缺少"智"呢？我们所说的是"方智"——"方以智、圆而神"，而胡雪岩的精明能干，正能说是"圆而神"上有过人的发挥，胡雪岩的智属于"圆智"。圆智为处世的方法技巧，而不是对世事原则的全面认识。由于他出身学徒，很少有学习的机会，和社会接触的机会和层面也不深，所以虽然他能体人情、重义气，但是对规范的学识却一窍不通。通俗来说，虽然他有超出一般人的眼界和志向，但是没有良好的教育作为底子，那么他就不会很好地了解真

实的世界，他对国家的认识也不会太深，只是他对现实适应能力很强，没有想过怎么去改变当时的社会状况。

胡雪岩的豪气是有的，他对陈世龙说过，他的眼光是天下，所以会做天下的生意，但是他眼中的天下很片面。他之所以"圆融"就是因为读书少，思想没有被束缚，头脑灵活，然而他的眼光很片面，影响了他的商业活动范围。

不过有一点，胡雪岩做得很好，那就是知道自己的不足，尽力利用各种人才为自己服务，于是他就广泛地交朋友，商业上的、金融上的、教育上的、药业上的、军队上的朋友，只要能交的，他都会真心去对待。胡雪岩知道为什么要交各行各业的朋友，正是因为想要弥补自己的缺点。胡雪岩在官场上有王有龄和左宗棠；生丝生意上有庞二、药店上有刘不才、军火上有洋人，他是在通过人情来完成交易。

当代企业家牟其中的思想和胡雪岩的很相近。牟其中认为自己的学识很有限，于是他结交各行

各业的朋友，如金融专家、教育专家、经济专家、军事专家、导弹专家、桥梁专家等，通过他们来完成自己的事业。其中用三年时间坐下来和商贸、外交、化工、铁路军事等方面的人才打交道，完成几十个亿的跨国贸易，用中国的日用工业品换回了俄罗斯的大型客机。

在应付洋人的时候，胡雪岩和古应春一见如故。古应春是早期从事洋行经营活动的代理，对外国各个方面都了如指掌，外国的经商方式、行为特点他都很熟悉，同时对国内的行情和政治都有了解。胡雪岩有他的相助，和洋人打交道不至于盲人摸象。比如在为左宗棠西征向洋人借款时，多少钱的利息，怎样还，何种方式还，通过古应春，都会有一个大致的判断，至少不会被洋人蒙骗。同时对西方各国的国情和行情都通过古应春的朋友和渠道了解了个大概。正是因为如此，在生丝生意上，胡雪岩做到了游刃有余的地步，迫使洋人按照自己定的价格来收购茧丝。也是因为有了像古应春这样的朋友，

胡雪岩才能垄断中国上海洋场的丝业贸易长达二十几年不衰。

在现代生活中，知识的掌握和对所掌握的知识的运用是两回事。一个人一生能在一两个方面专精就很不错了。基于这种情况，就需要分工。拥有专业知识的技术人员和善于调度各种专业人员使之得到合理利用的管理者，很明显，胡雪岩属于后者。用古应春，是用其智谋。而结交尤五、师爷等江湖之人，是在用其"勇"。

"勇者"多讲求一个"义"字。所以在用这样的人时，需要鼓起他们的侠义之心，然后按照自己的方法去办事。在使用智者时，最好学会善于倾听。凡有智谋者，都喜欢他人向自己请教，然后他自然对你知无不言，言无不尽。胡雪岩既会说话又会听话，不管对方说得再如同嚼蜡，他都可以装出一副津津有味的感觉，并在紧要关头补充一句，让人产生找到知音的感觉。胡雪岩在这方面是一个很好的"倾听者"，这样很容易让人将他当成知己。

　　"勇者"需要的是一种氛围。比如，对尤五，胡雪岩想让他和沙船帮讲和，以邀沙船帮帮忙护送粮米到杭州。此时如果单纯讲道理，恐怕不会让尤五下定决心。毕竟和死对头讲和在江湖上是一件很没面子的事，但是身负重任的胡雪岩选择在尤五面前屈膝一跪，情势就大有不同。从这点看，胡雪岩也是一个重情义、明事理的能屈能伸之人。这一跪，于公，此次为杭州运粮，其中担负着一城百姓的生死，早到一天就可以多活一人；于私，胡雪岩以长辈之尊向后生行大礼，表明事情的严重后果。这一跪，将江湖之人的"义"发挥到了极致，将尤五的退路彻底堵死，只能应下此事，把面子抛开，非把事情办好不可。

　　圣人智慧：

　　人才的特征和性格不同，对待他们的方式也不同，什么样的人做什么样的事，用什么样的手段来调配什么样的人，这都是优秀管理者所应具备的手段或者方法。胡雪岩在这点上就做得很好。

用人要用其所长

做生意，是一个团队合作的事，单打独斗是无法完成的，因此，对手下的本事要自己心里清楚，同时也要知道自己需要的是什么样的人。什么是人才？只有适合才是人才。胡雪岩对刘不才就很看重，刘不才是谁？这其中还有一段故事。

原来，胡雪岩帮阿七回到了郁四爷的身边，为了感谢胡雪岩，阿七也为他做了一次媒人，介绍的就是这个刘不才的寡居的侄女小何。按照和阿七的约定，胡雪岩和陈士龙到庙里上香，会和小何来一次"偶遇"。就在等阿七的时候，胡雪岩把来上香的目的告诉了陈世龙，没想到陈世龙知道这件事。于是，两人在庙门口一家点心摊子上坐了下来，一面吃汤圆，一面谈何家的小孤孀。据陈世龙说，此人颇有艳名，自从孀居以后，很有些人打她的主意，但夫家还好说话，娘家有个胞叔，十分难缠，所以好事一直不成。

"无非是想多要几两银子。"胡雪岩问，"有什么难的？"

"那家伙嫖赌吃喝，一应俱全，哪个跟他做了亲戚，三天两头上门来啰唆，就吃不消了。"

"这倒不必怕他。"胡雪岩又问，"她娘家姓啥？"

"娘家姓刘。他叔叔叫刘三才，人家把他的名字改了一个字，叫作刘不才。由这上头，胡先生就可以晓得他的为人了。"

"总有点用处吧！"

"用处是有点的。不过没有人敢用他。这个人太滑，太靠不住。"

"你倒说来我听听，刘不才有何用处？"

"他能说会道，风花雪月，无不精通，是做篾片的好材料。"陈世龙接着又用警告的语气说，"就是银钱不能经他的手。说句笑话，他老子死了，如果买棺材的钱经他的手，他都会先用了再说。"

胡雪岩笑了，"有这样的人？"这是不甚相信的语气。

"就有这样的人！"陈世龙特为举证，"我跟他在赌场里常常碰头，诸如此类的事，见得多了。"

胡雪岩点点头，抛开陈世龙的话，只管自己转念头。他心里在想，篾片有篾片的用处，帮闲的人，官场中叫清客，遇着纨绔子弟便叫篾片，好似竹篓子一样，没有竹篾片，就拧不起空架子。自己也要几个篾片，帮着交际应酬。如果刘不才本心还不坏，只是好拆烂污，倒不妨动动脑筋，收服了他做个帮手。

通过和陈世龙聊天，知道这个女人家原来是开药店的，刘不才是她的叔叔，同时也是一个纨绔子弟，将整个家业都败光了，手里只剩下几张家传的丸散膏丹的秘方，是根据明朝大内的"宫方"加以斟酌损益而成。这让胡雪岩起了开药店的心思，于是打算见一见这个叫刘不才的人，先让陈世龙前去探一下口风。

这天，陈世龙来到刘不才家中，和刘不才谈起了合作的事情。陈世龙说："胡先生的合作方式，

让你以股东的身份，带着药方入股，全程胡先生不会参与，由你坐镇，'君臣佐使'是哪几味药？分量多少？如何炮制？都由你来说了算，只不过胡先生提出的条件是，药你做，价格由胡先生来定，你拿抽成，销量好，你的抽成就多，销量不好，你就可以带着药方卷铺盖滚蛋了。"

"价钱为啥要归他定？应该大家商量商量。"刘不才一听这话急了。

"这没有商量的余地，因为你想定得高，人家既然为了济世，自然要定得低。"陈世龙觉得这话说得不好，便又补了一句，"再说，薄利多卖，生意才会好，竹杠把人家敲怕了，不上你的门，药再好也无用。"

"这话也对。不过既然薄利，我的成头要多抽些。"

陈世龙也很精明，"既然是薄利多卖，你名下的也不会少，怎么说要多抽？"接着他又自下转语，"不过，这都好商量，等你们碰了头，当面再谈，一定会谈得很投机。"

"就这样了！"刘不才说，"我决定交这个人！小和尚，你说，哪天跟他碰头？事情既然决定了，就不必耽搁，越快越好！"

这天，陈世龙在聚成钱庄的门口等候刘不才，见到后，迎入客座。胡雪岩兜头一揖，口称"三叔"，刘不才称他"雪岩兄"，不提亲戚，只道仰慕，郁四陪客，再加陈世龙从中穿针引线，将刘不才当上宾看待，捧得他飘飘然，大为过瘾。

最后一起商定药店的详细细节，其实主要是刘不才在说，其他人在听。关于药店的名字，胡雪岩最后定为"胡庆余堂"，写下了"戒欺"的店训和"真不二价"的招牌，对刘不才来说，彻底折服于胡雪岩的为人和胆气。

所谓的用人用其所长，就是在指识人后，观察这个人才擅长哪个方面的事情，就专门安排他去做什么。比如能说会道的、酒量酒品好的人，可以安排去陪客户谈业务；认真仔细的人，可以让他在财物文秘的职位上历练一下等。只有把人放在合适的位置才能发挥出他应有的作用。两个

齿轮规格合适才能转动，做生意就好像一部转动的机器，员工和老板就是其中的齿轮，有一个坏的就会影响整个机器的转动，所以合适的位置放上合适的人才是一个老板该考虑的事。

圣人智慧：

胡雪岩在识人方面独具慧眼，他的摊子铺得很大，需要的人才也是能独当一面的。对人才，他不会选择高学历（参加过科举的人），他会发现一个人身上的闪光点，就算一个吃喝嫖赌的"废人"，在他的眼中，只要有一处亮点，那他就敢用。

疑人不用，用人不疑

"疑人不用，用人不疑。"这句话考验的是人的眼光和胆识。为什么这么说？之所以用人，是为了给自己创造价值，如果因为所选之人本身的原因导致不必要的损失，那么是不是很心疼和后悔呢？所以说，这需要一定的胆量和手段。胡雪岩就很擅长此道。胡雪岩在去找何桂清时，古应春安排了一个叫周一鸣的人护送他。

周一鸣，湖南人，原在江南水师当哨官，因为喝酒闹事，一次打伤了长官的小舅子，被责了二十军棍，开革除名。周一鸣的酒德虽不好，为人倒极豪爽重义气，由于在水师当差，认识的船户不少，所以起先是跑码头、打秋风，大家也乐于周济，有时托他带个口信，他倒也"食人之禄，忠人之事"，一定确确实实做到，慢慢地，有了信用，便在上海船户的"茶会"上帮忙。各行各业的茶会，犹如同业公所，或与官场打交道，或同业中有纠

纷"吃讲茶"，都在茶会上商谈，周一鸣就成了船户茶会上的一名要角，特别是"抓船""派差"等官面上硬压下来的公事，都由周一鸣出面去接头。这次也是有公事到苏州，古应春跟他相熟，正好把胡雪岩托了他，连雇船带护送，都归他包办，讲好送二十两银子。

胡雪岩出手大方是出名的，一上船就找了个红封套，装了一张三十两银子的银票，当面双手奉上。周一鸣还要客气，经不住胡雪岩言辞恳切，他千恩万谢地收了下来。这一路招呼得自是格外周到。

胡雪岩出门一向不喜欢带听差，于是周一鸣自告奋勇，到了苏州雇轿子、提行李、下客栈，都由他一手打理。等安排好胡雪岩的住宿后，周一鸣就找借口打算先走，可是被胡雪岩叫住了，"我有个不情之请。"胡雪岩说，"有四件东西，一封信，想拜托你此刻就送一送。"

"是了。"周一鸣问，"送到哪里？"

"送给何学台。还得先打听一下，何学台公馆在哪里？"

"这容易，都交给我好了。"

于是胡雪岩托客栈的账房写了个手本，下注："寓阊门外××客栈第三进西头"，连同四样云南土仪和一封王有龄的信，都交给了周一鸣。信是胡雪岩密封了的，内中附着一张五千两的银票，这是王有龄送何桂清的。这封信当然重要，所以胡雪岩特别叮嘱："老周，还要麻烦你，务必跟何公馆的门上说明白，讨一张有何学台亲笔的回片。"

"是！"周一鸣问，"今天要不要把回片送来？"

胡雪岩心想，疑人莫用，用人莫疑，而且周一鸣人既重义气，又是有来历的，因而很快地答道："如果回片上只写收到，那就不必来了，明天再说。"

当天下午周一鸣就回来找到胡雪岩，"送到了！"周一鸣说，"回帖在这里。"

接过回帖一看，只见上面写着一行字："王太守函一件，收讫。外隆仪四色，敬领。谢谢。"帖尾又有一行字，"敬使面致。"

　　"胡大老爷，真要谢谢你挑我。"周一鸣垂着手打个千说："何学台出手很阔，赏了我二十两银子。"

　　听这一说，胡雪岩觉得很有面子，便说："很好，你收下好了。"

　　"我特为跟你老来说一声，何学台住在苏州府学。"

　　"喔，你见着何学台没有？"

　　"见是没有见着。不过听他们二爷出来说，学台很高兴。"

　　高兴的是收到五千两银子，还是四色云南土产，或两者兼而有之？胡雪岩就不知道了。

　　也就是胡雪岩，敢将如此重要的事让一个第一次见面的人去办，这是因为虽只是短暂的接触，但胡雪岩基本上了解了周一鸣的为人，所以才会如此信任他。还好很快有了何桂清的回信，也算完美完成任务。

　　只不过没想到何桂清来的速度很快，就在胡雪岩刚吃完饭，想出去逛逛的时候，"胡大老爷，

胡大老爷！"掌柜说道，"何学台来拜，已经下轿了。"听这一说，胡雪岩倒有些着慌。第一，没有听差"接帖"。第二，自己该穿公服肃迎，时间上来不及了。所以一时有手足无措之感。

还好掌柜的看出胡雪岩此时的心理，赶忙告诉他："何老爷穿的是便服。"

"这还好！"胡雪岩接口说道，"来不及了，我也只好便服相迎。"说着，他便走了出去。何桂清是走到第二进中门遇着胡雪岩的。虽然穿的便衣，但跟着两名青衣小帽的听差，便能认出他的身份，胡雪岩却还不敢造次，站住脚一看，这位来客年纪与自己相仿，生得极白净的一张脸，这模样与王有龄所形容的何桂清的仪表完全相符，便知再不得错了。

"何大人！"他迎面请个安说，"真不敢当。"

"请起，请起！"何桂清拱拱手说："想来足下就是雪岩兄啦？"

"不敢当此称呼！我是胡雪岩。"

"幸会之至。"说着，何桂清又移动了脚步。

圣人智慧：

正是因为疑人不用，用人不疑，胡雪岩才能很快见到何桂清，这就是一个人的胆量，如果连这点胆量都没有，如何完成大业？成功的人，对于用人都会有属于自己的自信，这种自信来自一种必胜的信念。

重君子，远小人

　　亲小人，疏君子，家破人亡，走上歧路；亲君子，远小人，会在无形中增加自己的气运，对自己的人生观和价值观都会有一个正确积极的引导。做人既要讲诚信，也要懂得防人。胡雪岩收服朱福年的事情，证明他的确有收服人心、化敌为友的本事，这是胡雪岩纵横商场的一个重要原因。胡雪岩在用人上习惯看人优点，用人长处，不以恶意度人，尽量将人往好处看。从做人的方面看，体现了一个人的胸怀和仁厚，这是个优点，同时也是一个致命的缺点，那就是放纵小人。

　　胡雪岩的失败从内部来说，就是过于放纵小人带来的严重的后果。没有防人之心，就有可能受小人之害。他的钱庄之所以最后倒闭，从内部来说，是因为被自己手下的人"公款私用"。比如上海钱庄档手宓本常，还有典当生意中"私吞

公款"的唐子韶之流的"徽州朋友"。正是在企业内部有这种"蛀虫"一点点地侵蚀，再加上外部环境的恶劣，胡雪岩的商业帝国塌了。胡雪岩最后只落得"白茫茫大地一片真干净"的地步。胡雪岩在人生最后的时光还在纵容小人的行为，最后导致螺蛳太太撒手人寰。

　　胡雪岩在彻底破产的最后关头，螺蛳太太为了保住最后一点"希望之火"，将自己的首饰缝进一个枕头里，然后存放在一个姓朱的人家中。胡雪岩不知道的是，这家姓朱的夫妻俩通过设机关陷阱、诈骗起家，最后成了杭州的一个富裕人家。当最后一点可以维持生计的财产被他们私吞的事实摆在眼前时，胡雪岩不仅没有告发，反而还以犯不上为这过去了的事牵肠挂肚为由，劝解那些要向这对夫妇找回公道的被骗者。也正是因为这个原因，导致螺蛳太太最后自杀身亡。

　　人都是有两面性的，人性中充满了善与恶，胡雪岩就是善者中的代表人物，通过他的前半生就可以知道，他用心去交朋友，用心去关心天下

苍生，用心去看待世界，他的心中充满了光明和善良。在他的眼中，人是善良的，也正是因为他的善，创造了巨大的财富，走上了人生的巅峰。

过于善良的人，可以"打天下"。因为善良会让你有好人缘，朋友多了路好走，大家都会以你为中心去帮助你，成就一番事业。在你上升期间，坏人也会伪装成好人，坏人在等机会，等你打下天下。为了守住天下，你就应该审视一下周围的环境和暗自观察你的身边有没有危险，及时清除"害群之马"。打天下，是将眼光放在外面；守天下，反而要将眼光放在内部。有句话叫"可以同共苦，不能同享福"。胡雪岩明显的就是适合打天下，不适合守天下的人，这样的人放在现今社会，只适合为公司冲锋陷阵，不适合掌握最高权力，因为这样的人太过心慈手软。坏人只会做坏事，有本事的人也会做坏事。所以应当亲君子，疏小人，懂得分辨身边人的好与坏，这是一个人在社会中生存的本领。在这个世界上，很多坏事都是由有本事的人做出来的。

　　胡雪岩放纵小人的行为，大多数原因要归结于当时的环境，在他生活的那个年代，知恩必报的观念深入人心。师傅打骂人、教训人，不仅不能抱怨，还要知师德、报师恩。正是在这样"美好"的思想下，胡雪岩弃防人、治人之术不用，采取激励的方式对待手下。胡雪岩喜欢帮员工解决其后顾之忧，把员工身上的担子减轻一些，为的是让员工一门心思地专心投入工作，同时还会让员工产生感恩的心，忠诚能激发创造性。

　　重君子，远小人。如何来分辨呢？这是一个很复杂的社交问题。君子的身上充满了知性和感性，有的君子充满了书生气质，呆头呆脑，但是待人诚恳；有的君子一副热心肠，有正直的人生观价值观；有的君子阳光开朗。身边都是这样的人，会影响你的性格和心情。小人的心中充满了自私、阴暗，他们会嫉妒你的好。君子为正能量，小人为负能量。当世界的正负能量失去平衡，世界就会走向毁灭。胡雪岩生活的时代就是这样的，

大的环境下充满了负能量，个人的正能量即使再大，也会隐没在黑暗中，这不仅是胡雪岩的悲哀，同时也是那个时代的悲哀。

圣人智慧：

中国思想讲究的是中庸之道，简单的理解就是以和为贵。人之初，性本善，什么样的环境培养出什么样的人。君子和小人，一个是甜，一个是苦；一个是美味佳肴，一个是穿肠毒药；一个是阳光，一个是阴暗。

不拘一格降人才

所谓的人才的标准是什么？对于人才，不应该只注重他的身份和学历，要看他是否有上进心及人品怎样。即使才能再好，如果人品不行，那也不能要，不然招进来的不是"宝"，而是"狼"了。同样地，学历也不能说明一个人是否有才，书本上的才能，不一定在现实工作中就好用，所以不是学历越高的人，越有本事。

胡雪岩身边有一个小兄弟叫陈世龙，外号"小和尚"。原本陈世龙是一个整日游手好闲、混迹赌场街头、吃喝嫖赌无一不精的人。在其他人眼里就是一个"废物"，但是胡雪岩却在他身上找到了闪光点。胡雪岩向郁四提出要将陈世龙收留在身边时，郁四还劝告胡雪岩说："小和尚这个人滑得很，你不可信他的话。你把他带在身边会给你添麻烦的。"

但是胡雪岩很欣赏小和尚陈世龙，认为他虽

然不是档手的料，但是很适合跑市场。陈世龙身上有三点引起了胡雪岩的注意：第一，胡雪岩感觉陈世龙很滑头。这是因为他俩的认识是一次偶遇，是胡雪岩在湖州认识的丝行档手让陈世龙带着胡雪岩去找郁四的。这就是两人的第一次见面，在交流的过程中，胡雪岩发现陈世龙与人交往时既不露怯，又对答得体，第一印象就很不错。

第二，这个小伙不吃里爬外。胡雪岩问过郁四："吃喝嫖赌都不要紧，郁四哥给一句话，小和尚可曾有过吃里爬外的行为？"对这一点，再结合郁四说："虽然我不是很待见小和尚，但是借他一个胆，他都不敢，不要说三刀六洞，最次湖州这个码头就容不下他。"有了这一点，郁四所说，小和尚太精，反倒恰好证明了胡雪岩对他的第一印象是正确的。

第三，最难得的是陈世龙很有血性，说话算话。胡雪岩在正式将小和尚收到身边之前聊过一次，分手后，给了小和尚一张五十两的银票要他拿去随便用。此前小和尚答应过胡雪岩和郁四戒赌，

之所以给他钱，就是看他会不会去赌，是不是心口不一。当晚，陈世龙还是来到了赌场，不过他只是转了转，经受住了各种诱惑没有赌博。这一点让胡雪岩更加看重，说明他说话算数。

胡雪岩考验他，自有其中的道理。在他看来，吃喝嫖赌都不要紧，能有上面三条，就是个值得培养的人才。吃喝嫖赌虽然不好，但是反过来说，证明陈世龙在场面上玩得很开。而他能说话算话，这证明他还有向善之心，这些都不是大毛病，短时间就可以改掉，相对来说，一个优秀的销售不是后天培养出来的，需要一定的天赋才可以。

另外，胡雪岩了解到，陈世龙还在"牙行"帮过忙。牙行类似现代的中介，将两个不相识的买卖双方撮合成交，从中赚取佣金。陈世龙既然干过牙行，说明他很能干。胡雪岩对此很满意，决定让他和古应春学习"洋文"，让他跑市场。

作为一个合格的领导，要善于发现身边人及下属的才能，对于一些被埋没的人才要重点关注。每个人身上都有属于自己的闪光点。合格的领导

能发现其闪光的地方，遇到合适的人才要大胆启用，从人性的角度上看，往往那些被挖掘出来的人才忠诚度会很高。因为大部分人都是善良的，你重用了他，他会对你怀有感恩之心，自然对你就会忠诚无比。但是要小心人才的膨胀心，适当的打压才会让人才更加信服于你。

　　每一个员工都希望领导看见自己身上的优点，你给他一点希望，那么他会用十倍百倍来回报你。你的一次大胆启用，没准就能发现一个人才。

圣人智慧：

　　如何才能做到不拘一格降人才，作为领导是不是应该好好想一想，根据公司现状、结合人性考虑，想一想如何激励公司员工的积极性，怎样运用狼性法则管理自己的员工。如果自己的公司是一潭死水，不管引进多少人才，你都是在"谋杀"。擦亮自己的双眼，去发掘身边人的优点并加以利用，这才是最好的企业状态。

第六章 以智取胜的小心计

借力使力，活广告

胡雪岩有一家药店，名叫"胡庆余堂"，生产出来的都是一些真材实料的药品，效果奇佳。只不过新店开张，没什么名气，所以生意不是很好，又赶上太平军占据杭州，烧杀抢掠，人越来越少。一直到左宗棠率领军队攻打杭州，"胡庆余堂"还是门可罗雀。左宗棠将胡雪岩叫到身边说："雪岩兄，我想让你代为招募一支洋枪队，最好是有火炮的那种，用来攻打杭州。"

胡雪岩什么也没有说，只是问了需要多少人。

左宗棠回答："人数你自己定。"

胡雪岩想了想，"只好去宁波看看情况了。"

"上海不行吗？"

"大人，上海的洋人被太平军打怕了，恐怕一时招募不到人。"

"那好吧，你自己看着弄吧。"

胡雪岩因为有钱庄在宁波，和那里的洋人素

有往来，于是找上了法国人让内。洋人是有钱就赚的主，胡雪岩保证只需要他们去助威，没事开两炮就好，很快就组建好了一支二百人的洋枪队，由这个法国人带队，来到了杭州城下。果然在洋人没有伤亡的情况下收复了杭州，让内开心地回到宁波，从胡雪岩的钱庄里取走了佣金。

不久，宁波暴发了瘟疫，让内也被感染了，一连几天高烧不退。因为胡雪岩有言在先，说让内光复杭州有功，只要他在宁波一日，钱庄就尽可能帮他。钱庄的档手听说让内感染了瘟疫，于是带着"诸葛行军散"等药丸去看他。让内只服用了一天就可以下床走路了。第二天中午，让内就跑到阜康钱庄去询问这是什么神药。档手如实相告，说是胡雪岩请来有名的老中医，用祖传秘方炮制出来的中国成药。让内带了一些药品回去分给自己的同胞伙伴。

洋人吃了药，个个精神抖擞，于是派让内到杭州，向胡雪岩多多索要一些。胡雪岩知道后，很大方地送了让内两大箱的药，并且言明不收他的钱。

让内不解，问道："这样的话那你岂不是很亏啦？"

胡雪岩笑了笑，没有说话。其实在他的心中，想要借洋人的口，为自己的药店做一次广告，不仅想让"胡庆余堂"家喻户晓，还希望能走出国门，在世界绽放光彩。

果然，让内回去一宣传，加上用药的人相互转告，"胡庆余堂"就扬名四海。胡雪岩刚到上海，就有洋人找来，希望订购一批成药，随船回国。还留下定金，说下次来时，还要采购。

胡雪岩见到古应春后，和他说了这些事，古应春夸赞他这一招不错，还向他介绍了一种宣传方法，就是在报纸上做宣传，也就是把货物的规格、花色、品质等印在固定散发的报纸上。胡雪岩赶紧让人在报纸上做了宣传，没想到效果很好，连直隶一带的人都知道"胡庆余堂"的药货真价实。

"胡庆余堂"开业时，胡雪岩身穿官服，头戴顶戴，亲自在店内招揽客人。

有一位农民手捧着药，和店里的伙计小声讨

论，随后又悻悻地挤出人群，站在大门口。胡雪岩看到这种情况，赶紧挤了出去，来到农民身边，问道："这位老人家，为什么不高兴？是不是有什么照顾不周的地方？"

那农民把手中的药打开："胡老爷，请看。"

胡雪岩低头看去，发现药剂有一点小的瑕疵。但是伙计告诉农民说不碍事，不会影响药效，老人家说不过他，只好退了出来，站在一边。

胡雪岩赶忙叫来管事，让他换一包新的来。

这是老农没有想到的，回到家药到病除。老人家逢人就夸："胡老爷这么大的官，还能过问这些小事，胡老爷的店真的是天字一号。"

北边有历史悠久的"同仁堂"，南边的"胡庆余堂"的名声也不菲。

胡雪岩通过法国人让内的亲身体验和报纸宣传，让"胡庆余堂"的名声响彻国内海外，可以说是一场经典的宣传策略。广告的作用就是为了让更多的人知道，起到一定的宣传效果，在当时的思想中，显得更为先进超前。胡雪岩

通过简单的赠药给法国人的举动，很好地打开了洋人的市场。

做企业宣传自己的商品是正常的商业手段，胡雪岩抓住每一个看似不起眼的机会，扩大宣传的途径，可以说他拥有的商业嗅觉很是敏锐，不放过到手的任何一个有利于自己的机会。越是简单的现象或者举动都有可能隐藏着很大的商机。受到报纸的启发，胡雪岩善用广告，商人辐射不到的地方，便通过邮寄的方式将自己的产品送到偏远地区。

胡雪岩做生意的手段看似普通，但是其中包含着一些道理。之所以"胡庆余堂"的药能和北方"同仁堂"相媲美，重要的是在于它所使用的药材货真价实，不会掺假，药效足，见效就快，不会让人多花冤枉钱。好的产品再加上有效的宣传手段，这才能真正地立于不败之地。

圣人智慧：

胡雪岩利用法国人让内的亲身体验打开了洋人市场，又通过真诚的服务态度赢得了国内百姓良好的

口碑，可以说是借力使力的常规手段。通过借助消费者的亲身体验来达到宣传的目的，这比直接打广告更有说服力。现代的广告满天飞，但是大部分都是虚假的，没有什么实际效果，虽然这是普遍现象，但是通过这些普遍现象更能反映出胡雪岩为民着想的理念。

滴水不漏的连环计

我们在思考问题处理问题的时候，应该考虑到事物之间的相关性、连环性。基于这个道理，我们在事情的谋划上就要善于利用事物之间的联系性，使用连环计，环环相扣，才能收到很好的效果。

胡雪岩曾说过："用连环计，要计计相连，环环相扣，滴水不漏，方能有效。"为了跟上海"隆昌"米行做斗争，保住自己的信誉和生意，胡雪岩就来了一套连环计。

"隆昌"米行在上海是数一数二的商家，但他的老板是个只懂享受的人，从来不管理生意，只是将生意交给一个叫谭柏年的人打理。而谭柏年很有能力，把米行经营得非常好。有能力的人都会有野心，谭柏年也想自立门户，可是他的本钱太少，只能给人打工。他明白，想当老板，就要有手段。同时他也在等待机会，一个做大事的机会。

有一年苏州风调雨顺，乡下的谷米大丰收，"隆

昌"米行趁机大肆收购，库房囤积了上万石新米，需要寻找合适的买主。多年的经验告诉他，属于自己的机会就要来了。

有一天吃完早饭，谭柏年去见了一位重要的客人，也就是他的故交山东米商潘家祥。交谈中，潘家祥说有意在上海收购大批粮食运到北方。之所以这样做，是因为潘家祥得到一则消息，说齐鲁地区干旱，急需大米救灾。这则消息让潘家祥和谭柏年心头一震，不打算放过这个挣钱的好机会。

但是上海米行很多，竞争很激烈，不知道以两人的关系够不够分一杯羹的。正在做准备的谭柏年没想到接到了潘家祥的通知，说已经和胡雪岩达成了协议，并签订了合同。这个通知给了谭柏年深深的打击，他一时没了主意，心中暗骂姓胡的不是东西，将手伸向了上海。胡雪岩这次出售大米，并没有故意抢人生意，只是想做一次性的买卖。他认为，做生意要活络，招数要出奇，才能达到理想的效果。

但没想到潘家祥听了谭柏年的挑唆，单方面毁约。胡雪岩托人打听毁约的原因，原来是因为

潘家祥受到了谭柏年的挑唆。为了挽回自己的信誉，胡雪岩决定教训一下这个谭柏年，他稍加思索，就想到了一套连环计。

第一步，找出谭柏年的"把柄"。

胡雪岩在了解了谭柏年的一些情况后，通过多年的经商直觉，他明白，谭柏年身为大总管，肯定会中饱私囊，没有不爱财的生意人。他的老板给了他这么大的权利，他不会太过清白的。胡雪岩和这个谭柏年以前有生意往来，现在细细回想，突然想到一个细节：当年和谭柏年做生意，讨价还价时，发现他并不在乎价格，只要求保证有一定的回扣，并要求存到"裕和"钱庄的个人户头上。凭着商人的敏感，胡雪岩觉得这笔钱有问题，这是要私吞这笔回扣，不让老板知道。总管瞒着老板"账房吃饱、老板跌倒"的现象到处可见，所以当时胡雪岩没有多想，但这次必须用这个事情作为依据才管用。这就是对方的"把柄"。胡雪岩想到这里，开心地笑了。

第二步，搜出谭柏年的"罪证"。

胡雪岩装作没事人一样来到"裕和"钱庄，说要存二十万两银子，但有个条件，让总管把谭柏年的存款数目告诉他。

钱庄总管看到这个大客户，再加上当时钱庄资金紧张，果断把谭柏年的账目送了过来，上面记录着谭柏年每次存款的数目和日期。通过他的每次存款的数目，胡雪岩可以推算出近几年"隆昌"米行的经营状况。胡雪岩不仅可以掌握谭柏年的"罪证"，更掌握了"隆昌"米行的商业机密。

第三步，成为"隆昌"米行的股东。

胡雪岩让伙计假装"裕和"钱庄的人，以送账单为名，故意把谭柏年的"罪证"送到"隆昌"米行大老板手里，让他知道下面的人瞒着他做了什么，然后胡雪岩出面，说要帮他整顿米行，挽回损失，但要入股 30%，并负责米行的事务，大老板同意了。

第四步，让谭柏年乖乖听命。

胡雪岩知道，对付像谭柏年这样的人就要下手狠一点。他出示了谭柏年的罪证，并给了他两个选择：第一，将他送官坐牢。第二，安心管理

米行，听他调遣，薪水翻倍。在胡雪岩的"威逼利诱"下，谭柏年知道了胡雪岩的厉害，下定决心，死心塌地替胡雪岩效力。

面对潘家祥的误解，胡雪岩认为单纯的劝说不会让人相信自己的信用，只好想办法让他自己钻进来。

第五步，让潘家祥心服口服。

"隆昌"米行出了这么大的变故，潘家祥一点都不知道，他还是对谭柏年深信不疑。签约完付了定金后，潘家祥就急忙返回山东，找寻销售米粮的合作伙伴。

当时的灾情很严重，朝廷要求开仓赈济灾民。当各地粮道知道潘家祥买米回来的消息后，纷纷前来拜访，都希望他提供米源，因为朝廷公仓空虚，漕米未到，远水解不了近渴。但是由于官府出价太低，潘家祥当时没有答复。

正在潘家祥物色大的代理商时，一位直隶粮道突然来访，说急需购买大批米粮，安抚直隶的灾民。这位粮道大人很着急，与其他粮道不同，

出手很大方，最后以十七两一石的价格成交。当场签合同、付定金，手续齐全后，粮道大人意味深长地说："救灾如救火，还望潘公信守合约，按时交割。耽误公事，可不是闹着玩的。"潘家祥拍着胸脯保证："请大人放心，没有问题。"

送走粮道大人，潘家祥马上启程去上海，就在快要交货时，发现"隆昌"米行没有动静，于是前来询问，谭柏年告诉他，已经换老板了，大小事情都要问胡雪岩。潘家祥这才知道上当了，但是已经晚了，不能按时交货，会出官司。最后不得已，他以二十两每石从胡雪岩手里买了两万石米。这一波连环操作，不仅让胡雪岩挽回了声誉，同时还挣了不少钱。

圣人智慧：

巧妙的连环计不仅可以战胜对手，还可以很好地折服对手，让对手从内心害怕。如果一个人做事时能谋划到这种程度，在不违反法律法规，不丧失道德的前提下，实现自己的目标，那他就是"无敌"的存在。